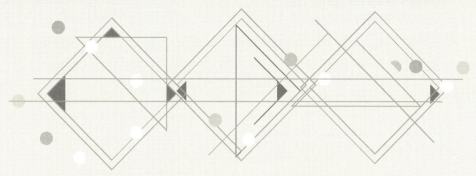

「自分」とは何か
日常語による心理臨床学的探究の試み

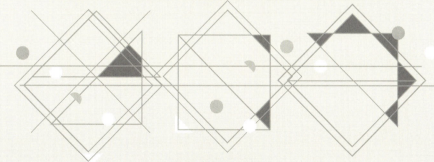

時岡良太

創元社

まえがき

　本書は心理臨床における「自分」とは何かということを探究し、それに基づいて、現代の「自分」について心理臨床学的に検討していこうとするものである。
　「自分」とはとても日常的な言葉であり、多くの人がその言葉を何気なく使っていて、"「自分」とは何か"ということをわざわざ考えることはあまりないだろう。しかし、この"「自分」とは何か"という問いは、心理臨床学にとって根本的な問いであり、近代の心理臨床学とはその問いから始まったと言っても過言ではないと思われる。
　ただ、この問いはそれ自体が非常に曖昧であり、様々な水準から考えられる必要がある。中でも心理臨床と深く結びつくのは、「他の誰でもないこの自分」が、どうして存在するのか、どこからきてどこへゆくのか、という問いとしての"「自分」とは何か"であろう。そのような非常に個人的な問いの真っただ中で格闘している人に寄り添い、その問いに共に取り組んでいくことが、心理臨床の営みの根幹にあると言えよう。
　他にもその問いは、"「自分」が他者とは異なる存在としてあるということはどういうことか"という、哲学的な問いとして見ることもできるだろう。そのような、古来世界中で考えられてきたテーマにも、この"「自分」とは何か"という問いはつながっているのである。
　そして本書では「自分」を、日常的に用いられている日本語としての側面に着目し、「自己」や「自我」といった西洋の心理学的概念とは異なるものとして捉えたうえで、"「自分」とは何か"ということについて、心理臨床学的観点から検討していく。「自分」という言葉には、その言葉を日常的に用いる日本人の存在のあり方が表れているはずであり、それを詳細に検討することは、上に述べた個人的な問いとしての「自分とは何か」に取り組む際に、重要な手掛かりをもたらしてくれるはずである。
　さらに本書では、上記の検討を踏まえて、現代の「自分」についても心理臨床

学的考察を試みる。現代の「自分」と言っても、やはりそれは曖昧なテーマであるが、本書では特に、現代の心理臨床において問題となっている、従来の心理療法が通用しないようなこころのあり方に着目し、「自分」を手掛かりに考察していく。これまで、現代では西洋近代的な主体が成立しないと見立てられる人が増え、ゆえに従来の心理療法的なアプローチが通用しにくくなってきていると指摘されてきている。しかしそうした議論においては、西洋近代的主体というものが軸に据えられている場合が多いように思われる。そこに、「自分」という存在のあり方を踏まえるという視点を導入することによって、新たな視野が開けてくることが期待される。

　心理臨床学においては、どんな研究も臨床実践に資するもの、そして目の前のクライエントに役立つものとならねばならないことは当然であり、本書ももちろんそれを目指すものである。しかし本書には臨床事例は含まれておらず、その意味では、最も肝心なところが抜けていると言えるかもしれない。それでも本書で展開される「自分」をめぐる考察が、読者の皆様に少しでも新しい視点をもたらすことで、間接的なものであるとしても、なんらかの形で臨床実践に貢献することができれば、筆者にとってこの上ない喜びである。

目次

まえがき i

序章 心理臨床における「自分」という日常語　1

1. 心理臨床学における日常語の重要性　1
2. 「自分」の持つ多様な意味　1
3. 「自分」に関する先行研究　3
4. 「自分」による心理臨床学的議論へ向けて　8
5. 現代における「自分」についての検討　9
6. 本書の目的　10
7. 本書の構成　11

第Ⅰ部　心理臨床学的観点から見た「自分」

第1章 類縁の心理学的概念との比較から見た「自分」　19

1. はじめに　19
2. 本章で扱う概念　20
3. 心理学一般における「自我」と「自己」　21
4. Freudの「自我」とその発展　26
5. Jungの「自己」　30
6. Kohutの「自己」　37
7. Sullivanの「自己」　40
8. Eriksonの「アイデンティティ」　42
9. 「自分」の独自の特徴　46

第2章 他者との関係における「自分らしさ」　50

1. はじめに　50

2. 「自分らしさ」と "authenticity" あるいは "true self"　50
3. 本章の目的　56
4. 研究Ⅰ―「自分らしさ」の多面性―　56
5. 研究Ⅱ―「自分らしさ」の具体的様相―　69
6. 総合考察―「自分らしさ」とは何か―　92

第3章 「自分がない」という言葉が表すもの　95

1. 心理臨床における「自分がない」　95
2. 本章の目的　98
3. 研究Ⅰ―「自分がない」の意味的構造―　99
4. 研究Ⅱ―「自分がない」に関連する心理的特性―　110
5. 総合考察―「自分がない」とは何か―　119

第Ⅱ部　現代の「自分」についての心理臨床学的考察

第4章 「分人」を通して見る現代の「自分」　127

1. 現代のばらばらな「自分」　127
2. 「分人」という概念　129
3. 分人主義の心理学理論における位置付け　132
4. 分人登場以前の作品　135
5. 『ドーン』　140
6. 『空白を満たしなさい』　150
7. 個人主義と分人主義の間　157
8. 本章のまとめ　159

第5章 仮想空間における「自分」　162

1. はじめに　162
2. ネットゲームに関する先行研究　163
3. 本章の目的および方法　165

4. 仮想空間上での関係性のあり方　166
  5. 仮想空間と現実における人格のギャップ　170
  6. 仮想空間自体の特徴　174
  7. 仮想空間における「自分」の身体性　178
  8. 仮想空間上の「自分」と現実の「自分」との間の葛藤　185
  9. 総合考察 ― 仮想空間上の「自分」と現代の心理臨床 ―　188

終　章　「自分」と現代の心理臨床　193

  1. 「自分」とは何か　193
  2. 現代の「自分」とその「葛藤」　195
  3. 「自分」の視点から見た心理臨床　199
  4. 心理臨床における「自分」の「動き」　200
  5. 今後の課題　201

註　203
引用文献　206
索引　215
あとがき　219

序章
心理臨床における「自分」という日常語

1. 心理臨床学における日常語の重要性

　心理臨床学の分野においては、日常語は非常に重要な役割を果たしている。心理臨床学は、こころを扱う心理学の一分野であるが、われわれのこころは非常に複雑であり、互いに矛盾する要素が同時に存在していることもまれではない。それゆえに、特に臨床場面においては、厳密に一意的に定義された科学的な言葉を用いてこころについて表現しようとしても、実際に表現したいことの一部しか言い表せず、ずれが生じることも多いはずである。心理臨床学は、抽象化された「心理学的概念」からではなく、一人ひとりの具体的な「こころ」から出発し、そこで起きていることを見つめることが重要であり、それゆえに臨床において自然に話される日常語に着目することは大きな意義を持つと考えられる。

　また、心理臨床学においては、実践のみならず理論においても日常語がしばしば用いられる。例えば、精神分析を創始したFreudによる「自我」という概念は、もともとドイツ語では"Ich"であり、「わたし」に当たる日常語を用いて名づけられている。日本語で「自我」というと、非常に抽象的な心理学的概念のように聞こえるが、元はとても身近な日常語を用いて概念化されたものなのである。これは、心理臨床学がわれわれのこころの多義的なありように根差していることの表れと捉えることができる。

2.「自分」の持つ多様な意味

　そして、わが国での心理臨床実践において重要な意味を持つ日常語のひとつが

「自分」である。心理臨床におけるクライエントとセラピストのやりとりには、「自分」あるいは「自分らしさ」「自分がない」など、「自分」を含んだ言葉がしばしば登場する。それらはクライエント自身の言葉として、あるいはセラピストの言葉としても、心理臨床場面に現れる。また、事例検討会や事例研究論文において、クライエントのあり方や面接過程全体の理解のために、「自分を持てない」「自分を作っていく」のような言葉がキーワードとして用いられる場合もしばしば見受けられる。ただし、それぞれの場合において「自分」を含む言葉が意味しているものは一定ではなく、その言葉を用いる側と受け取る側の間で、理解にずれが生じることもあると思われる。それにもかかわらず、その言葉がしばしば用いられるのは、その多義性や曖昧さがあるからこそ、そこで言いたいことを表すのに最もふさわしい言葉であると感じられるからであろう。それでは、「自分」とは具体的にどのような意味を持つ言葉なのであろうか。

まずは、「自分」の辞書的意味を確認してみる。『日本国語大辞典　第二版』(日本国語大辞典第二版編集委員会，2001, p.985) では、ひとつ目に「(反射指示) その人自身。自己。自身」、2つ目に「自称。わたくし」、3つ目に「対称。『御自分』『御自分様』の形で用いられた」とある。このように「自分」はその人自身という意味や、一人称、あるいは時には二人称としても用いられる言葉であり、そのこと自体が、日本人における自他の曖昧さを示しているものと言えよう。また、『日本語源広辞典　増補版』(増井，2012, p.487) には、語源として「自(おのれ) ＋分(身分)」と記述されている。英訳される場合には、『新和英大辞典　第五版』(渡邊ら編，2003, p.1201) では「1.［その人自身］self; oneself; one's self　2.［私］I」とされている。しかし「自分」は容易に欧米語になりにくいことが指摘されている (土居，2005)。溝上 (1999) も、心理学的概念としての「自我」と「自己」について self、ego、I、me との対応について論じる中で、「自分」には人間関係の上下の意識が込められており、それは欧米語には基本的にないものであると述べている (なお、この点については第1章において詳述する)。このように、「自分」は一般的に self や I といった言葉で訳される言葉であるが、「分」ということが言葉の成り立ちに含まれている点が欧米語とは異なるところであり、自らの存在が成立する際に「分」ということを前提としていることが表れているものと考えられる。「分」という字の成り立

ちについては、『新潮日本語漢字辞典』(新潮社編, 2007, p.257) によると、会意文字で、「八＋刀」であり、刀でものを2つに分ける意を表す。意味としては、立場や身分の他に、分離に関するもの (分かれる・部分・区分など)、識別に関するもの (分かる・分別など)、与えられたもの (天分・取り分など)、などがある。

　また、木村 (2008) も指摘しているように、「自分」という言葉は「自分が」「自分で」などのように、助詞をつけることで「みずから」という意味を含みこんで用いられることが多い。他にも、『日本国語大辞典　第二版』(日本国語大辞典第二版編集委員会, 2001, p.986) によると、「自分と」という言葉は「ひとりでに。自然に」という意味と、「自分みずから。自分自身で」という意味を持っている。木村 (2008) は、「自」という言葉には「おのずから」と「みずから」という、主体の能動性において一見正反対に見える意味が同時に存在することを指摘し、「『自』がもともと『主体』と『客体』の『あいだ』にあったもの」(p.32) であり、それが主体の経験によって分かれ、「みずから」あるいは「おのずから」の意味になると述べている。それと同様に、「自分」という言葉も、助詞がつくことによって「ひとりでに」という、あるがままに任せるような態度を表す意味と「みずから」という主体的・能動的な態度を表す意味の両方を持ちうるものであり、そのことはわれわれにとっての「自分」が、主客未分の性質を持ったものとしても捉えられていることを表していると考えられる。

3.「自分」に関する先行研究

　次に、特に心理臨床学的な文脈において、「自分」がどのような意味を持っているのかについて見ていきたい。そのため、心理臨床関連領域において、「自分」という言葉に着目した先行研究を概観する。なお、心理臨床学では「自我」や「自己」といった「自分」と近い概念がよく用いられるが、ここでは日本語の「自分」という言葉自体について検討している研究を挙げる (他の心理学的概念との関連については第1章において詳しく論じる)。

3-1. 土居健郎の「自分」

「自分」という日常語に着目した心理臨床学関連領域の研究の端緒となるのは、土居(1960)によるものだと思われる。土居(1960)は、神経症患者の治療経過において、「今まで自分がなかった」という意識があらわれ、それが治療の一転機になることに着目し、「『自分』の意識を、分離された存在としての自己の表象を持つことであると定義する」(p.152)と述べている。またそれに関連して、「『自分がある』状態は成熟した自我意識」(土居, 1960, p.153)であるとし、通常青年期に起こる自我確立の現象ときわめて類似していると述べている。そして、こうした「自分」の意識を「甘え」との関連で論じ、「甘え」を十分に意識し、それを克服することによって「自分」の意識が芽生える、としている。

また土居(2007)は、「自分がある」と「自分がない」という表現に着目して、日本人の存在のあり方について論じている。土居はまず、その2つの表現は、それを用いる者と周囲の人々との人間関係を標榜していると述べる。その上で、「個人が集団の中にすっかり埋没」している場合、もしくは「集団と対立する自己を主張しない」場合、「自分がない」と言え、「集団所属によって否定されることのない自己の独立を保持できる時」、「自分がある」と言われると述べている(土居, 2007, pp.217-218)。さらに、統合失調症患者の、自分が所属するものがなくなってしまったことについて恐怖を語る言葉を挙げながら、集団から全く孤立してしまうことによっても「自分がない」という状態に陥るとしている。そして、「以上のべたことを、いいかえて、人間はかつて甘えるということを経験しなければ、自分を持つことができない、といってもよい」(土居, 2007, p.225)としている。ここでの「甘え」は、集団に対する「甘え」である。

以上の研究をまとめると、土居における「自分」は、他者や集団に対して「甘える」ことができる経験を前提に、そのことを自覚した上で、分離・独立することのできる存在なのである。

3-2. 北山修の「自分」

土居の「自分」に対して北山(1992)は、「私の観察では、自分というのは表象というより、外的な環境の中に『自らの分』という居場所をえた、より具体的で社

会的な広がりである」(p.39)と述べている。

　北山にとっての「自分」は、「自らの分」と分解して捉えることでその意味が見えてくる。北山 (1992) は、「日本語の『自分』とは、人生という生き方の歴史的積み重ねの延長上で、自分という領土、つまり自らの『分』をえて中身を抱えながら、現在も生きているこの生き方の主体のことをさす…(略)…『分』とは、分け与えられた分であり、地位や身分というような社会的な意識につながる」(p.38)としている。このように「自分」を「自らの分」と捉えることによって、与えられた環境および社会という「場」の中に生きる存在という側面が浮かび上がってくるのである。

　さらに北山 (1992) は、「自分がない」という事態は「居場所がない」こと、「中身がない」ことの2通りの意味があることから、「自分」の構成要素として「居場所」と「中身」の両方があることを指摘している。加えて、その中身を入れる器としての「自分」があり、居場所と中身の2つの間を調整する機能を果たすという。

　また北山 (1993) は、「自分」と英語のselfやegoと比較して、それらには自己中心性の意味が含まれるが、「『自分』はいつも状況や他者との関係のなかにある。…(略)…こういう『自分』で肯定的に意味されるのは中心性、利己性というよりも、むしろ『自分なりの』『自分らしい』『自分流』というときに際立つ独自の具体的な在り方という側面なのである」(pp.154-155)という。つまり、ただ環境、居場所の中にある存在としての意味だけでなく、その人の具体的な、独自のあり方という面が見出されているのである。

　以上のように、北山にとっての「自分」は非常に多様な意味を持っている。中でも特徴的なのは、「自らの分」として、「居場所」としての「自分」の意義を強調している点である。そして、ただ居場所の中にいる存在であるというだけでなく、そこにおいて抱えられている中身としての「自分」[*1]もある。北山 (1993) は、「居場所」の中におさまる「表の自分」「素顔の自分」「自分の中身」という、「自分の三重構造」を提示しており (p.178)、それらはすべて「自分」でありうると述べている。北山における「自分」は、このようにわれわれの存在の前提となる居場所をも含んだ広い概念であり、ひとつの限定的な次元における意味を有するにとどまらないものとなっている。

3-3. 木村敏の「自分」

次に木村(2008)は、「自分がなくなった」という離人症患者の言葉を出発点として、「自分ということ」について考察を展開している。木村によれば、「自分がない」とか「自分がある」として言われる「自分」とは、第三者的な視点から見た、対象としての「自分というもの」という名詞的なものではなく、「自分ということ」という、副詞的なあり方であるという。その違いについては、「『もの』が私にとって中立的・無差別的な客観的対象であるのに対して、『こと』は私たちのそれに対する実践的関与をうながすはたらきをもっている」(木村, 2008, p.52 傍点原著)という。離人症患者の場合はこの「自分ということ」が失われているために、世界に対する能動的な姿勢が失われ、「実感」が持てなくなるのである。さらに、「『私がある』ということは、私と『もの』との実践的なかかわりの場所において、『ものがある』ということと同時発生的に実現される事態である」(木村, 2008, p.55)ことから、次のように言うことができる。

> 「私ということ」や「自分ということ」は、「ものがあるということ」や「時間が流れ、空間が拡がっているということ」と、つまり「世界が世界として開けているということ」と同じ一つの「こと」の一面にすぎないことになる。「私」とか「自分」とかいうことは、この源泉的な「こと」の開けを、こちら側へ引き寄せて表現したまでのことなのである。(木村, 2008, pp.65-66)

こうしたことから、「自分」というのは、「根源的な生命的躍動」が自身の存在のもとへと(同時に発生する「世界」との間で)「分有」されたものであるという。そして、そうした「分有」の実感が、「自分がある」ということなのである。

さらに、西洋において「エゴ」や「セルフ」という場合には、個人の内面に存在するものとして、「内部性」や「内面性」が想定されるが、日本人にとっての「自分」とはそのような内部的なものではなく、「それが『ある』といわれる存在の根拠は、つねに私個人の『外部』に、『世界』の側に、あるいは、私個人と『もの』の総体としての『世界』との『あいだ』にある」(木村, 2008, p.82)と述べられている。

木村の述べる「自分」は、名詞的なものではないという意味で、土居のように

「自己の表象」としてのものではない。独立した自己の表象を持つというのは、「成熟した自我意識」が必要であるとされており、ここには、自分で自分を見つめる内省的意識が前提とされていると考えられる。その意味で、木村に従えば、土居の「自分」は、西洋的なものと言えるだろう。一方木村の場合、自身の存在の根拠は個人の内部にはなく、根源的な生命的躍動というものにあり、それが「分有」されたものとして、「自分」を捉えていると言える。

3-4. 先行研究のまとめ

以上の「自分」に関する先行研究をまとめると、土居の「自分」は、集団への「甘え」という関係を前提としつつ、そこから分離・独立したものであった。北山においては環境から分け与えられた「居場所」を得て生きる主体であるということが強調されており、それを前提にしたその人なりの独自性や、「中身」を指すものであった。さらに木村においては、まず「根源的な生命的躍動」があり、それを「分有」しているということが「自分」ということであった。

これらは一見、それぞれ全く異なる内容のようにも思えるが、「自分」という言葉が持つ多義性（それはつまりわれわれ自身の存在の複雑さを表していると考えられる）に対して一定の視点で捉えようとしたときに見えてくる姿が、それぞれ記述されているということのように思われる。どれが"本当の"「自分」であるかということではなく、全てが「自分」の持つ側面なのであろう。そして、ここまで見てきた先行研究において通底している「自分」の特徴は、「関わり」への視点であるように思われる。土居の「自分」は集団からの独立を果たしたものであり、それは木村における「根源的生命」の「分有」としての「自分」とは全く異なるようにも見えるが、個人と集団との関わりということが前提としてある点においては、「関わり」ということが「自分」にとっての不可欠な要素になっていると言えるのではないだろうか。そして北山においても、「自分」とは単に独立した主体を指すものではなく、「自らの分」としての居場所という環境を得ていることが重要であり、その環境とは周囲の人々との関係であったり、「身分」につながる社会的な関係であったりするのである。そしてこのような特徴は、西洋の"ego"や"self"などの言葉とは異なる「自分」の独自の性質であると言えよう。

4.「自分」による心理臨床学的議論へ向けて

　以上、「自分」についての辞書的な意味と先行研究を概観してきたが、それにより、西洋の言葉にはない「自分」が持つ独自の特徴があるということが示された。しかし、心理臨床学の理論的研究においては「自分」という言葉が登場することはほとんどない。理論的な記述の中では、「自分」は「自我」や「自己」あるいは「アイデンティティ」などの西洋の心理学的概念を翻訳した言葉に置き換えられることがほとんどである。しかし実は、これらの元の言葉である"ego"、"self"、"identity"は全て、西洋においては日常語なのである。そうであるならば、日本において心理臨床学的な議論を行う際に、「自分」という言葉を用いてもいいはずであり、むしろそのことによって、より実際の臨床的感覚に近いところでの議論が可能になるのではないかと考えられる。北山（1993）も、精神分析がもともと日常語で発想され、議論されてきたことを指摘し、日本における臨床的議論を「自分」や「私」のような日常語によって行ってみてはどうかと提案している。

　そして、そのような議論を行っていくためには、「自分」という日常語が心理臨床学的な観点から見たときにどのような意味を持っているのかを見ていくことを通じて、「自我」や「自己」ではない「自分」という存在の独自の特徴についての検討を進めていく必要があろう。上に概観した先行研究では、各論者の臨床経験の中で得られた洞察から「自分」についての議論が展開されている。そこには、例えば土居の「自分」が、自我の独立を目指す自我心理学的精神分析理論の色合いを持ち、北山の「自分」にはWinnicott理論の影響が多分に見られるように、もともとの依って立つ臨床理論の観点から論じられた「自分」になっていると言える。もちろん、そのことによってより深みのある、臨床的な「自分」が浮かび上がってきているのだが、他の観点からのアプローチを用いることで、さらに「自分」の持つ心理臨床学的な意味を探究していくことができるものと考えられる。

　そこで本書では、心理臨床学的な観点から見た「自分」の持つ独自の特徴を、先行研究で明らかにされてきたものを踏まえながら、様々なアプローチによって、さらに検討を進めていきたい。これを、本書全体の第一の目的とする。これによって、「自分」という日常語を用いて心理臨床学的な議論を行っていく素地

を作ることができるはずである。また、「自分」の特徴について心理臨床学的に検討することは、実際の臨床におけるやりとりに登場する「自分」という言葉についての理解に資するものと考えられ、さらには、その言葉を用いる者としてのわれわれの存在のあり方についての知見が得られることが期待される。

5. 現代における「自分」についての検討

　上述の目的に従って「自分」について検討を加えた上で、さらに本書では、「自分」という日常語を用いて現代の心理臨床に関する議論を実際に行っていく。本書において検討されるのは、現代に特徴的な「自分」のあり方である。心理臨床は、当然のことながら、われわれ自身の存在のあり方と深く結びついている。それは、時代や文化の影響を受けて歴史的に変遷してきており、それに伴って心理臨床において扱われるテーマや症状も移り変わってきている（広沢, 2015; 河合, 2010b; 樽味・神庭, 2005など）。そしてそれに対応するために、心理療法のあり方も自ずと変容してきているのである。ゆえに、現代における心理臨床について探究していくためには、現代という時代における「自分」のあり方についての検討が重要な意義を持つと考えられる。そこで本書では、第二の目的として、現代に特徴的な「自分」のあり方について心理臨床学的に検討していくこととする。

　ただし、現代の「自分」と言ってもその範囲は広大で、本書において探究できる部分は限られている。そこで本書では、近年の心理臨床において特に重要性を増してきているテーマである、「従来の心理療法が通用しないこころのあり方」に焦点を当て、これを「自分」という日常語を用いて論じることとする。

　ここで「従来の心理療法」としているのは、Freud が創始した精神分析に端を発する、悩みを抱えた個人がセラピストのもとを訪れ、共に問題に取り組んでいくような形式の、西洋近代において成立した心理療法のことを指している。そしてこの従来の心理療法においては、西洋近代的な、一貫性や統合性を持った「個」としての存在が前提となっているのである（広沢, 2015; 河合, 2010b）。しかし現代においては、そのような従来の心理療法が前提としてきたあり方が崩れてきていることが指摘されている。高石 (2009) は、長年学生相談に携わってきた経験を踏

まえて、現代の学生の特徴として、「時間をかけ、主体的に悩めない」(p.81) ことを挙げている。「育ちの過程で何かが『欠損』したまま成長した現代の一群の若者は、葛藤し、悩み、洞察し、自ら成長していく代わりに、ばらばらで一貫性の乏しい内面を抱え、経験は積み重ならず、自分という主体の実感の希薄なまま、漠然とした不安を抱え続ける」(高石, 2009, p.82) のであり、そのような彼らに対しては、唯一の自我の統合性を前提とするような「近代人のこころの構造論」(高石, 2009, p.81) に基づく心理療法の技法は通用しないという。スクールカウンセラーとして思春期臨床に長年携わっている岩宮 (2009) も、最近ではこれまでの定石で理解できる「ふつう」の思春期とは違い、自分の中に悩みや葛藤を抱えておけない子たちが増えていると指摘している。このように心理臨床における現代の「自分」の大きな特徴として、自ら主体的に悩まず、ばらばらなあり方を示し、そのために従来の一貫性や統合性を持った存在を想定した心理療法のモデルが通用しないということが挙げられるのである。

　近年特に心理臨床の領域で取り上げられている発達障害についても、このような現代の「自分」の「悩めない」という特徴を持っていると言われており、田中 (2010a) はその特徴を「自分がない」という言葉で端的に述べている。そして、「心理療法は今や、『人格』『主体性』『内面性』を当たり前の前提とすることをやめ、…(略)…『自分がない』という『自分』のあり方やそのような体験に開かれなければならない」(田中, 2010a, p.85) と主張している。このように、現代の心理臨床において問題となっているこころのあり方について論じる際に、「自分」という日常語を用いていくことによって、われわれの日常的な感覚に根差しながら探究を進めていくことができるのではないかと考えられる。

6. 本書の目的

以上より、本書全体の目的は以下の2つとなる。

1. 心理臨床学的な観点から見た「自分」の持つ独自の特徴について探究を深める。

2. 上記の特徴を踏まえたうえで、従来の心理療法が通用しないものとしての、現代の心理臨床における「自分」について考察する。

なお、本書においてはカギ括弧付の「自分」を、基本的には第1章以降で検討していく心理臨床的な意味合いを含み込んだものとして用いる。それは、自分という言葉を用いるわれわれ日本人の存在のあり方を反映するものとして、「自我」「自己」「アイデンティティ」といった心理学的概念と並置されるものである。その内容がどのようなものであるかについては、これから本書において、第一の目的に従って明らかにしていく。そしてカギ括弧なしの自分については、一般的な日常語として用いられたものを表すこととする。

7. 本書の構成

前節で述べたように、本書で進めていく研究には大きく分けて2つの目的がある。そこで本書全体を第Ⅰ部と第Ⅱ部に分け、それぞれにおいて上記の目的について探究していくこととする。

第Ⅰ部には、第1章から第3章までが含まれる。ここでは、心理臨床実践において用いられやすい「自分」および「自分」を含む言葉について検討し、それを通じて「自分」のあり方について考察を進めていく。

第1章では、「自分」という言葉そのものについて検討する。その際、「自分」と「自我」「自己」「アイデンティティ」といった西洋由来の類縁の心理学的概念との比較検討を行うことで、「自分」の独自の意味を探求していくことを試みる。先に述べてきたように、これまでの心理臨床学の分野においては、われわれ自身の存在のあり方について述べられる際、それらの西洋由来の概念が用いられることが多かった。しかし西洋人と日本人とでは、その存在のあり方が根本的に異なることは心理臨床学に限らず様々な領域において指摘されている。そうすると、日本人の存在のあり方について検討する際に、西洋由来の概念をそのまま適用することはできないものと考えられる。一方で、先に挙げてきたように「自分」について検討した先行研究もいくつか見られる。しかし先行研究においては、そこ

で述べられている「自分」のあり方が、西洋由来の諸概念と比較したときにどのように位置づけられるのかということについては、詳細には検討されてこなかった。先行研究において示されている「自分」のあり方を踏まえつつ、西洋由来の類縁概念との比較検討を行うことで、「自分」の持つ独自性が浮き彫りとなり、心理臨床学的な文脈における「自分」とは何かということを把握していく助けになると思われる。

　次に、第2章および第3章では、心理臨床実践においてよく用いられ、重要な役割を果たしていると考えられる「自分」を含む言葉について検討していくことで、「自分」の持つ独自の特徴についての考察を進めたい。本書ではそうした言葉として「自分らしさ」と「自分がない」を取り上げる。

　まず第2章において、「自分らしさ」について検討する。「自分らしさ」を「見つける」「発揮する」「獲得する」といったようなことは、一般的に望ましいこととして受け取られているが、それは心理臨床の諸理論においても同様の傾向があり、それが一種のゴールとして設定されていることもある。「自分らしさ」についての先行研究では、西洋において理論的、実証的研究の実績のある"authenticity"を基にしたものが散見される。しかし、既述のように西洋と東洋では自己のあり方が異なることは多く指摘されており、例えば西洋においては、先に独立した各個人の自己があって、その自己どうしが関係を結んでいくのに対して、日本人を含む東洋では、個人が独立して存在するのではなく、他者との関係が先にあると言われている (Markus & Kitayama, 1991)。また、本章において概観した「自分」についての先行研究においても、「関わり」ということが「自分」の特徴として重要な要素となっていた。それゆえ、日本人の「自分らしさ」について検討する際には、特に他者との関係を考慮しながら行う必要があると考えられる。そのため第2章においては、他者との関係における「自分らしさ」についての検討を進めていくこととする。

　次に第3章では、「自分がない」という言葉に着目し、検討を行う。今度は、ここまでに検討してきた「自分」について、それが「ない」という事態がどういうものなのかということについての検討を通じて、「自分」とは何かということを探っていく。この「自分がない」も、心理臨床においてよく聞かれる言葉である。先

行研究においては、統合失調症、離人症、発達障害など、様々な病理および障害の本質を言い表す言葉としても用いられており、他に事例研究において、クライエント自身の言葉として登場することもしばしば見られる。ただ、先行研究で見られるそれぞれの「自分がない」が指し示している内容は多岐に亘っており、一定の意味が共有されて使用されているわけではない。しかしそれらは同じ「自分がない」という言葉で表されている以上、その言葉が表す種々の現象の間にはなんらかのつながりがあるとも考えられる。そこで第3章では、「自分がない」という言葉が一般に用いられる際の意味的構造を明らかにし、その構成要素や、全体に通底している要素についての考察を試みる。また、それらの要素と関連する心理的要因についても検討し、「自分がない」という事態がどういうものなのかということに迫っていくこととする。

そして、第4章および第5章は第Ⅱ部とし、第Ⅰ部を通じて検討してきた「自分」の特徴に基づきながら、現代という時代における「自分」とはどのようなものかということについて考察を試みる。先に述べたように、ここでは従来の心理療法において想定されてきた、近代的なこころのあり方ではないものとしての、現代の「自分」について検討する。

第4章では、現代文学作品の分析を通して、現代の「自分」の様相に迫っていく。心理臨床学の分野ではこれまでも、文学作品などの創作物が、人々のこころのありようを表す媒体として分析の対象とされてきた。本書で取り上げるのは、小説家の平野啓一郎の作品である。彼は、「本当の自分」とは何なのか、それはどこにあるのかといった葛藤の中で、「分人主義」という考え方に行き着き、それを取り入れた作品を発表している。その考え方においては、「分けられない」ことを意味する「個人 individual」にとらわれず、人間を「分けられる」ものとしての「分人 dividual」として捉えようとする。そこには「本当の自分」のような中心は存在せず、各々の「分人」によって形成されるネットワーク構造そのものが、各人の存在の全体であるとされている。平野は、「本当の自分」や「中心」を持った「個人」を前提とした「個人主義」的な人間理解の方法は、古い考え方で、乗り越えられるべきであると説き、「分人主義」によって物事を捉えていくようにすることを主張している。平野が脱却を図る「個人主義」とは、まさに従来の

心理療法が前提としてきたこころのあり方のモデルであり、それを乗り越えるものとしての「分人主義」は、現代の「自分」について重要な知見をもたらしてくれるものと期待される。

　第5章で取り上げるのは、インターネット（以下、本書では主に「ネット」という表記を用いる）上の仮想空間における「自分」である。現代の若者にとって、SNS (Social Networking Service) やネットゲームなどにおいて仮想空間上に「自分」を作り、それを通じて他者とやりとりをするということは、もはや当たり前のこととなってきている。彼らにとって、そのような仮想空間上の「自分」はとても重要な存在であり、心理臨床の場においてもそのことがしばしば語られる。広沢 (2015) は、従来の臨床心理学や精神医学において前提とされてきた、中心の存在、一貫性、統合性というような特徴を備えた「放射型人間」の優位性が現代においては失われ、代わりに場面や状況ごとに異なる自己像を呈し、それらの間の統合性が弱い「格子型人間」が優位になってきていると述べているが、その現象と2000年以降のインターネット文化の普及とをパラレルなものとして見ている。現代においては、ネット上の様々なSNSやゲームにおいていくつものアカウントを作成し、それらを使い分けている若者も稀ではない。それはまさに、場面ごとに異なる自己像を持ち、それらの間の一貫性や統合性が弱い「格子型人間」的な特徴であると言える。ゆえに、仮想空間上の「自分」は、従来の心理療法が通用しないあり方としての「自分」について検討する上で多くの示唆を与えてくれるものと考えられる。ただし、仮想空間上の「自分」にも様々な種類があり、本書の中でその全てについて検討することは難しい。そこで、本書では主にネットゲームにおける「自分」について取り上げて検討することとする。ネットゲームの場合、日常生活を犠牲にしてまでゲームに熱中してしまう「ネットゲーム依存」に陥る人々が存在している。第4章では、そのネットゲーム依存の経験を持つ、あるいは現在もそうである人々を題材としたノンフィクション作品を主な資料として、仮想空間上の「自分」のあり方について探究していく。

　そして、終章では本書全体を通じて検討してきたことをまとめつつ、「自分」と現代の心理臨床について論じる。

　以上のように、本書ではまず「自分」という日常語の持つ意味について心理臨

床学的な観点からの探究を行う。そして、そこで得られた知見を踏まえながら、従来の心理療法において前提とされてきたものとは異なるものとしての現代の「自分」について、考察を深めていくことを目指す。「自分」という日常語は、われわれのこころのあり方を実感に近いところで反映しているはずであり、その言葉を通して心理臨床学的考察を行っていくことにより、現代の心理臨床実践に資する重要な示唆をもたらすことができると考えられる。

第 I 部

心理臨床学的観点から見た「自分」

第1章
類縁の心理学的概念との比較から見た「自分」

1. はじめに

　序章において、「自分」という言葉には日本人としての存在のあり方が表れていることを見てきた。しかし、われわれの存在のあり方についての心理臨床学的な議論の際には、これまでは、「自我」「自己」「アイデンティティ」などの西洋由来の概念が用いられることがほとんどであった。もちろん、これらの概念が日本人について論じる際にも有効であることは論を俟たないが、一方で西洋と日本では人間存在のあり方が根本的に異なっていることについては、これまでも数多く指摘されてきた。例えば河合（1967）は、西洋人は意識と無意識が明確に区別されている一方で、日本人の場合は意識と無意識の境界が鮮明ではないということを指摘している。また、文化心理学の領域でも、西洋においては自己（self）が他者（others）と分離していることを前提とする「相互独立的自己観」が優勢であり、東洋においては、自己と他者が結びついていることを前提とする「相互協調的自己観」が優勢であるということが指摘されている（Markus & Kitayama, 1991）。西洋人と日本人とのあいだにこのような非常に根本的な差異が存在しているとすれば、日本人の存在のあり方について論じる際に、西洋由来の概念をそのまま無反省にあてはめて用いてもよいのだろうかという疑問が生じてくる。日本人の「自分」と、西洋人の「自我」「自己」「アイデンティティ」といった概念は、共通点もあれば相違点もあると考えられ、その点を整理することが必要であろう。そして、その作業を通じて「自分」の特徴を浮かび上がらせることができると考えられる。そこでこの章では、「自分」との関連度が高いと思われる西洋起源の心理学的概念について検討し、「自分」との比較を試みる。

2. 本章で扱う概念

　本章で「自分」との比較対象として取り上げるのは、「自我」「自己」「アイデンティティ」である。まず、「自我」と「自己」については、心理臨床学に限らず広く心理学一般、あるいは哲学においても使用されている概念である。心理臨床学においては、同じ「自我」「自己」でも理論的背景によってその意味は様々に異なる。これは、それらの概念が心理臨床の実践と結びついた様々な理論の中で重要な位置を占めるものであり、それぞれの人間観およびそれに基づいた臨床観の中で、その定義のされ方も多岐に亘るためである。そのため、心理臨床学における「自我」と「自己」という概念は様々な内容を持っており、そのうちのひとつのみを取り出して比較検討するのではなく、特定の理論的背景を踏まえた概念として個別に論じていく必要がある。この作業については4節以降に行うこととし、その前に3節において、心理学一般における「自我」および「自己」について見ていく。これらは、臨床心理学に限らず、心理学全体において最も汎用性の高い意味を有していると考えられるため、「自分」と類縁の心理学的概念とを比較する際に、まずは基本的なものとしてこれらの概念との比較を行っておくことが必要であろう。

　そして、4節以降では心理臨床学における「自我」「自己」「アイデンティティ」について検討していく。まずは、Freudの「自我　Ich / ego」を取り上げる。Freudは周知のとおり、精神分析の創始者であり、近代における心理療法の礎を築いたと言うべき人物である。その理論の中でも「自我」は非常に重要な概念であり、Freud以降の精神分析や、その影響を多少なりとも受けている様々な学派における理論の中で語られる「自我」の基礎をなしているものと言うことができる。本章において、そのような基礎的概念を押さえておくことは必須であろう。また、序章の冒頭でも挙げたように、この「自我」はもともと"Ich"という日常語を用いて名づけられており、それが心的機関のひとつとして概念化されたものである。このことは、「自分」という日常語を用いて心理臨床学的議論を行っていこうとする本書にとって非常に参考になるものと思われる。

　次に取り上げるのは、「自己　Selbst / self」である。これは特に、心理臨床の各理論によってその意味が多様になっている概念である。本章では、「自己」とい

う概念がその理論において中心的な役割を果たしており、心理学一般における「自己」とは異なる独自の概念として発展を遂げてきていると考えられる、Jung、Kohut、Sullivanにおける「自己」を取り上げる。

　Jungの分析心理学における「自己」は、彼の理論における「元型」のひとつであるが、数ある元型の内で最も中心的なものとして位置づけられており、他の理論にはない独自の臨床的な意味が付与されている。

　Kohutは精神分析家であるが、もともと自我心理学の理論に依拠して「自己」について論じていた。しかし後に、精神分析の中でも独自の方向性を持った「自己心理学」を打ち立て、「自己」の概念をその中心に据えて臨床的な議論を展開している。

　精神科医のSullivanは、精神医学を対人関係論として捉え、われわれの存在を対人関係と不可分のものとしてその臨床的な理論を展開している。その中で「自己」は、他者との関係の中で生成される構造体であり、発達の過程でそれが破綻してしまうことが種々の精神障害を引き起こすものとされている。彼の「自己」は、自身の臨床経験と他の臨床的な理論からの知見を総合した独自の精緻な理論の中で、中心的な位置を占める概念となっている。

　以上の3つの「自己」は、それぞれの臨床家の実践と深く結びついた実践的な概念であり、それらと「自分」とを比較していくことによって、心理臨床学的な文脈での「自分」の独自の特徴を探究するための大きな助けとなると考えられる。

　そして、最後に取り上げるのはEriksonの「アイデンティティ　identity」である。この概念は、今や日本においても一般的に知られる言葉になっているが、心理臨床家である土居（2005）や鑪（1990）は、アイデンティティは「自分」と近いものであると指摘している。この言葉も日常語が元になっており、「自分」という日常語との共通点および相違点について検討することは、本章の目的を果たすために意義のあることだと考えられる。

3. 心理学一般における「自我」と「自己」

　それでは、各概念と「自分」との比較検討に入っていく。まずは、心理学一般

における「自我」と「自己」である。

　自己意識についての実証的研究を積み重ねている溝上(1999)によると、心理学では「主体＝自我(ego or I)」「客体＝自己(me or self)」という概念的整理が一般的である。これは、James(1892)が"the I"あるいは"the self as knower"と、"the Me"あるいは"the self as known"とを区別して記述したことを受けてのことであるという。このように「知る者」と「知られる者」という区別が念頭にあるとき、IおよびmeがFいられるが、結果的に多く用いられているのは、egoおよびselfである。実際に、『心理学辞典』(中島ら編, 1999)では「自我」の項の英訳はegoのみであり(p.308)、「自己」の項の英訳はselfのみとなっている(p.323)。こうした状況に対して、溝上(1999)は文法論的な問題を指摘し、英語におけるego、I、me、selfの相違について以下のように検討している。まずIおよびmeは一人称代名詞であり、Iは主格、meは目的格を表す。そしてegoはラテン語でIに相当する言葉である。これらの一人称代名詞の性質について、飯島(1992)を参照しつつ、「『私』が『私』以外と何らかのかかわりをもつときに、はじめて主体だ、客体だ、といえる」(溝上, 1999, p.5)と述べられている。つまり、主体と客体、Iとmeはそれぞれ単独に存在するものではなく、なんらかの行為があるとき、Iはその行為主体が「私」であることを示し、meはその行為対象が「私」であることを示すのである。一方で、selfは人称代名詞ではなく、文法学的にはoneselfの形で用いられるものと、"self-"という接頭語として用いられる場合があり、どちらの場合も「他の誰でもない私自身」という自他分別を強調するために用いられるという。このことから溝上(1999)は、selfを「自他分別を前提とする心的な生の経験体」(p.7)と定義している。以上のような検討から、I-meの組とselfとは性質が異なり、Iとegoを交換可能なものとして用いるのは問題ないにしても、meとselfを同様に扱うことはできないと指摘されている。

　そして次に問題となるのが、日本語との対応である。ただ、西洋の言語と違って日本語では、人称代名詞そのものではなく、そこに「が」「に」「の」などの格助詞をつけることによって格を示すという点で、根本的な違いがある。飯島(1992)によると、古代の中国では格によって漢字を使い分けるということが行われていたが、後世になるとその使用区分は崩れていったという。溝上(1999)は、日本語

の文語における一人称代名詞には「わ」「われ」「おのれ」があり、「わ」「われ」には「我・吾」が、「おのれ」には「己」があてられることをもとに、日本語との対応について検討している。それによると、まず「我・吾」は、古くは格の違いによって使い分けられていたが、今日では混同されて用いられるようになっている。そして「己」については、その語源に自他分別の意があるという説があること、そして「その人自身」という意味で多く用いられることから、「語源的、一般的な観点からして自他分別を文脈とするselfと非常に近い意味をもっている」（溝上, 1999, p.13）と述べている。そして「自」についてはものごとの起点を表す意味を持っており、「我」と組み合わさることによって、「我」から出発してものを考えるという意味になり、したがってegoやIのように主格的な性質を持つという。残るmeについては、客体としての一人称であることから、「客我」とすることを提案している。以上の検討から溝上（1999）は、「行為主体を『自我（ego）』、自他分別的な経験体を『自己（self）』、知られる客語としての『私』を『客我（me）』として用いる」（p.20）としている。

　ここまで主に溝上（1999）に依拠しながら、心理学における「自我」および「自己」について、英語との対応も含めて見てきた。しかし、本書の主題である「自分」については、「Iやme、selfの対応を考える場所から除外して論をすすめ」られている（溝上, 1999, p.14）。これは、口語である「自分」には他者との分担、あるいは配分というような意味があり、そのように単なる人称代名詞としての意味にとどまらない意味を含んでいる点が、欧米の言語には基本的にないものであるためとされている。また飯島（1992）も、自我と自己について概念的関係を論じる際、「自分」を除外している。それは、「分」という文字が、これまでにも述べてきたように、普遍的なものの「分有」や、社会的な「身分」という要素を持っており、その点で「自我」および「自己」とはニュアンスを異にしているためである。しかし、I、me、selfも本来は日常語であり、日本語で「自我」「自己」という場合よりも、もともとの日常的な言葉のニュアンスが活かされた概念であると考えられる。それらの日本語との対応について検討された結果、結局自我と自己という非日常語があてはまるとされたということは、つまりそれらの言葉（I, me, self）が持つ日常的なニュアンス（それは非常に潜在的なレベルで、その言語を共有する人々の人間存在のあり方

を反映していると思われる）を、そのまま代替できるような言葉が日本語には存在せず、純粋な心理学的概念として「自我」「自己」という言葉を置くしかないということであろう。

　以上述べてきたような、自我と自己の概念的な成り立ちを踏まえて、「自分」との比較を試みる。まず、基本的には主体としての自我、客体としての自己という整理の仕方があるが、これまで見てきたように日本語では格助詞によって格変化を表現するため、「自分が」とすれば主体としての体験を表現し、「自分に」「自分を」とすれば客体としての体験を表現することになる。つまり、Iやmeがその言葉自体に主体、客体ということが表現されているのに対し、「自分」はそれ自身にはそういった含意はないのである。このことは、「自分」という言葉自体の主客未分の性質を示唆するものと言える。ただし、人称代名詞自体に主体と客体の区別がないのは日本語文法自体の構造によるものであり、「自分」という言葉だけの問題ではない。しかし本書で扱いたいのは、心理臨床における「自分」であり、その言葉が実践の中で用いられるときのことを考えると、英語圏の人がIやmeを用いるときよりも、日本人が「自分」を用いるときのほうが、主客未分の性質が強くなるのは確かであろう。英語で "I……" と言うとき、それだけで既に、主体としての体験を語ることになっている。それに対して日本語で「自分……」とだけ言っても、それが主体としてのことなのか、客体としてのことなのかは分からない。これは微妙な違いではあるが、これまでの先行研究で多く指摘されてきたような、西洋人と日本人の存在のあり方についての根本的な違いが反映されていると考えられる。本章の序盤に挙げたMarkus & Kitayama (1991) の「相互独立的自己観」と「相互協調的自己観」の相違もそのひとつであるし、他にも、序章においても触れたが、木村 (2008) は西洋人が「エゴ」や「セルフ」という場合、個人の「内部性」や「内面性」が前提となっていることを指摘する一方で、日本人にとっての「自分」あるいは「自己」について次のように述べている。

　　私たちによって直接無媒介的に生きられるこの根源的な生命の躍動は、これをそのままの相に託してみたときには「おのずから」としての「自然」

となり、これを私自身のありかたのほうへ引き寄せて、宇宙的生命が私個人に「分有」されていることの実感としてみたときには、「みずから」としての「自分」となる。「自分」とか「自己」とかは、個人の経験においてはたとえそれがあくまで内部的・内面的に経験されるものであっても、それが「ある」といわれる存在の根拠は、つねに私個人の「外部」に、「世界」の側に、あるいは私個人と「もの」の総体としての「世界」との「あいだ」にある。(木村, 2008, pp.81-82)

このように「自分」は、木村が「根源的な生命の躍動」あるいは「宇宙的生命」と呼ぶような、個人を超えたより大きな存在の「分有」という面があり、英語でego、selfあるいはI、meというときよりも、主客未分の状態を前提とする点で大きな違いがあるのである。

ただし、「自分」という言葉が主客未分の性質を表しているからと言って、単純に日本人は西洋人に比べて「個」として分離されていないと言えるものではないと思われる。既述のように、「自分」に含まれる「分」には「分有」や「身分」という意味があることから、「個」としての分離よりもまず一体的な関係が先にあることが指摘されてきた。しかし序章で触れたように、「分」には分離や分別のように、「分ける」という意味がある。さらに「自」についても、中国においてはもともと、一人称代名詞の中でも「奪格」を表す文字であり、奪格とは「所属するものを引き離す分離、離脱、剥離などの関係、また原因の関係、ひいては手段、方法、時、所の関係を示す」ものである(飯島, 1992, p.21 傍点筆者)。こうしたことから考えると、「自分」それ自体が主客未分であるということではなく、その存在の根拠にはより大きな存在との一体的な状態があり、そこから自らの存在を分け、「個」として分離したものが「自分」であるということが表されているのではないかと考えられる。英語のIやmeの場合は、その言葉が用いられるときには既に主客の分離が示されているが、「自分」の場合は、より大きな存在との分離の瞬間を示しており、その後に主客の別が表されるという機序があるのではないだろうか。

そして、selfについては溝上(1999)が「自他分別的な経験体」というように、自

他の区別を強調するものである。一方で「自分」の場合、やはり単独ではそのような意味は持ちえないのだが、例えば「自分が〜する」「自分で〜する」という言い方では、他の誰でもなく自分自身が、ということが強調されることになり、selfの意味に近くなる。以上のことを踏まえると、「自分」という言葉はその人の存在がより大きな存在から分離した瞬間を表し、そこから助詞の働きによって方向性が与えられて、主体としての役割、客体としての役割、あるいは「他でもない自分自身」ということを示す役割を持つことができるものと考えられる。

4. Freudの「自我」とその発展

　ここまで、心理学一般という視点で「自我」および「自己」について見てきたが、以降は心理臨床学領域の諸理論における「自分」と類縁の概念について概観し、「自分」との比較を論じていくこととする。

　まずは、Freudによる「自我 Ich / ego」の概念を挙げたい。Freudは、自らが創始した精神分析の理論を臨床実践の中で洗練させていき、その中で様々な概念を提出したが、その中でも「自我」は非常に重要な概念であり、本章において「自分」との比較検討を行う心理臨床学的概念として欠かせないものであると言える。

　Freudの自我概念は非常に有名だが、それが彼の心的構造論における機関のひとつとして最初に描かれたのは、後期の著作に属する『自我とエス』(Freud, 1923/2007) であった。この論文においてはじめて、こころの中に「エス」「自我」「超自我」という3つの心的機関を措定する理論が導入された。エスとは、本能的なエネルギーの貯蔵庫のようなものと考えられていて、のちの『続・精神分析入門講義』(Freud, 1933/2011) においては、「欲動からのエネルギーで溢れかえっていますが、いかなる編成ももたず、いかなる全体的意志も形成せず、ひとえに、快原理に従いつつ欲動欲求を満足させることをめざすのみ」(pp.96-97) であると述べられている。このエスに対して自我は、「エスのなかで無際限の支配をふるっている快原理を現実原理に置き換えようとする。…(略)…自我は、激情をはらんだエスとは反対に、理性や分別と呼べるものの代理をしている」(Freud, 1923/2007, p.20)。

また、超自我とはエディプス・コンプレックスの克服を通して両親の道徳的態度が内在化されたものであり、自我を監視して時には罰を下すような、いわゆる良心として働くものである。これらのエスと超自我と、それに加えて「外界」という三者と自我との関係について、「自我は、同時に三人の厳しい主君に仕え、その三人の主張と要求を調和させようと四苦八苦している」(Freud, 1933/2011, p.101) と述べられている。このようにFreudの後期の理論における自我は、エス、超自我、外界に翻弄されながらなんとかそれらを調和しようとする心的機関であり、精神分析の実践により、これを強化することが重要であると考えられたのである（この考え方は、後にHartmannやFreud, A.による自我心理学の根幹となる）。このことについて、Freud (1933/2011) は以下のように述べている。

> 精神分析の意図するところは、言うまでもなく、自我を強化して、これをますます超自我から独立したものに仕立てあげること、自我の知覚領域を拡大し、自我の編成を拡充して、自我がエスのさまざまな部分を新たに獲得できるようにすることにあります。つまり、かつてエスがあったところに、自我を成らしめること、これなのです。(Freud, 1933/2011, p.104)

以上のように、Freudにとっての自我は、われわれの心の中のひとつの機関であり、一定の機能を担うものとして定義されるに至った。しかし、小此木 (1985) によると、『自我とエス』以前には、自我は「他の人々から区別される身体をも含めた一個の全体としての『自己』」という意味と、「特有な属性と機能によって特徴づけられる心の力域ないし構造」という意味の二通りの意味で漠然と用いられていたという[*2](p.50)。このような自我概念の曖昧さに関連してFedern (1953) は、自我は主体であると同時に客体であり、そのような独特なパラドックスこそが自我の本質であると述べている。

Hartmann (1950) も、Freudの「自我」が、分析家の間でも非常に曖昧に用いられていることを指摘した。そして自我の定義について、「人格」や「個人」と呼ばれるものと同じものではなく、さらに体験における「客体」の反対概念としての「主体」でもなく、単なる「意識」や「感情」でもないとし、「それは、人格の下部

構造であり、その諸機能によって定義づけられる」(Hartmann, 1950, p.114　拙訳) と述べ、様々な機能を司る機関として自我を特徴づけた。さらに彼は、「自己（その人自身の人格）」と「自我（心的システム）」が対概念として用いられていることがしばしばあるが、それらは本来対概念ではなく、「自己」の対概念となるべきものは「対象」であるということを指摘し、ナルシシズムにおいてリビドーが備給されるのは自我ではなく自己であり、「対象表象」の反対語として「自己表象」という用語を提唱した。このような議論を通してHartmann (1950) は、「自我」「自己」「自己表象」を区別して記述している。そして自我の機能に属するものとしては、完全なリストを作ることはできないとしながらも、外界の知覚や運動、現実検討、防衛など様々なものが挙げられている。後にBellak et al. (1973) は、自我機能を以下の12個に分類した。①現実検討、②判断、③外界と自己についての現実感、④欲動、情動、衝動の調整と統制、⑤対象関係、⑥思考過程、⑦自我のための適応的退行、⑧防衛機能、⑨刺激防壁、⑩自律的機能、⑪総合－統合機能、⑫支配－能力 (Bellak et al., 1973, pp.76-79　拙訳)。

　以上のように、精神分析においてはFreudによって自我の概念が提唱されたが、はじめは曖昧に用いられていた。その曖昧さは、既に述べたように"Ich"という日常語を用いて名付けられたということと無関係ではないと思われる。曖昧さを生んでいた、「他の人々から区別される身体をも含めた一個の全体としての『自己』」(小此木, 1985, p.50) という意味は、一人称代名詞として使われる"Ich"の本来の意味に近く、心の構造における機関のひとつを指す言葉としてよりも、理解しやすいものだったのではないだろうか。Freudはもともと、自我にあたる言葉として"Ich"をあてていたが、それが英語に訳される際には、ラテン語で日常的には用いられない"ego"と訳された。このことについては何人かの分析家が批判しているが、Bettelheim (1983/1989) は、「自我」と「エス」について以下のように述べている。

　　英訳にあたってこの二語は、英語に訳されることがなく、それぞれ『エゴ』と『イド』というラテン語に訳されてしまい、このため個人的な連想を生むことはまずありえない、よそよそしい技術用語になってしまった。言うま

でもなくドイツ語では、これらの人称代名詞は強烈な情緒的意味合いをおびている。読者としては生涯の初めから終りまで、これらの言葉を用いるからであり、フロイトが周到にも独得な語を選択したため、彼の意味した事柄の直観的理解が促進されたからであった。(Bettelheim, 1983/1989, pp.74-75)

英語版においてどうしてこのような訳語が選択されたのかについては、精神分析を医学の専門分野としたいという欲求があったのではないかと推測されている(Bettelheim, 1983/1989)。Hartmannも、精神分析と一般心理学の統合を目指して自我心理学の理論体系をつくりあげたが(小此木, 1985)、そのためには科学的な議論に耐えるような厳密な定義を持った概念が必要とされる。そのため、「自我」のうち日常語の"Ich"に含まれている、素朴で曖昧な意味は外されていき、純粋に精神的な機能を司る機関として定義づけられたのである。そして、自我心理学の流れの中で自我の概念は、それが持つ機能を明らかにしていく方向に精緻化されていったと言える。しかしその一方で、Bettelheimが指摘するように、もともとの"Ich"という日常的な言葉に含まれていた情緒的な意味合いは薄れてしまったのである。

以上、Freudによる自我の概念とその発展について概観してきた。これを「自分」との関連で見ると、まず「自分」には「自我」のように、何らかの心的機能に担う一機関というような意味は全くないように思える。どちらかと言えば、「その人自身」を漠然と表しているような「自己」に近いであろう。しかし、「自分がない」と言った場合、自我機能の失調状態を表すこともある。土居(1960)は、統合失調症における自我障害について、「自分を意識しながら『自分がない』こと」に、その体験の特徴があると述べ、自我障害は「『自分』の意識を形成せんと欲して形成し得ない状態である」(p.156)としている。また、第3章で詳しく扱うが、筆者は「自分がない」という体験、およびその言葉のイメージについて自由記述を求める調査を行った。そこで得られた記述の中には「自分の感情を感じられない」「茫然自失」「自分の行動をコントロールできない」などの、自我の基本的な機能が失調している状態を表すものも見られた。こうした機能と、精神分析における自我の機能とは必ずしも重ならない部分もあると思われるが、ここで表れて

いるのは、「自分」についてわれわれが持つイメージの内に、しっかりと心的機能を働かせている存在としての「自分」という側面が存在するということである。その意味では、「分」の意味の内、「分別」があるという意味が含まれていると理解することもできよう。このように、「自分」という日常語からは「自我」のような機能的側面の意味はなかなか出てこないが、「自分がない」とすると、そのような意味が実は含まれていたということに気づく。北山(1993)も、「『自分がない』とは言うが、『自分がある』とはあまり言わない」(p.158)と述べているが、「自分」についての検討においては、それが普段意識されにくいために、「自分がない」状態になって初めて意識される部分があることも考慮すべきであろう。

5. Jungの「自己」

次に、Jungの理論における「自己　Selbst / self」を取り上げる。Jungは、はじめFreudと蜜月関係にあったが、後に訣別し、独自の「分析心理学」を創始した。分析心理学においては自己の概念が非常に重要な役割を果たしており、心理学一般や、精神分析における自己とは異なる、独自の概念として理論的に発展してきている。Jungの自己は一般的な使用法における自己の意味をはるかに超えた概念であり、彼の臨床実践と深く結びついた意義を持ち合わせている。本章は心理臨床における「自分」について検討するものであり、Jungの自己のように心理臨床実践と深く結びついた概念と比較検討することは大きな意義を持つものと考えられる。

Jungにとって、自我は意識の中心である一方で、自己は意識と無意識を含めた全体の中心であるとされる。しかしそれと同時に、意識と無意識を含めた全体そのものをも意味している。こうした自己の定義についてJacoby(1985/1997)は、「自己という言葉が、人格の全体性を意味しているのか、明確な心的プロセスが『組織化』されてくる単なる中心を意味しているのか」(p.92)が曖昧であると指摘している。またSamuels(1985/1990)も、自己には「中心であると同時に全体性である」という「二重の定義」があるが、そのことをJung自身、自信を持って主張しているという(p.157)。Jung自身の自己についての記述を見てみると、「意識と

無意識とは、必ずしも互いに対立するのではなく、むしろ互いに補いあってひとつの全体、すなわち自己を形づくるからである。この定義によれば、自己とは、意識的自我より上に位する大きさをもつことになる。それは、意識的心だけではなく、無意識的心をも包括し、それゆえ、われわれもまたそうであるような一個の人格ということができる」(Jung, 1928/1995, pp.99-100　傍点原訳書) とされている。また Jung (1928/1995) は別の箇所で次のように述べている。

> この「何ものか」は、われわれとは違うくせに、身近なものであり、まさにわれわれ自身でありながら、それとは認識できない。それはまた心の秘められた構造の、仮想される中心点であって…(略)…私は、この中心を自己 (Selbst, self) と名づけた。知的には、自己は、心理学的概念にすぎない。それは、われわれにはそれそのものとして把握できない、認識不可能の存在を表現するための構成概念である。それは、すでにその定義からして、われわれの理解力を超えている。呼ぼうと思えば、「われわれの内なる神」と呼んでもいいだろう。われわれの全精神生活は、まさにこの一点に解きがたいすべての端緒を発しているかに見え、あらゆる最高かつ究極の目標も、ひたすらこの一点をめざしているように思われる。(Jung, 1928/1995, pp.200-201　傍点原訳書)

つまりここには、自己がひとつの中心であるということ、われわれは自己を直接認識することが不可能であるということ、そして自己がひとつの目標であるということが示されている。このような性質をもつ自己について Jung (1948/1989) は、「そこに人間が自分自身よりも包括的な全体性を感じとるものなら、どんなものでも自己の象徴になることができる」(p.138　傍点原訳書) とし、「自己の象徴と神のイメージはけっして経験的には区別することができない」(p.138) とも述べている。また、別の論文で Jung は、自己の象徴について「それは神であったり、あるいは神に似た形姿であったりする。また王侯君主、僧侶、偉人、歴史上の人物、祖父、愛する父、崇拝の的たるお手本、成功をおさめた兄であったりする。要するに夢見者の自我人格を凌駕する人物なのである」(Jung, 1951/1990 p.253) と述べて

いる。さらに自己の象徴としては、円や正方形のような、全体性を表す幾何学図形があり、その代表的なものがマンダラである。

このように、Jungの自己は非常に豊かな意味を兼ね備えており、ひとつの静的な概念として簡単に捉えられるようなものではない。自己については、その後のJung派の諸家によって議論が重ねられ、多様な理論的展開を見せている (Samuels, 1985/1990)。しかしここでは、Jung派における自己の概念自体について詳細に検討するのではなく、どうしてこのような概念が「自己」(Selbst/self) と呼ばれるのかということに注目したい。「自己」という言葉そのものは、本書で扱っている「自分」と近いものであるが、Jungの自己は、単純な字義通りの意味をはるかに超えた拡がりと深みを持っている。さらに、Jungの自己は「元型」のひとつでもあり、Samuels (1985/1990) は、ペルソナや影、アニマ・アニムスなどを含めた諸元型を階層的に見たとき、「自己はもっとも中心的な元型であり、他の元型的経験を組織化する秩序の元型」(p.55) だと述べている。元型は、それ自身は意識によって把握されることが不可能であるが、「元型的イメージ」を通じてその姿を現し、それはしばしば夢などにおいて、擬人化されるなどして登場してくる。そしてJung派の心理療法では、そのようなイメージをそれ自体で自律性をもつものとして捉えていく (河合, 2013b)。このことからすると、Jungにおける自己は、「自己」という名を持ちながら、ある意味で非常に他者性を持つ存在でもあると言えよう。にもかかわらず、それが「自己」であるというのは何故なのだろうか。濱野 (1992) は、「ユングにおける自己は、純粋な思惟のみによって形成されていった概念ではない。自分自身が生きてゆくうえで、日常の自我の働きを超え、強い影響力をもった出来事に、なんらかの名前をつけてゆこうとするところから生まれたことばである」(p.1116) と述べている。そこで、Jungが自身の内的体験を通じて「自己」を見出していく過程を、『ユング自伝』から見ていくこととする (なお、次の段落における引用文は全て、『ユング自伝—思い出・夢・思想—1』(Jung/Jaffé, 1963/1972) による)。

Jungは、Freudとの訣別のあと「内的な不確実感」「方向喪失の状態と呼んでも、誇張とはいえないもの」(p.244) に陥った。その中で、精神病に脅かされているのではないかと自ら感じるほどに、強烈な夢やヴィジョンを体験していく。その

「無意識との対決」の中で彼は、「無意識のこれらの襲撃に耐えてゆくとき、私は私よりもっと高い意志の力に従いつつあるのだという確固たる信念」(p.253) をもつに至った。また、彼の空想の中に現れる様々な像に対して、「心の中に私がつくりだすのではなくて、それらが自分自身をつくり出しそれ自身の生命をもつのだという決定的な洞察」(p.261) を得た。彼は、それらの自律的な像と積極的に対話を行い、そこにおいて生じてくるイメージを理解しようと努めた。この時期Jungは、大学の職を辞してまで「無意識との対決」に力を注いでいたが、アカデミックな経歴を捨てることには若干の悔いがあったという。しかしそれは一時的なもので、「われわれが内的人格の欲することや、語ることに従ってゆくならば、苦痛は消え去る」(p.276) と述べている。このように、Jungは自らのこころの内に自律的な人格像が存在することを認め、彼らの声に耳を傾けることに集中して取り組んだのである。そうした時期は長く続いたが、自ら描いていたマンダラを理解し始めるにつれて、「徐々に暗黒の中から脱出し始めた」(p.277) という。マンダラは、彼が内的に不調和の状態にあるときは対称性の崩れたものができあがるというように、彼の内的状態を映すものであるように感じられたのである。「私の描いたマンダラは、日毎に新しく私に示された自己の状態についての暗号であった。それらの私は私の自己̶すなわち、私の全存在̶が実際に働いているのを見た。」(p.279 傍点筆者) ここで言われている「自己」は、まだ元型としての自己ではなく、素朴な日常語としての意味での「自己」に近い。ただし、ここで「私の全存在」と言われているように、単に「私」というのではなく、自我が把握することのできない領域も含めた「全存在」ということが既に含意されているものと思われる。そして彼は、多くのマンダラを描き続けていくが、その中で、「この過程はどこへ導かれるのだろうか。このゴールはどこにあるのだろうか」(p.279) という疑問が生じてきた。彼はここで、意識的に持っていた目標を考えることをやめ、無意識の流れに身を任せなければならないと感じる。そして、マンダラを描き続ける中で、「すべてのこと、私が従ってきたすべての道、私の踏んできたすべての段階は、唯一の点̶すなわち中心点̶へと導かれていることが解った。マンダラは中心であることが段々と明らかになってきた。それはすべての道の典型である。それは中心、すなわち個性化への道である」(pp.279-280) とい

う洞察を得る。このようにして、自己がひとつの中心であり、目標であることが理解されてくると、「この洞察は私に安定感を与え、私の内的な平和が徐々にもどってきた。マンダラを自己の表現として見出すことにおいて、私は自分にとって究極のことに到達したと知った」(p.280) という。その後しばらく経って、Jung は、町全体がマンダラのような構造をしていて、その中心に小さな島があり、そこには赤い花をつけた木蓮が立っていて、その美しさに心を奪われる、というような内容の夢を見た。彼はこの夢に「一種の窮極性の感じが伴っていた」(p.282) というふうに感じ、「この夢を通して、私は自己が方向づけと意味の原理であり元型であることを理解した。その中に治癒の機能が存在している」(p.282) という洞察に至った。この夢は Jung にとって、「私の状態の全貌を示しているので、私は全く満足であった」(p.282) と感じさせるものであり、その後はマンダラを描くことをやめたという。

　以上のように Jung は、自身の無意識から生じてくるイメージを相手にひたすら対話を続け、いわば、意識的に無意識に身を任せることの帰結として、「自己」という元型の存在を感得するに至ったのである。はじめは、マンダラを描く内に、それが「自己の状態についての暗号」というように、自身の内的状態を映すものとして、いわば投映法的に捉えていた面があると言える。ただ、それまでに無意識の中の自律的な像との対話を進めていた Jung にとって、そこに映しだされるのは単なる内的状態ではなく、自我を超えるものをも含めた全体性をもっているように感じられたのである。そして、さらにマンダラを描いていくうちに、それは「一種の窮極性」を表していることを感じ取っていく。無意識を含めた全体性はそれ自身が窮極の目標であるという洞察により、彼は内的な安定を得る。この「一種の窮極性」ということからは、意識的努力によって直線的に向かっていく目標というのではなく、彼が無意識との対決の中で感じていた「私よりもっと高い意志の力」に導かれていくような面があるように思われる。しかしそれはただ受動的に主体性を放棄するのではなく、むしろ積極的に、自身の無意識との対話を通じてなされるプロセスである。その中で出会う自律的なイメージも、他者との会話のようでありながら、あくまで彼自身の無意識の中にいるのである。そして自己についても、それが自我にとっては把握しきれない範囲を含めた全体性を

表すという意味では、神のような超越者のイメージとして現れてくるが、それは主体の外部にあるものではなく、あくまで内部にあるのであり、自身の無意識の探求を進める中で出会っていくものなのである。それゆえ、Jungは自己のことを「われわれの内なる神」(Jung, 1928/1995, p.201　傍点筆者)とも表現しているものと考えられる。だからこそ、Jungの「自己」は、神のような、個を超越したものとなぞらえられながらも、「自己」という名は残り続けたのではないだろうか。

　以上述べてきたJungの自己と、「自分」との比較について、特にその内部性－外部性ということに着目して論じたい。「自分」は、本章の3節において木村(2008)を引いて述べたように、個人を超えたより大きな存在の「分有」という面があり、その存在の根拠は個人の外部にあると考えられる。一方Jungの自己については、より大きな存在を認める点では共通しているが、それは内部を深めていく中で出会うものであり、あくまで内部性を保っていると考えられる。それに対して「自分」の場合、より大きな存在は個人の外部にあり、それを分け与えられて個々の存在が成立していると考えられる。あるいは、そもそもは主客未分で、内も外もないような、一体的な状態から分かれ出たものとして「自分」を捉えることもできるだろう。このような「自分」のあり方については、仏教思想との関連を指摘する必要があると思われる。

　井筒(1989)によると、われわれの日常的な意識の上では、世界に存在するあらゆる事物はそれぞれが互いに独立し、区別されるものと考えられているが、それは華厳哲学の考えにおいては「分別心」あるいは「妄念」と呼ばれ、本来は存在しない事物の自己同一的実体性(これを「自性」と呼ぶ)にとらわれているのである。この「自性」を否定することで達せられるのが「空」であり、そこでは事物間の境界が消えてすべてがひとつになって、独立したものは何ひとつとして無くなってしまう。しかし「空」には存在否定的側面だけではなく存在肯定的側面があり、「絶対無分節であるからこそ、無限に自己分節していく可能性でもある」(井筒, 1989, p.37)。そして、そのような存在肯定的側面を持つものとしての「空」を華厳では「理」と呼び、それが様々に自己分節したものが、われわれの目にはそれぞれの事物として映るという。「理」は、「存在論的には絶対無分節者であって、それの様々な自己分節が、我々のいわゆる存在世界、万象差別の世界を現出するもの、

つまり、一切存在の根基であり根源である」(井筒, 1989, p.39)。

こうした考え方に基づけば、われわれの存在も「自性」を持つものではありえず、「絶対無分節者」である「理」の「自己分節」したものとして現れていると理解する必要がある。華厳哲学のように、世界のあらゆる事物の間にある差異を否定していこうとする考え方は、仏教に限らず広く東洋哲学に見られるというが(井筒, 1989)、やはりわれわれの「自分」も、それ自身の内に存在の根拠を持ち、それゆえに他者とは根本的に異なる存在というような現れ方ではなく、「理」のような、本来自他の区別のない位相を根拠として、それが「分かれ出たもの」として捉えられる傾向が古くからあったのではないだろうか。先に述べた木村が、「自分」の根拠は個人の「外部」にあると述べているのは、分かれ出たものとしての「自分」からの視点で見た場合とされているが、木村の「根源的な生命の躍動」や、華厳における「理」の側から見た場合、「自分」は内部－外部の区別なく、すべてのものが相即的になっているところを根拠として、そこから分かれ出たものとして理解される。

河合(1995)はJungの理論と仏教とを比較して、次のように述べている。

> ユングは心理学者として、自我によって把握し言語化できることについて語ることに自分の仕事を限定し、自我の側から表現していったので、個人的無意識、普遍的無意識の層について語ることになり、仏教の方はそのあたりを一挙に通過して、空の意識[*3]のレベルに達して、むしろ、そちら側から意識の記述を行っている、と感じられます。(河合, 1995, pp.150-151 傍点原著)

このことからも、Jungは互いに別個の存在として「自性」を持つ自我、つまり必然的に内部－外部の境界をもつものから出発してものを考えたため、非常に深いレベルまで達して感得された「自己」の概念も、内部性を帯びていることが窺われる。そしてそのような性質をもつJungの「自己」と比較すると、「自分」は自他分別のない位相を根拠としており、そのことを「自分」の側から見た際にはむしろ、主体の外部にある、より大きな存在からの「分有」としてあるという性質

が対照的に浮かび上がってくるのである。

6. Kohutの「自己」

次に、Kohutの「自己 self」を取り上げる。精神分析家のKohutは、「自己心理学」の提唱者であり、当時の精神分析の世界の中ではそれほど重視されていなかった「自己」を中心的な概念に据えて、独自の臨床理論を築いていった。この自己も、Jungのものと同様、提唱者自身の臨床実践の中で独自に発展してきた概念であり、心理臨床学的な議論において「自分」との比較対象としてこれを選ぶことは非常に有意義であろう。また和田 (2002) は、Kohutの自己は、完全に同じではないものの「自分」に似ていると述べている。和田 (2002) はその比較について詳しくは述べていないが、西洋由来でありつつ「自分」と似ていると言われる概念との比較検討を行うことで、「自分」の持つ性質や独自性がより明確に示されてくると思われる。

Kohutははじめ、自我心理学的精神分析の理論の枠組みの中で、「自己(セルフ)は精神分析状況で現れてくるし、精神装置の内容として、比較的低い水準の、つまり比較的体験に近い、精神分析的抽象物という様式で、概念化される。このように自己は精神の一つの審級(マインド)(エイジェンシー)ではなく、精神の内部の構造なのである」と自己を定義していた (Kohut, 1971/1994, p.iv)。しかし後にこれは「狭義の自己」とされ、Kohutの理論が展開していく中で、自己はより広く捉えられるようになった。それが「広義の自己」としての自己であり、「心理的世界の中心」と表現された (Kohut, 1977/1995, p.vii)。この自己は定義することのできないものであり、「その本質において不可知である」(Kohut, 1977/1995, p.248) とされている。しかし、分析家は被分析者への共感[*4]という行為を通じて、相手の自己の「心理的表現」を知ることはできる。Kohut (1977/1995) 曰く、「われわれは、内省と共感によって自己そのものを貫くことはできない。内省的にあるいは共感的に知覚される自己の心理的表現のみがわれわれに開かれているのである。自己の本質について正確な定義をもとめる要求には、『自己』が抽象的科学の概念ではなく、経験的データから引き出された一般化であるという事実が無視されている」(p.248) つまり、Kohutに

とっての自己は、共感によって感知される相手の内的体験の全体であり、それ自体は決して知ることのできないものと言うことができる。Jacoby (1985/1997) は、Kohutの自己の本質的な不可知性と、われわれが知ることができるのはその心理的表現のみであるという点について「このような自己に対するコフートの理解が、ユングの考えときわめて近いことは明らかである」(p.108) と述べている。

このようにKohutは、自己それ自体については不可知なものであるとしたが、自己の中核(「中核自己」と呼ばれる一種の構造)の発達とその不全が引き起こす精神病理についての理論を構築した。中核自己には、誇大性の極と理想の極があるとされ、それぞれの発達が十分でない場合に、各種の精神病理が生じるという。そして、その中核自己の発達を促進するのが、「自己対象」[*5]という存在である。これは、自己の一部として体験されるような、実在する対象のことであり、自己心理学において非常に重要な概念である。Kohutは、自身の価値を認めてくれる鏡自己対象、理想の存在として方向性を示してくれる理想化自己対象、自身と類似の存在として安心感を与えてくれる分身自己対象の3つを想定している。そして、これらとの関係は一生続く不可欠なものであり、古典的精神分析理論のように、分析によって人は自立していくことができるようになるとは考えない。Kohut (1984/1995) は、精神分析を通して「自己が確固としたものになっていくということは自己を自己対象から独立したものにするということではない。そうではなくて、自己の堅固さの増大とは、自己対象を選択する際の自由度が増大することも含め、自己を支持するために自己対象を利用する自己の能力を高めるのである」(p.114) と述べている。このようにKohutの理論においては、自己と自己対象との関係が非常に重要で不可欠なものであり、自己の病理は自己対象との関係が十分でないために自己が凝集性を持ったものとして十分に発達してこなかったことに起因すると考えられている。生まれたばかりの赤ん坊にとって、自己対象とはたいてい母親のことである。Kohutは、生後すぐの赤ん坊にはまとまった自己は存在しないと考えるが、母親は、赤ん坊が既に自己をもっていると見なして接するのであり、その母親との融合的な関係を通じて、赤ん坊の中にまとまりのある自己が育っていくとされる。その過程で、母親の赤ん坊に対する共感的対応に大きなつまずき[*6]があると精神病理が生じる。Kohutにとって、自己が健康的

であるということは、凝集性をもっていることであり、それは時間的な連続性、同一性をもった、まとまりのあるものとして存在しているということである。一方で、自己の病理はその凝集性が弱まっていること、あるいは崩壊であり、それは「重い断片化、自発性の深刻な喪失、自己－評価の深い低下、まったく無意味だという感覚」(Kohut, 1977/1995, pp.80-81)、あるいは「空間における身体と心の断片化と疎隔化、時間における自らの連続性の感覚の崩壊」(Kohut, 1977/1995, p.82)といった状態を示す。そして分析的治療においては、治療者が自己対象となって、いわば自己の「育ち直し」を進めていくというモデルが想定されている。

以上、Kohutの自己心理学における自己の概念について概観してきたので、「自分」との比較を行ってみたい。Kohutの自己の大きな特徴として、自己対象との結びつきを常に必要とするという点が挙げられる。Kohutは、自己対象のことを何度も「酸素」に例えて、それが人間にとって必要不可欠であることを述べている。自己と自己対象との関係は、自他の区別が曖昧なものであり、そのような関係を自己の存在の基盤として据えている点では、「自分」の性質と共通するところを持っているように見える。しかし、Kohutの自己は健康な場合、個人内でまとまりを持ったものであり、その自己が中心となって、周りの様々な自己対象とつながりながら生きているというモデルが想定されている。それに対して「自分」の場合、Jungの自己との比較において華厳哲学の考え方に依りながら論じたように、各自でまとまりをもった存在どうしが関係するのではなく、自他の区別のない位相を根拠として、それがその都度分かれ出てきたものが各自の「自分」であると考えられるため、「自分」は中心としてあるわけではない。華厳哲学では、本来すべてのものは「自性」を持たないが、そのうえで個々の事物が差異をもって存在している原理を「縁起」と呼ぶ。これは、「すべてのものが全体的関連においてのみ存在しているということ」(井筒, 1989, p.47 傍点原著)であり、「すべてがすべてと関連し合う、そういう全体的関連性の網が先ずあって、その関係的全体構造のなかで、はじめてAはAであり、BはBであり、AとBとは個的に関係し合うということが起る」(井筒, 1989, p.47)という存在のあり方である。そして、「こうして現起する存在世界には、中心というものがない。無中心的、または脱中心的世界」(井筒, 1989, p.53)であるという。河合(1995)はこのような華厳哲学の考

え方に基づき、「日本人の自我の在り方」は、「個として確立した自我が他とどうつながるかという関係ではなく、深い『空』の世界の共有をつながりとしているとも言うべき、つながりの方が自我よりも先行するという形のもの」(p.161)であると述べている。以上のことから、Kohutの自己と「自分」とは、他者とのつながりを前提としている点においては共通しているが、Kohutの自己が各自でまとまりを持っており、そのつながり方には中心があるのに対して、「自分」の場合はその都度全体的関係性の中で析出してくるものであり、そのつながりには中心というものがないという点において根本的な違いが認められるのである。

7. Sullivanの「自己」

　3つ目の「自己」として、Sullivanによる概念を取り上げる。統合失調症に対する精神療法的治療や、「関与しながらの観察」といった言葉で有名な精神科医のSullivanは、他の臨床理論を踏まえつつ自身の臨床実践に基づいて、独自の自己論を展開している。彼の考え方の基本的な姿勢は、次の言葉に端的に表れている。

> 精神医学とは、二人以上の人間を包含し人と人との間において進行する過程を研究する学問である。精神医学の対象範囲は対人関係の世界である。いかなる事情の下にある対人関係かは問わない。とにかく一個の人格を、その人がその中で生きそこに存在の根をもっているところの対人関係複合体から切り離すことは、絶対にできない。(Sullivan, 1953a/1976, p.20　傍点原訳書)

　このように、Sullivanの理論では対人関係から独立したものとしてわれわれの存在を捉えることはできないと考える。このような点において、ここまで論じてきたように関係性を根拠とする「自分」との類似性が認められる。その意味でも、Sullivanの自己について「自分」と詳細に比較することで、「自分」の特徴を知ることができるものと思われる。
　Sullivanの理論における自己は、他者との関わりの中でダイナミックに生成される、ひとつの心的な構造体として描かれている。そしてそれは心的発達論と結

びついており、両親を中心とする他者との関係においてその構造が破綻してしまうことが、種々の精神障害を引き起こすと考えられている (Sullivan, 1953b/1990)。Sullivanの人格発達論では、幼児期後期において、「自己組織　self-system」(あるいは、自己態勢　self-dynamism) という「体験組織体」が現れる。これは、周囲の重要な人物 (主に母親) との対人関係の中から生じてくるものであり、不安を回避するように機能する。そして、重要人物からの承認、不承認に関するものに注意を絞り、それ以外の部分に目が向くことを妨げるという、「顕微鏡に似た働き」(Sullivan, 1953a/1976, p.30) (これを「選択的非注意」と呼ぶ) をするようになる。また、Sullivanは人格を「自己」と「人格残余部」に分けて考えており、本人にとって強い不安を引き起こすものは、人格残余部に「解離」されるという (Sullivan, 1956/1983)。

　このような自己にまつわる理論化の中で、「自己」や「自己組織」、「自己態勢」という類似の概念が登場するが、これら3つの語は、Sullivan自身の理論の推敲の過程で生じてきたものであり、同一の意味を持っていると解してよい (Chapman, A. H. & Chapman, M. C. M. S., 1980/1994; Mullahy, 1953/1976)。つまり、Sullivanにおける自己とは、対人関係と切り離すことができないことを前提としつつ、まずは人格を構成する構造のひとつであり、さらに、「選択的非注意」や「解離」を用いて人格全体を守ろうとする、特定の働きを担う主体としても描かれているのである。ひとつの心的構造としての側面はKohutの自己に、一定の機能を担うものとしての側面はFreudの自我に通じるところがあるとも言えるだろう。

　それでは、Sullivanの自己と「自分」との比較を試みる。Sullivanが精神医学を対人関係論として捉えているように、彼の自己も人との関係と切り離しては捉えられないものである。その意味では、やはりここまで検討してきた「自分」のあり方に通じるものがあると言える。ただ、Sullivanの自己は、その発生や発達が常に対人関係の中にあるとされるものの、あくまで「自己組織」という閉じた構造が考えられているという点において、「自分」と根本的に異なっているものと考えられる。Kohutの自己との比較において論じたことと重なるが、Sullivanの自己にとって前提となっている「対人関係」は、それが「自己組織」という構造が成立するために必須ではあるものの、存在そのものとしては独立した者どうしの関係性なのである。一方で「自分」の方は、ここまでにJungやKohutの自己との

比較において論じてきたように、木村敏の自己論や華厳哲学の考え方から、個としての存在よりも先に関係性があるものとして捉えられる。Sullivanは対人関係を非常に重視し、理論の根幹に据えているが、それでもやはり、その自己と「自分」を比較すると、「自分」の持つ関係性が先にあるという特徴が浮き彫りとなったと言えよう。

　それに加えて、Sullivanの自己には、人格全体を守るための特定の機能を担うものとしての側面もある。これに関しては、Freudの自我との比較において述べたように、「自分」にも「自分がない」という言葉に着目したとき、心の基本的な機能を失調しているということを意味する場合があり、そのことから「分別」という意味での心の基本的機能を働かせているものとしての意味があると考えられる。ただし、「自分がない」というときに失われていると考えられている機能は、「自分の感情を感じられない」「茫然自失」「自分の行動をコントロールできない」という、4節にて挙げた記述例にあるように、物事に対して能動的に関わって感情を覚えたり、行動を起こしたりする志向性に関するものであると考えられる。一方でSullivanの自己の機能はそのようなものではなく、人格全体にとって脅威となる不安に対処するために、それを見ないようにしていくものである。その点が、両者の持つ心的機能の違いであると考えられる。

8. Eriksonの「アイデンティティ」

　最後に、「アイデンティティ　identity」という概念について検討する。アイデンティティは、いまや日本でも一般的に広く認知されている言葉であるが、もともとは精神分析家のEriksonによって提唱された用語である。鑪 (1990) は、「アイデンティティとは、『自分』ということについての意識やその内容をさしている」(p.9)と述べている。また、アイデンティティを形成していくプロセスを指して「『自分』で『自分』をつくっていこうとするこころの動き」(鑪, 1990, p.62)と表している。他にも土居 (2005) は、「自分」は「Eriksonの研究で有名になったidentity (同一性) に相当する」(p.303)と述べている。このようにアイデンティティが「自分」と近いものであるという指摘がこれまでもなされてきているが、その

共通点および相違点について詳しく論じた先行研究は見当たらない。そこで本章において、「自分」と「アイデンティティ」との比較を論じることとする。西洋由来の概念であるにもかかわらず、その類似性がたびたび指摘される「アイデンティティ」との比較を行うことは、「自分」についての心理臨床学的考察を行う本章の目的に資するものと考えられる。

　Eriksonは、人間を成人期以降も含めて生涯を通して成長していく存在として捉えており、8つに分けられたそれぞれの発達段階において、直面する「危機」が存在するとされている。ただしこれは、各段階での課題を次々に乗り越えて発達していくというような、直線的な発達モデルではなく、全ての危機は、全ての段階に亘って潜在的に存在しており、特に表面化して取り組まれる危機が段階ごとに存在していると考えるのが特徴的である。そして、その中でも青年期の危機として述べられているのが、アイデンティティ形成の課題なのである。

　それでは、アイデンティティとは具体的にどのような概念なのであろうか。アイデンティティに関してErikson（1959/2011）は、次のように述べている。

> 　その主観的側面においては、以下の事実の自覚を意味する。一つは、自我を統合する秩序として自己斉一性と連続性があるという事実の自覚。もう一つは、自我を統合する秩序が効果的に働くのは、他者に対して自分自身の持つ意味が斉一性と連続性を保証されている場合であるという事実の自覚である。」(Erikson 1959/2011, pp.7-8)

　つまり、アイデンティティとは自らの存在が変わらずにあるということと、時間的な一貫性を持っているということであり、それに加えて、そうした事実が他者に対して保証されている、つまり社会的な承認を受けているということが重要なのである。

　このアイデンティティは、それまでの子ども時代における様々な同一化(identifications)を統合することによって獲得されるが、単なる同一化の総和ではないということが何度も指摘されている(Erikson, 1959/2011)。そのような統合が試みられる時期をEriksonは「心理・社会的モラトリアム」と呼んだが、この時期に

おいて青年たちは、なんらかの精神病理を疑われるほどに内的葛藤を経験するという。そのプロセスについて、Erikson (1959/2011) は以下のように述べている。

> この期間に個人は、自由な役割実験を通して、社会のある特定の場所に適所を見つける。適所とは、あらかじめ明確に定められた、しかもその人にとっては自分だけのために作られたような場所である。それを見つけることによって、若者は内的連続性と社会的斉一性の確かな感覚を獲得する。そしてその感覚が、〈子どもだった時の自分〉と〈これから**なろうとしている自分**〉との間の橋渡しをし、〈**自分について自分が抱いている概念**〉と〈**属している共同体がその人をどう認識しているか**〉を調和させるのである。
> （Erikson, 1959/2011, p.125 強調原訳書）

そして、アイデンティティの確立がうまくいかない場合、「アイデンティティ拡散 (diffusion)」あるいは「アイデンティティ混乱 (confusion)」の状態に陥る。これらの状態像についてのErikson自身の記述は多岐に亘っているが、鑪 (1990) は前者を「自己意識の拡散状態」で、「あれも自分であり、これも自分であり、いったい本当の自分は何だろう」という状態とし、後者を「自己意識の分解・断片化」の状態で、「これまでの自分を本当の自分と思っていたのに、いったい自分は何だったのか」という状態であると端的に述べている (p.100)。

それでは、このアイデンティティという概念と、「自分」とを比較してみたい。既に述べたように、アイデンティティと「自分」の共通性はこれまでに幾度か指摘されてきているが、それはどのような点に由来するのであろうか。土居 (2005) はそれについて、「『自分』という言葉に『分』が入っていることが暗示するように、『自分』はいつも相手に対しての自分である」(p.302) ということと、Eriksonのアイデンティティでも常に相手が意識されているという点からそれらは同等のものであると述べている。その指摘にあるように、両者とも他者との関係において現れてくるものであるという点が大きいと思われるが、特にアイデンティティの場合、単に他者というよりも、社会に認められるということが非常に重視されている。Eriksonの理論は、それまでの伝統的な精神分析の精神・性的発達の理

論を受け継ぎつつも、心理・社会的な側面を重視し、そのライフサイクル論に取り入れている点が特徴的である。そして、症例理解のためには歴史的・社会的な影響を考慮する必要があると考えており、人間の行動は次の3つのプロセスの相対的な関係によって決まるという。それは、「（一）ライフサイクルの時間＝空間内部で、身体を、有機的に組織化するプロセス」「（二）自我の統合によって、経験を組織化するプロセス」「（三）地理的＝歴史的単位の中で、自我有機体を、社会的に組織化するプロセス」(Erikson, 1959/2011, p.42)である。このような人間理解の中で、アイデンティティの概念も、自身の内的な自己斉一性・連続性の感覚のみならず、それが社会において認められ、受け入れられているという感覚が不可欠の要素となるのである。

　このような点は、序章において挙げた先行研究で指摘されていた「自分」の特徴の中でも、「身分」としての「分」の意味から来る社会的な側面と特に関連が深いのではないかと考えられる。日本人は個としてどうあるかということよりも、所属する集団の中でどうあるかということが重視されるという点は、これまで幾度も指摘されてきている。例えば河合(1976)は、「われわれ日本人の場合は、確立された個々の自我が関係を結ぶような在り方ではなく、日本人の集りは、まず何よりも『全体としての場』が先に形成され、その場の平衡状態をいかに保つかということが、重要になってくる」(pp.149-150　傍点原著)と述べ、これを「場の倫理」に基づく生き方であるとしている。このような日本人の「自分」のあり方は、社会的な側面を重視するアイデンティティの概念と類似しているように思われる。ただし、その社会とのつながりのあり方に注意すると、両者には根本的な違いが認められる。アイデンティティの場合、上に引用したように、「自由な役割実験を通して、社会のある特定の場所に適所を見つける」(Erikson, 1959/2011, p.125)という、主体の側の能動的な動きが見られる。一方で「自分」の「分」の場合、「分をわきまえる」というように、身分は自ら見つけて獲得していくのではなく、分け与えられたものという意味合いが優勢で、そこに合わせていくというあり方を示す。河合(1976)が述べているように、個としての存在が先にあるのではなく、「全体としての場」が先に形成されているのである。このように、社会的存在としての側面を持つ点ではアイデンティティと「自分」とは共通点を持つが、社会

との関係のあり方について検討するとき、「自分」の方は、社会や「場」との結びつきの強い性質を持つことが見えてくるのである。

9.「自分」の独自の特徴

　本章では、「自分」と「自我」「自己」「アイデンティティ」といった西洋由来の概念とを比較し、その共通点と相違点について検討してきた。最後にここまで述べてきたことをまとめ、「自分」がもつ独自の特徴について整理して記述していくこととする。

　まずは、心理学一般における「自我」および「自己」との比較を行った。これらは一般的に、「主体＝自我 (ego or I)」「客体＝自己 (me or self)」という使い分けがなされることが多いが、溝上 (1999) の文法学的な検討を参照して、"ego" もしくは "I" はともに行為主体としての「私」を示し、"me" はなんらかの行為対象としての「私」をさすのに対し、"self" は「他の誰でもない私自身」をさすことを述べた。これらの言葉と「自分」とを比べると、それが用いられるときの主客未分の性質が浮き彫りとなった。一方で「自」と「分」には分離を示す意味もあり、「自分」がより大きな存在から分離したものであることを示すと考えられた。そしてその「自分」に助詞が付けられることで、主体として、客体として、あるいは「他でもない自分自身」としての立場が示されるということが示された。

　次に、Freud とその後の自我心理学的精神分析の理論における「自我」の概念と「自分」の比較について論じた。Freud の自我はドイツ語では "Ich" という日常語であり、初期においては明確に定義されていたわけではなかったが、後期になると、心の構造におけるひとつの機関で、エス、超自我、外界の間に立ってそれらを調和させようとする機能を担うものとして位置づけられた。そしてその後の後継者たちによってその諸機能が整理されていった。この「自我」と「自分」を比較すると、「自分」という言葉そのものからは自我のような機関的な意味合いは一見ないように思えるものの、「自分がない」という言葉には自我の基本的な機能の失調状態を示す面があり、そのことから「自分」にはわれわれが基本的な心的機能を働かせているという要素が見られることが明らかとなった。

3番目に、Jungの理論における「自己」との比較検討を試みた。これは、心の全体性と同時に中心を表す概念で、元型のひとつでもある。そしてJungの自己は、神のイメージがその象徴となるように窮極性を帯びたものであり、また一種のゴールであり、そこへと導いていく力でもあるというような、豊かな意味を持っている。これは、個を超越したものを想定している点で、より大きな存在の「分有」としての「自分」と共通する側面がある。しかしJungの自己は、彼自身の「無意識との対決」という内的な探究を通して到達された概念であり、あくまで内部性のあるものであるのに対し、「自分」の場合はその存在の根拠は外部にあり、そもそもは内も外もないような一体的な状態から分かれ出たものとして捉えられる点に違いが認められた。

　4番目に、Kohutの「自己」を取り上げた。この概念も非常に多義的なものであるが、Kohutは端的に「心理的世界の中心」であるとしている。そして自己それ自体は不可知であるとする一方、その中核にある構造については理論化されており、その健全な発達には「自己対象」の存在が不可欠とされる。Kohutの理論は、伝統的な精神分析の理論とは異なり、自立した人間を健康とするのではなく、自己を自己対象との結びつきを常に必要とするものとして捉えた点が特徴的である。それは、他者とのつながりを前提とする「自分」のあり方に通じると言える。一方で、Kohutの自己は各自で凝集性を持ち、周りの自己対象とのつながり方も、自己を中心としたつながりであるのに対して、「自分」の場合は、全体的関係性がまずあって、その都度そこから現れ出てくるものであり、そこには中心がないというところが、相違点として指摘された。

　5番目に、Sullivanの理論における「自己」を取り上げた。彼は精神医学を対人関係論であると捉えているように、自己の成立に関しても対人関係を抜きにしては捉えられないものとして考えることが特徴である。Sullivanにおける自己は一定の心的構造であると同時に、人格全体を守るための一定の機能を担うものとしても記述されている。ひとつの閉じられた構造であるという点においては、人との関係を重視しながらも、あくまで独立した存在どうしの関係となるのに対し、「自分」の場合は関係性のほうが先にあるという特徴がさらに浮き彫りとなった。また心的機能の面では、Sullivanの自己が人格全体を守るために不安に対処する

ものであるのに対し、「自分」の場合は物事に能動的に関わっていくことに関するものであるという違いが見られた。

　最後に、Eriksonの「アイデンティティ」について検討を加えた。これは、彼の独自のライフサイクル論の中で、青年期においてその獲得が課題となるものであり、内的な自己斉一性と連続性の感覚に加え、それが社会的に認められているということによって得られるとされている。Eriksonの理論は、それまでの精神分析的発達理論に、心理・社会的な側面を加えたところが独自の部分であり、人間理解において社会的な要因を重視する。その点において、「自分」の「分」には「身分」の意味があることから、その存在の重要な要素として社会的な部分を認めるところに、両者の共通点が見られる。一方で、アイデンティティの概念には社会の中に自らの「適所」を見つけようとする能動的な動きが見られるのに対し、「自分」の「分」の場合は、「場」が先にあり、それが「分け与えられる」という形で存在しているという点に、大きな違いが認められた。

　以上の論述をまとめ、本章において見えてきた「自分」の特徴の諸側面を挙げると、次のようになる。

1. 主客未分の状態を前提としつつ、そこから分離したものである。
2. 基本的な心的機能のうち、物事に能動的に関わっていくための機能を働かせている状態を表す。
3. その存在の根拠は個人の外部に存在する。
4. 他者とのつながりにおいては、全体的関係性が先にある。
5. 社会との関係においては、「場」が先にある。

　これらの特徴は、あくまで本章において挙げてきた概念との比較から見えてきたものであり、決して網羅的なものとは言えない。また、ここに挙げられた諸特徴は、2以外は本書によって新たに明らかになったことではなく、既に日本人の存在様式の特徴として先行研究にて挙げられてきたことであり、それらが「自分」についての検討を通して再確認されたにすぎないとも言える。しかし、「自分」と西洋由来の各概念との比較を通じて、改めてこうした「自分」の特徴が浮き彫

りになったことは、心理臨床学的意義を持つものと考えられる。なぜなら、臨床実践の中でも聞かれやすい「自分」という言葉に対して、類縁の西洋由来の概念を経由して理解するのではなく、「自分」そのものの特徴に基づいて理解しようとすることで、「自分」という日常的な日本語を用いて表現されたことについて、より相手に沿った形で理解することが可能になると考えられるからである。西洋由来の概念にも、「自分」との共通点はいくつか見られており、それらを用いて心理臨床における「自分」について論じることも可能ではあると思われる。しかし、より詳細に検討していくとそこには根本的な違いが認められることが本章の検討により確認された。特に、その存在の根拠がどこにあるか、ということは重要な違いであると思われる。西洋の概念で想定されている人間存在のあり方は、その根拠をそれ自身の内部に持つのに対し、「自分」の根拠は全体的関係性の中にあり、その意味ではそれぞれの「自分」の外部にあるとも言えるのである。このことは、日本人に対する心理療法を考える際にも、非常に重要な点であると考えられる。現在日本で広まっている心理療法の多くは西洋で開発され、日本に持ち込まれたものである。そしてそのような心理療法は、他者との関係性を重視するものも数多く存在するものの、そこで前提となっている存在のあり方は、その根拠をそれ自身の内側にもち、他者とは独立して存在するものとして捉えられているのである。そのような西洋発祥の心理療法が日本人には通用しないかと言えば決してそうではないことは、これまでの日本での心理臨床実践の積み重ねから明らかであるが、自己などの概念の代わりに「自分」を据えて、本章を通じて示唆されたものを踏まえた上で臨床実践について問いなおすことは、大きな意義を持つものと考えられる。

　以上、本章では「自分」と類縁の心理学的概念との比較を通じて、「自分」の独自の特徴を検討してきた。ただし、「自分」とは何かということを探るためには、さらに異なる角度からアプローチを行い、多角的に検討する必要がある。そのため次章以降では、「自分」を含みつつ心理臨床と関連の深い言葉について検討し、それを通じて「自分」とは何かということに迫っていきたい。第2章では、「自分らしさ」を取り上げることとする。

第2章
他者との関係における「自分らしさ」

1. はじめに

　第1章では、「自分」について類縁の心理学的概念との比較検討を行ってきたが、本章では、「自分」に迫るアプローチのひとつとして、「自分らしさ」を取り上げることとする。「自分らしさ」を「見つける」「発揮する」「獲得する」といったようなことは、一般的に望ましいこととして受け取られているが、心理臨床においても同様の傾向があり、それが一種のゴールとして設定されていることもある (黒木, 1998；諸富, 1997など)。また、個々の事例においても、「自分らしさを見つけていくこと」「自分らしく生きていけるようになること」といったようなことがテーマとして見立てられることもしばしば見受けられる。それでは、「自分らしさ」とは具体的にどのようなものなのであろうか。本章では、調査研究を通して「自分らしさ」のあり方に迫っていきたい。

2.「自分らしさ」と"authenticity"あるいは"true self"

2-1. "authenticity"

　「自分らしさ」は、辞書的には「自分」に「らしさ」が付いた形であるが、「らしさ」とは、『大辞泉　第二版』には「名詞や形容動詞の語幹に付いて、そのものの特徴がよく出ていることを表す」(松村監修, 2012, p.3771) と記されている。つまり「自分らしさ」とは、「自分」の特徴がよく出ていることであり、「個性」や「独自性」というような言葉と意味的に重なってくるものと考えられる。

　心理学における「自分らしさ」についての先行研究には、伊藤・小玉 (2005a；

2005b；2006；2007）による一連の研究がある。中でも伊藤・小玉（2005a；2005b；2006）は、海外において理論的・実証的研究の実績（Turner & Billings, 1991; Harter, 2002; Kernis, 2003 など）のある "authenticity" を「自分らしくある感覚（本来感）」と捉えて研究を行い、全般的な「自分らしさ」を測定する尺度の作成などを行った。authenticity について Harter（2002）は、「本当の自己に一致して行動し、内的思考・感情に一致したやり方で自分自身を表現していること」（p.382　拙訳）としている。また Kernis（2003）は authenticity を「日常の営みの中で、本当の、中核的な自己を、妨げられずに働かせていることを反映していること」（p.13　拙訳）と述べており、authenticity の構成概念として①気づき（自分の動機・感情・欲望・自己関連認知を意識し、信頼していること）②バイアスのない処理（自己関連情報について、否定や歪曲、誇張あるいは無視をしないこと）③行動（本当の自己に従って、自分の価値・好み・要求に従って行動すること）④関係性（親密な関係性を信頼して心を開き、本当の姿を見せることを重視すること）を挙げている。また、Turner & Billings（1991）は authenticity を感じる状況についての自由記述調査を行ったが、その際の教示は、行動や感情が「本当の自己」を表現していると思われる状況についての記述を求めるものであった。

　これらの定義を見ると、authenticity を感じるためには個人の内的な「本当の自己」なるものに従っていることが重要となるようである。これらの研究における「本当の自己」の原語はすべて "true self" であるが、これは心理臨床の理論においてもしばしば取り上げられるものであり、特に精神分析家の Winnicott の理論においては、「偽りの自己　false self」とともに中核的な概念となっている。そこで、以下に Winnicott の本当の自己および偽りの自己について概観する。

2-2. Winnicott の自己論

　小児科医であると同時に精神分析家である Winnicott は、人間が対象関係をもつことができるようになる以前の、早期発達における母子関係に特に着目した独自の理論を形成した。彼によると、発達の最早期における乳幼児は母親と別個の存在ではなく、未分化で一体的なものとして捉えられる。その時期には、乳幼児はときおり自発的な身振りを見せることがあるが、これが「本当の自己」の源泉であるという。そして「ほどよい　good-enough」母親は、その身振りに適切に

応じ、「抱えること holding」によって、乳幼児の万能感を満たすことができ、そのことによって乳幼児の本当の自己は生きた現実となる。本当の自己は創造性を有し、そして現実感をもたらすことができる。一方、母親の乳幼児の身振りへの反応が不適切で、万能感を満たしてやることができない場合、乳幼児はその母親の反応に従わざるを得ず、そこで生じるのが偽りの自己である。ただし、偽りの自己そのものが悪いものだというわけではない。ほどよい母親は、完全な母親ではなく、時には抱えることに失敗する。しかしその失敗が適度であれば、それはむしろ乳幼児が環境に適応していく力をつけるために有効に働くのである。ただ、抱えることの失敗があまりにも多い場合には、偽りの自己が肥大し、パーソナリティの病理へとつながっていくこととなる。それが極端な場合には、周りの人たちにとってのその人物は、実は偽りの自己そのものであり、本当の自己は隠蔽されたままになっているという。そして臨床においては、偽りの自己の操作による分析的作業は何の役にも立たず、その無益さを指摘することで本当の自己に通じる道を開いていく必要がある (Winnicott, 1965/1977)。

　以上のように、Winnicottの理論では、われわれの人格の中心に本当の自己が存在し、その周りには偽りの自己があって、本当の自己を守っているという構造が想定されている。さらに彼は、「健康な人には、分裂した人格の本当の自己の部分に相当する人格の核があると考えている。そして、この核の部分は客観的に知覚された世界と交流することは決してなく、それぞれ当人は、それが外界と交流したりその影響をうけたりしてはならない、ということもよく知っている」(Winnicott, 1965/1977, p.228) と述べており、人格の中心、あるいは「核」と呼ばれるものの存在を強く主張したものとなっている。

2-3. 日本人の「自分らしさ」

　上に概観したように、Winnicottの本当の自己とは、人格の核となるものであり、それが阻害されずに働くことができるとき、われわれに生き生きとした感覚をもたらしてくれるものとされている。このモデルには、各個人はそれぞれの中心に核を持っていて、それこそが最も価値のあるものであるという考え方が強く見られる。そして、Winnicottの理論に限らず、"true self" と言われる場合には、

"true－中心"に対する"false－周辺"という図式が必然的に想定され、「本当」と「偽」ということから、前者のほうが後者よりも価値を持つことが前提となっていると考えられる。

　一方で、第1章において華厳哲学の考えに依りつつ論じたように、日本人のメンタリティにおいては、そのように各人が中心に真なるものを有しているという考え方ではなく、自他の区別のない位相を根拠として、その「分有」としてそれぞれの人間が存在しているというところがある。こうしたメンタリティにおいては、各人は他者と独立した個性を有しているのではなく、すべての事物は、他のすべての事物との関連性の中でのみ存在するものと捉えられている。つまり、「こうして現起する存在世界には、中心というものがない」（井筒, 1989, p.53）ということになるのである。

　同様のことは文化心理学の領域でも指摘されており、Markus & Kitayama (1991)は他者との関係性における人間存在のあり方について、「相互独立的自己観」と「相互協調的自己観」というモデルを提示している。

　相互独立的自己観とは、自己と他者との分離を前提とした自己観のことであり、西洋文化に多く見られるとされる。彼らは相互独立的自己観の様々な特徴を挙げているが、その中で「課題」として、「独自性のあること」「自己表現」「内的特性を認識すること」「自分の目標に向かう」「直接的であること：自分の考えを表明する」を挙げている。ここで、先に挙げたKernis (2003)によるauthenticityの構成概念を再び記すと、①気づき（自分の動機・感情・欲望・自己関連認知を意識し、信頼していること）②バイアスのない処理（自己関連情報について、否定や歪曲、誇張あるいは無視をしないこと）③行動（本当の自己に従って、自分の価値・好み・要求に従って行動すること）④関係性（親密な関係性を信頼して心を開き、本当の姿を見せることを重視すること）であった。これらは、上記の相互独立的自己観における「課題」を達成している姿とかなりの程度一致していると言えよう。

　一方、相互協調的自己観とは、日本などの東洋文化で典型的とされる、自己と他者とが結びついていることを前提とした自己観である。この自己観の特徴としては、自分にふさわしい立場をとることを課題とすることや、他者との関係が自己を定義することなどが挙げられている。

このような自己観の根本的な違いを考慮したとき、日本人の「自分らしさ」について検討する際に、西洋のauthenticityと同列にして論じることはできないであろう。他者との関係において自己が立ち現れてくるとされる日本人においては、「自分らしさ」にも他者との関係が色濃く影響しているものと考えられる。そこで本章では、「自分らしさ」について、自己が対人関係において立ち現れるという日本人としての存在のあり方に着目しながら検討を進めていく。

2-4.「自分らしさ」の多面性

先行研究におけるauthenticityの定義の中で対人関係に直接言及しているものとして、Kernis (2003) のものがある。彼は、先に述べたようにauthenticityの構成概念をいくつか挙げたが、その中に「関係性：近い他者との関係において、純粋で、偽でないこと」がある。また、Turner & Billings (1991) の自由記述による調査結果の「偽の自己体験」には、「社会的圧力に従わざるを得ず内的欲求に従えないとき」「集団に表面的に合わせて行動するとき」など（拙訳）が挙げられている。これらのことから、authenticityは個人の内的なものを隠さずそれを表出することのできる対人関係では感じられ、表出できない場合には感じられないものと考えられていることがわかる。とすれば、先行研究での考え方に従えば、「自分らしく」いられる対人関係において表れる「自分らしさ」は、個人の内的な、偽りのない「本当の自己」の表れたものであるために、対人関係が異なっても（自己を偽らなくてもよい関係であれば）一貫性を持つものとなるはずである。

これに対して、上述のような日本人の存在のあり方を考慮して「自分らしさ」を考えると、「自分らしく」いられる諸対人関係におけるそれぞれの「自分らしさ」は必ずしも一貫性のあるものではないと考えられる。「自分」が他者との関係の中から生じてくるのであれば、「自分らしさ」もそれぞれの対人関係ごとに規定され、多面的になりうると考えられるからである。このように多面性をもった「自分らしさ」という考え方は、人格の中心に唯一の核としての「本当の自己」を措定する場合には、そもそも成り立たないであろう。しかし、他者との関係においてその都度自己が立ち現れ、中心がないような自己観である場合には、「自分らしさ」が多面的に存在するということを想定することができる。

ところで、北山 (1995) は相互独立的自己観と相互協調的自己観について、あくまでこれらはプロトタイプであって、実際の文化における現れ方は様々であり、各文化においてそれぞれが混在していて、一次元で捉えられるものではないと述べている。さらに高田ら (1996) は、「いかなる個人もその両者の自己観ないし自己スキーマを持ち得るが、両者の相対的な優勢さによって諸心理過程への影響の差が生じる」(p.158) とし、個人内の両自己観の強さを測定する「相互独立的－相互協調的自己観尺度」を作成している。そのように、個人間で2つの自己観の強さが異なるとすれば、その優勢度に従って、「自分らしさ」の多面性も変化するのではないだろうか。つまり、「相互独立的自己観の優勢度が高い人よりも、相互協調的自己観の優勢度が高い人のほうが、諸対人関係に応じて『自分らしさ』が多面的になる」という仮説が立てられる。そこで本章では、質問紙調査を行って得られるデータの数量的分析によって、この仮説を検証することを目指すこととする (これを研究Ⅰとする)。

2-5. 他者との関係における「自分らしさ」の具体的様相

研究Ⅰでは、「自分らしさ」の多面性と相互独立的－協調的自己観との関係について仮説検証を行うが、日本人が実際に日常の中で感じている「自分らしさ」というものが具体的にどのようなものなのかということを把握しておくことも必要であろう。伊藤・小玉 (2007) は、それまで「自分らしさ」をauthenticityと同等のものと捉え、海外の研究に倣って、「本当の自分でいること」と捉えてきたのに対し、それと「自分らしくいる」とは異なるものであるという認識のもと、「自分らしくいる・いない状況」について自由記述形式の質問紙調査を行った。伊藤・小玉 (2007) はその結果を大きく「対人場面」「生活・活動場面」「心身の状態」の3つに分けて、「自分らしくいる状況」と「自分らしくいない状況」がどのようなものか記している。その中で、他者との関係における「自分らしさ」に関連する内容については「対人場面」の部分に記されており、ともにいる人間が親密であるとき、または温かく自由でいられるときに、人は「自分らしくいる」と感じ、そうでないときには「自分らしくいない」と感じるということが示されている。しかし、この調査は他者との関係における「自分らしさ」に特に着目したものではな

く、「自分らしくいる・いないと感じる状況」について全般的に把握しようとするものであり、ゆえに得られた情報は表層的なものとならざるを得ない。他者との関係における「自分らしさ」についてより詳細に検討するためには、それを感じる状況だけでなく、その状況における内的体験の具体的様相や、そのとき共にいる相手との相互作用なども含めて詳細に把握していく必要があると考えられる。そこで本章では、他者との関係における「自分らしさ」の具体的な様相について、そのような点も含めて詳しく明らかにすることを目指す(これを研究IIとする)。

3. 本章の目的

本章では全体として、日本人のもつ自己観が、他者との関係が独立した個としての存在よりも先にあるようなところが優勢であるということを踏まえながら、他者との関係における「自分らしさ」について検討していく。そのために研究Iと研究IIの2つのアプローチを行うが、それぞれの目的は以下の通りである。

研究I：「相互独立的自己観の優勢度が高い人よりも、相互協調的自己観の優勢度が高い人のほうが、諸対人関係に応じて『自分らしさ』が多面的になる」という仮説を検証する。

研究II：他者との関係における「自分らしさ」の具体的な様相について詳しく明らかにする。

4. 研究I —「自分らしさ」の多面性—

4-1. 方法

研究Iでは質問紙調査を行い、数量的方法を用いて上述の仮説の検証を目指す。そのためには、個人がもつ相互独立的－相互協調的自己観の強さと、「自分らしさ」の多面性について測定し、数値化する必要がある。前者については、高田ら(1996)の「相互独立的－相互協調的自己観尺度」を用いて測定した。そして後者については、その測定を試みた先行研究は見当たらないため、独自に方法を

工夫する必要がある。
　まず、「自分らしさ」には、「自分らしさを感じる」というときの感覚としてのものや、「自分のこういうところが自分らしい」という自己概念として表せるものなど捉え方が様々あると考えられるが、研究Ⅰでは量的方法を用いるため、数量化して扱いやすいと考えられる、自己概念として捉えられる「自分らしさ」を扱うこととした。
　そして、その「自分らしさ」の多面性をどのように測定するかについての検討を以下に述べる。「自分らしさ」を扱うものではないものの、異なる対人関係における自己概念の多面性を測定しようとした研究は数多い。例えば、Donahue et al. (1993) は、予め用意した5つの社会的役割における自己概念を、各役割についての60個の特性語への評定により測定し、そのデータに主成分分析を行って得られた指標を自己概念の分化 (self-concept differentiation) の指標とした。また、榎本 (2002) は、「家族場面」「友人場面」「異性場面」という3つの対人場面を設定し、それぞれの場面での自己について、予め用意された自己叙述詞への評定を求め、その場面間の評定値の差を、自己概念の場面間変動とした。このように、自己概念の多面性を測定するには、予め設定した複数の状況における自己を、予め用意した特性語への評定により評価することで得られたデータについて、なんらかの分析を施すことにより、指標を算出するという手続きが考えられる。
　しかし、本章では「自分らしさ」という、個人によって捉え方が様々である概念を扱うため、その方法をとるにはいくつかの問題がある。そのひとつは、対人関係の設定を研究者側が行うことである。研究Ⅰでは、「自分らしさ」を感じられる対人関係のみで状況設定を行わねばならないが、その関係は個人によって異なると考えられるので、研究者が用意しておくのではなく、回答者が自分で設定するのが妥当だと考えられる。そして、各場面において用意された全ての特性語について評定を求めることにも問題があると考えられる。遠藤 (1992) は、現実自己と理想自己のギャップを、それぞれについて予め用意された項目への評定値の差として捉える方法に対して、それぞれの回答者が各項目について重要なものと見なすかそうでないかという視点を組み込む必要があると述べている。本章での調査について言えば、予め特性語を用意するとしても、それらの特性語全てが回

答者の「自分らしさ」にとって重要となることは考えにくい。一方で、特性語を予め用意しておくことには、網羅的に項目が用意されることで、個人の（手がかりなしでは）意識化されにくい部分への検討が可能という利点もある（溝上，1999）。そこで、「自分らしさ」を回答者が表現する方法としては、予め網羅的に用意された特性語の中からあてはまるものを選択するという形式をとることとした。そして、次の手順としては、選択された特性語について、「自分らしさ」を感じる対人関係ごとに、評定を行うという手続きが考えられる。しかしその方法では、回答者がそれぞれの「自分らしさ」について、共通点や相違点をあまり意識することなく、ばらばらに評定を行うことが推測される。それだと、回答者自身が考える、各関係における「自分らしさ」の共通点や相違点が反映されにくいと考えられる。この問題に対しては、回答者自身が、用意された中から選んだ特性語に対して、各関係に共通するかどうかを吟味した上で、それに応じて回答できる形式をとった。

以上の問題点と対処法を踏まえ、本章の研究Ⅰでは回答者自身が設定した「自分らしく」いられる対人関係における「自分らしさ」を、網羅的に用意された特性語を選択し、各対人関係に共通するかどうかを吟味しながら適切な場所に記入する、という形式をとることとした。調査に用いた図と特性語リストを図1に示す。また記入例を図2に示す。なお、この図は3つの円が重なり合ったベン図の形式となっているが、これは4つ以上にすると図が複雑になり過ぎるため、記入に支障をきたしてしまうと考えたためである。

ところで、「自分らしさ」を感じられるのは特定の他者と共にいる時のみとは限らず、一人でいるときに感じる場合もあり得る。また、他者と共にいるときには「自分らしさ」を感じないという回答や、どのような場面でも「自分らしさ」を感じないという回答もあり得るだろう。そのため、予め誰かといるときに「自分らしさ」を感じられるかどうかを尋ねる項目を設けた上で、該当者には図1の記入を求めるという形式をとった。また、一人でいるときの「自分らしさ」や、誰かといるときには「自分らしくない」と感じる体験の様相についても併せて検討をすることで、他者との関係における「自分らしさ」に対する考察が深まると考えられる。そのため、それらの場合について自由記述で尋ねる項目を設けた。な

第2章　他者との関係における「自分らしさ」

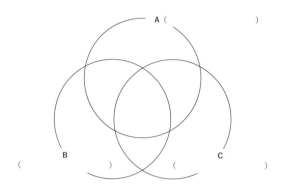

① 親切	⑯ 友好的	㉛ おおらか	㊻ 勤勉
② 消極的	⑰ まじめ	㉜ 感傷的（センチメンタル）	㊼ 自主的
③ 無責任	⑱ 個性的	㉝ あこがれる	㊽ 涙もろい
④ 良心的	⑲ 孤独	㉞ 規律正しい	㊾ 意志が弱い
⑤ 寂しがる	⑳ ひねくれ	㉟ 思い悩む	㊿ すなお
⑥ 無作法	㉑ 無邪気	㊱ 清潔	51 暗い
⑦ 独創的	㉒ 狭量（心が狭い）	㊲ にこやか	52 衝動的
⑧ ユーモアがある	㉓ 正確・確実	㊳ 議論好き	53 努力家
⑨ 興奮しやすい	㉔ きれいずき	㊴ 誠実	54 あたたかい
⑩ 温和	㉕ 情熱的	㊵ 高慢（高ぶって、人をあなどる）	55 反抗的
⑪ 責任感が強い	㉖ 活動的	㊶ 冷静	56 陽気
⑫ 冷酷	㉗ 統率力がある	㊷ きちょうめん	57 嫉妬ぶかい
⑬ 打ちとけない	㉘ 地味	㊸ 決断力がある	58 慎重
⑭ 軽率（軽はずみ）	㉙ 生意気	㊹ 依存的	59 悲観的
⑮ 怠惰（なまける）	㉚ 正直	㊺ ていねい	60 人なつっこい

図1　調査に用いた図と特性語リスト

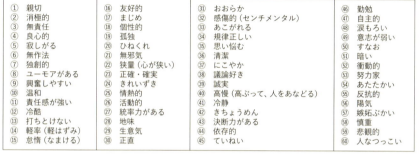

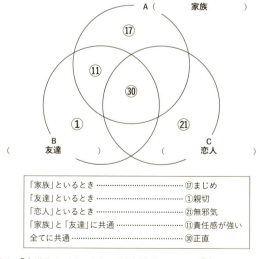

図2　「自分らしく」いられる対人関係における「自分らしさ」の記入例

お、それらの回答については質的データを取り扱う研究Ⅱにおいて、面接調査の結果と合わせて検討する。

◆対象

大学生を中心とする228名（男性93名、女性133名、不明2名）で、年齢は18歳から45歳、その平均は21.00±2.33歳であった。

◆手続き

以下の内容を含む質問紙を配布し、回収した。配布・回収は2009年10月から12月にかけて行った。

◆質問紙の内容

冒頭のフェイスシート（性別、所属、年齢）と、以下のQ1からQ6で構成された。

Q1. 相互独立的－相互協調的自己観尺度：自己観を測定する尺度として、相互独立的－相互協調的自己観尺度（改訂版）（高田ら，1996）を用いた。この尺度は、Markus & Kitayama（1991）が提唱した相互独立的自己観と相互協調的自己観とをそれぞれ独立した次元に属するものとし、前者は「独断性」「個の認識・主張」、後者は「評価懸念」「他者への親和・順応」の下位領域を持つ尺度で、各自己観に関する項目が10項目ずつ、合計20項目で構成される。7件法で評定を求めた。

Q2.「自分らしく」いられる状況についての質問：「自分らしい」と感じられる状況について、1）誰かといるとき　2）一人でいるとき　3）誰かといるとき、一人でいるときの両方　4）「自分らしい」と思うことはない　の4つの選択肢からひとつを選ぶよう求めた。

Q3. 一緒にいて「自分らしい」と思える人を尋ねる質問：Q2で1）もしくは3）を選んだ場合、一緒にいて「自分らしい」と思える人を、最大3通りまで記入するよう求めた。

Q4.「自分らしく」いられる対人関係における「自分らしさ」を表すための図の記入：Q3に回答した場合、引き続き、記入したそれぞれの人といるときに表れる「自分らしさ」を、予め用意された特性語のリストから任意の数だけ選択し、

図1に示した図に特性語の番号を記入する形で表すよう求めた。図中の3つの円はQ3において記入されたそれぞれの人と一緒にいるときの「自分らしさ」を表す特性語を記入する場を表し、A、B、C欄はそれぞれの人を再び記入するためのものである。それぞれの関係に複数に共通して表れる「自分らしさ」であれば、図中の該当の共通部分に記入するものであった。また、「自分らしさ」を表す特性語は網羅性が必要であるが、種類が多すぎても回答者への負担が大きくなることが懸念される。その点を考慮して、自己概念を6つの側面から多角的に捉え、各10項目から測定する加藤・髙木 (1980) の自己概念測定尺度の60項目を用いた。

Q5. 一人でいるときの「自分らしさ」についての質問：上記の項目2で2)もしくは3)を選んだ場合、一人でいるときの「自分らしさ」を表す特性語を、Q4と同じリストから任意の数だけ選択するよう求めた。続いて、「なぜ、一人でいるときに「自分らしく」感じられるのですか」という質問への回答を、自由記述で求めた。さらに、項目2で2)を選んだ場合、「誰かといるときの自分はなぜ「自分らしくない」と感じられるのですか」という質問への回答を自由記述で求めた。

Q6. 自分らしいと思わないことについての質問：上記のQ2で4)を選んだ場合、「なぜ『「自分らしい』と思うことはない」をお選びになったのですか。」「また、「自分らしさ」とはどのようなものだとお考えですか」の2点についての自由記述を求めた。

4-2. 結果
◆ 相互独立的−相互協調的自己観尺度の分析

本尺度は髙田ら (1996) によって信頼性と妥当性を確認されているが、その過程において因子構造の変動があったことに鑑み、本章の研究Ⅰにおいても因子分析を施した上で因子構造を確認し、その結果得られる因子得点を利用することとした。

まず、尺度の20項目に対して、初期解として主成分解を用いて因子分析を行った。固有値の変化、髙田ら (1996) で見出された下位領域の構造との整合性、因子の解釈可能性から、6因子構造が妥当と考えられた。そこで、6因子構造を仮定して再度主成分法・プロマックス回転による因子分析を行ったところ、すべての

項目において十分な因子負荷量が得られた。プロマックス回転後の因子パターンと因子間相関を表1に示す。

なお、本尺度への回答に欠損値が含まれていた6名は因子分析の対象から除外した。よって、因子分析は222名（男性92名、女性128名、不明2名）に対して行われた。

因子Ⅰから因子Ⅲはそれぞれ、高田ら(1996)で見出された下位領域の「個の認識・主張」「評価懸念」「独断性」内の項目の因子負荷量が高かったので、因子名は同じものとした。因子Ⅳは仲間との和の維持を重視するなど、良好な関係を保とうとする項目の因子負荷量が高く、「関係維持」因子とした。因子Ⅴは独断的にならず、対立を避けるような項目の因子負荷量が高く、「対立回避」因子とした。因子Ⅵは状況によって感じ方などが変わることについての項目の因子負荷量が高く、「状況依存性」因子とした。

◆ 自分らしさの多面性の分析

まず、Q2の回答の内訳は次の通りであった。1) 誰かといるとき：49名、2) 一人でいるとき：51名、3) 誰かといるとき、一人でいるときの両方：108名、4)「自分らしい」と思うことはない：13人、無記入1名（合計222名）。

これらのうち、1) および3) を選んだ場合Q3に進み、一緒にいて「自分らしい」と感じられる対人関係について最大3通りまで記入するよう求めたが、その回答の内訳は次の通りであった。1通り：12名、2通り：28名、3通り：116名（なお、「不明」とだけ記入されていたものが1名見られたが、以降の分析対象からは除外した）。ここで記入された対人関係の数の平均は2.67個、標準偏差は0.62であり、回答しうる最大値は3だったので、天井効果が見られたと言える。

そして、Q3に回答したすべての回答者にはQ4にて図1に示した図への記入を求めたが、Q4の回答においては、無記入1名、記入方法が不適切で回答の意図が読み取れないものが1名おり、これらは分析対象から除外した。よって、「自分らしさ」の多面性の分析は154名を対象とした。

「自分らしさ」の多面性の数値化は、次のような手続きで行った。まずは、図1への記入結果において、図の共通部分に置かれる特性語の比率が大きいほど、各対人関係における自分らしさが一貫している（多面的でない）と考えられるので、特

表1　相互独立的―相互協調的自己観尺度の因子分析結果

	項目内容	I	II	III	IV	V	VI
19	いつも自信を持って発言し、行動している。	**.82**	-.12	.04	.09	.05	.03
1	常に自分自身の意見を持つようにしている。	**.74**	.10	.07	.06	-.13	.06
17	自分の意見をいつもはっきり言う。	**.74**	-.11	-.07	.13	-.20	.07
13	自分が何をしたいのか常にわかっている。	**.70**	-.10	.04	.07	.43	.00
6	相手は自分のことをどう評価しているかと、他人の視線が気になる	-.06	**.83**	-.07	.18	.03	-.07
2	人が自分をどう思っているかを気にする	-.08	**.81**	-.10	.21	-.01	-.16
8	他人と接するとき、自分と相手との間の関係や地位が気になる。	.08	**.61**	.08	-.22	.12	.35
4	何か行動をするとき、結果を予測して不安になり、なかなか実行に移せないことがある。	**-.43**	**.50**	.07	-.05	.10	.00
5	自分でいいと思うのならば、他の人が自分の考えを何と思おうと気にしない。	-.15	-.15	**.79**	.00	-.09	.11
11	良いか悪いかは、自分自身がそれをどう考えるかで決まると思う。	-.18	.12	**.58**	.11	**-.41**	.14
9	たいていは自分ひとりで物事の決断をする。	.04	-.12	**.56**	-.09	.15	-.04
3	一番最良の決断は、自分自身で考えたものであると思う。	.23	.32	**.56**	-.20	.20	-.08
7	自分の周りの人が異なった考えを持っていても、自分の信じるところを守り通す。	.29	.10	**.55**	.15	-.10	-.16
15	自分の考えや行動が他人と違っていても気にならない。	.15	-.22	**.55**	.05	-.14	-.13
10	仲間の中での和を維持することは大切だと思う。	.15	.05	.05	**.79**	.07	.04
12	人から好かれることは自分にとって大切である。	.23	.34	-.15	**.65**	-.05	.07
16	自分の所属集団の仲間と意見が対立することを避ける。	-.05	.18	-.07	.01	**.77**	.04
18	人と意見が対立したとき、相手の意見を受け入れることが多い。	-.36	-.19	.15	**.49**	**.51**	.04
14	自分がどう感じるかは、自分が一緒にいる人や、自分のいる状況によって決まる。	.20	-.12	-.07	.03	.01	**.87**
20	相手やその場の状況によって、自分の態度や行動を変えることがある。	-.15	.12	.07	.15	.02	**.58**

因子間相関	I	II	III	IV	V	VI
I	―	-.20	.31	-.14	-.22	-.21
II		―	-.14	.14	.11	.27
III			―	-.01	-.14	-.13
IV				―	.00	.05
V					―	.07
VI						―

性語が図の中央に集まる程度を自分らしさの一貫性の指標(以下これを「一貫性指標」とする)とし、まずはこれを算出した。その算出方法は、図全体に記入されたすべての特性語の数を分母とし、共通部分に記入された特性語の数を分子としたものである。つまり、すべての特性語がすべての対人関係に共通する場所にあれば最大値の1となり、複数の対人関係にまたがる場所に全く特性語が置かれない場合は最小値の0となる。なお、Q3で記入された対人関係の種類が3つのときは、共通部分には3つの関係すべてに共通する部分と、2つの関係だけに共通する部分がある。この場合、2つの関係だけに共通する部分に記入された特性語の数に0.5をかけることで重み付けを行った。そして、Q3で記入された対人関係がひとつであれば、指標は必ず1とした。次に、Q3において「自分らしく」いられる対人関係を多く記入した人ほど、「自分らしさ」を多くの対人関係において捉えているということから、多面的な「自分らしさ」を持っていると考えられるので、Q3で記入された対人関係の種類数を、一貫性指標で除したものを、「自分らしさ」の多面性の指標(以下これを「多面性指標」とする)とした[7]。

なお、2名については一貫性指標が0となったために多面性指標を算出する際の分母となることができず、指標の算出ができなかった。そして残りの152名の多面性指標の値は、1から18までの間に151名、最大値138が1名であった。152名の平均値が7.24±11.19であったことを考慮して、最大値は外れ値として除いたため、以降の分析は151名に対して行われた。なお、この151名の多面性指標の平均値は6.37、標準偏差は3.37であった。

◆ 各指標と尺度の因子得点の相互相関

「相互独立的－相互協調的自己観尺度」について、上記の因子分析結果に基づき、プロマックス回転後の因子得点を推定することにより、各因子の因子得点を算出した。これらの得点と多面性指標との相互相関を表2に示す。多面性指標と「個の認識・主張」の因子得点との間に有意な負の相関 ($r=-.19$, $p<.05$) が見られたもの

表2 多面性指標と各因子得点との間の相関係数 ($n=151$)

因子得点	r
個の認識・主張	-.19*
評価懸念	.06
独断性	-.07
関係維持	.09
対立回避	-.08
状況依存性	.09

* $p<.05$

の、2つの指標と各因子得点の間にはほとんど相関がなかった。

◆ 因子得点による群分け

各因子得点と多面性指標とのそれぞれの関連を見るだけでなく、その複合的な関係を調べるため、各因子得点の標準得点を用いてWard法によるクラスター分析を行った。その結果、解釈可能性から2つのクラスターが抽出された。第1クラスターには114名、第2クラスターには37名が分類された。2群の各標準因子得点の平均値を図3に示す。

次に、この2群の特徴の差について統計的に検討するため、両クラスターを独立変数、各因子得点の標準得点を従属変数としたt検定を行った[*8]。その結果、「個の認識・主張」($t(149)$=3.37, p <.01)「独断性」($t(149)$=2.20, p <.05)の得点は第1クラスターのほうが第2クラスターより有意に高く、「評価懸念」($t(149)$=-7.05, p <.001)「関係維持」($t(110.48)$=-2.64, p <.01)「対立回避」($t(149)$=-4.99, p <.001)「状況依存性」($t(149)$=-6.76, p <.001)の得点は第2クラスターのほうが第1クラスターより有意に高かった。つまり、相互独立的自己観に関連する因子の標準因子得点は第

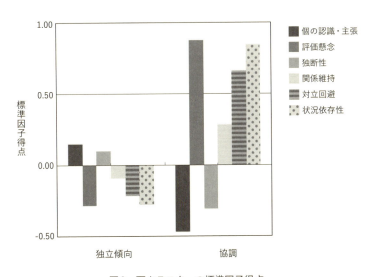

図3　両クラスターの標準因子得点

表3 両クラスターの標準因子得点の平均値と標準偏差およびt検定の結果

	第1クラスター		第2クラスター		
	平均	標準偏差	平均	標準偏差	t値
個の認識・主張	0.15	0.98	-0.47	0.92	3.37**
評価懸念	-0.28	0.91	0.87	0.71	-7.05***
独断性	0.10	0.95	-0.31	1.10	2.20*
関係維持	-0.09	1.08	0.28	0.61	-2.64**
対立回避	-0.21	0.97	0.66	0.78	-4.99***
状況依存性	-0.27	0.89	0.85	0.85	-6.76***

* $p<.05$, ** $p<.01$, *** $p<.001$

1クラスターのほうが有意に高く、相互協調的自己観に関連する因子の標準因子得点は第2クラスターのほうが有意に高いという特徴が示された。両クラスターの、各標準因子得点の平均値と標準偏差およびt検定の結果を、表3に示す。

第1クラスター(114名)は相互独立的自己観の下位領域である「個の認識・主張」「独断性」が平均より高く、他の相互協調的自己観の下位領域の得点が平均より低いという特徴が見られたが、いずれの得点も平均近くであったことから、「独立傾向」群とした。第2クラスター(37名)は、各得点の正負が「独立傾向」群とは逆で、その絶対値がいずれも高いことから、「協調」群とした。

◆ 両クラスター間の多面性指標の比較

両クラスター間で多面性指標の値に差があるかどうかを検討するため、t検定を行った。その結果、「独立傾向」群よりも、「協調」群のほうが、多面性指標の値が有意に高かった ($t(149)=-2.42, p <.05$)。各クラスターの多面性指標の平均値と標準偏差およびt検定の結果を表4に示す。

表4 両クラスターの多面性指標の平均値と標準偏差およびt検定の結果

	独立傾向		協調		
	平均	標準偏差	平均	標準偏差	t値
多面性指標	6.00	3.31	7.51	3.35	-2.42*

* $p<.05$

4-3. 考察

◆ 相互独立的－相互協調的自己観尺度の因子分析結果について

　尺度の改訂を行った高田ら (1996) の研究では4因子が得られたが、本研究では6因子が得られた。本研究の因子Ⅰ～Ⅲの「個の認識・主張」「評価懸念」「独断性」は、高田ら (1996) と同様であったが、本研究の因子Ⅳ～Ⅵの内容は、高田ら (1996) における「他者への親和・順応」の項目内容が3つに分かれたものと見なせる。

　高田ら (1996) の研究は、高田 (1992) が作成した8因子の尺度の不安定性を指摘し、その尺度の改訂を行うものであったが、項目分析後の1回目の因子分析では6因子を得ていた。この研究では調査を4つの群に対して行っており、群ごとに因子分析を施した結果が記載されている。そのうち、複数の群間で不安定だったのが「状況依存性」「情緒的結合」因子で、これらを構成する項目内容は、本研究で「関係維持」「対立回避」「状況依存性」とした因子に高い負荷量を示す項目内容とほぼ一致している。また、本研究で用いた、改訂が行われた後の尺度においても、「他者への親和・順応」因子に含まれる項目は、他の因子に対しても高い因子負荷量を示すものが多かった。こうしたことから、原尺度の「他者への親和・順応」という因子を構成する6項目はもともと明確にひとつの因子にまとまりにくく、本研究では3因子に分かれたと考えられる。

◆ 自己観と「自分らしさ」の多面性との関係

　多面性指標と各因子得点との相関分析の結果から、「自分らしさ」の対人関係に応じた多面性は、相互独立的－相互協調的自己観の各下位領域とはほとんど関連が見出されなかった。唯一、「個の認識・主張」との間には有意な相関 ($r = -.19$, $p < .05$) が見られたことから、「個の認識・主張」の程度が強いほど、「自分らしさ」の多面性が低くなる、つまり一貫性が高くなるということが示された。ただし、相関係数の絶対値から判断すると、相関関係の程度としては弱いものであると言える。一方で、相互独立的自己観を表すもうひとつの因子である「独断性」と多面性指標との相関係数は $r = -.07$ ($n.s.$) であった。これら2つの因子の内容の違いは、他者の存在への意識ではないだろうか。「個の認識・主張」は、他者の存在にかかわらず、自分自身の中にある意見や意志をはっきりと認識し、それ

に基づいて自信を持って行動するような内容であるのに対し、「独断性」は物事についての考えや判断において、他者に影響されないことを表す内容である。後者も他者に影響されないという点では相互独立的なのであるが、「影響されない」という形で他者を意識していると考えることもできよう。それゆえ、他者の存在に対してより独立した自己を表している「個の認識・主張」の方のみ、「自分らしさ」の多面性との間に有意な負の相関が見られたのではないかと推察される。

　次に、クラスター分析によって抽出された「独立傾向」「協調」の2群での多面性指標の比較から、前者よりも後者のほうが、多面性が高いことが示された。この2群については、「独立傾向」群が114名に対して「協調」群の方が37名と少なく、「協調」群のほうは標準因子得点の平均値が、全体の平均値から離れている度合が比較的高く、典型的な相互協調的自己観のパターンを持つ者が多く集まった群であると推察される。一方で「独立傾向」群は数が多く、標準因子得点の平均は、正負で見れば相互独立的自己観のパターンではあるものの、全体の平均値に近いものが多く、この群に属する者が全て、相互独立的自己観をはっきりと有しているとは考えにくい。ゆえに、「自分らしさ」の多面性が、本研究における「独立傾向」群よりも「協調」群の方が高かったという結果から、前述の仮説を直接示したことにはならないが、平均値で見ると2つの自己観の優勢度が対極に位置する2つの群どうしの比較では、仮説どおりの傾向を示す結果であったと言える。

　以上述べてきたように、研究Iでは「相互独立的自己観の優勢度が高い人よりも、相互協調的自己観の優勢度が高い人のほうが、諸対人関係に応じて『自分らしさ』が多面的になる」という仮説の検証を目指したが、それらの間に明確な相関関係は見られず、典型的な相互協調的自己観を有する群の方ほうが、相互独立的自己観の傾向を有する群よりも「自分らしさ」の多面性が有意に高いということが示されたにとどまった。

◆研究Iの限界と今後の課題

　研究Iの限界として、まず「自分らしさ」の多面性の測定の妥当性に関する問題が挙げられる。本研究では、図1のようなベン図形式の記入図を用いたが、記

入できる対人関係は最大3通りまでであった。しかしQ3の回答に天井効果が見られたことから、この形式では「自分らしさ」を感じられる対人関係の数を十分に書ききれない場合があり、「自分らしさ」の多面性を表現するのに不十分であったと言わざるを得ない。4つ以上の対人関係を記入可能で、かつ回答者自身の共通点・相違点についての考えが直接反映されるような方法の工夫が求められる。「自分らしさ」の多面性と、相互独立的－相互協調的自己観との間に明確な相関関係が見られなかったのも、多面性の測定方法の問題が一因であると考えられる。

また、相互独立的－相互協調的自己観についても、先行研究において「いかなる個人もその両者の自己観ないし自己スキーマを持ち得る」(高田ら，1996, p.158)と言われているものの、サンプルが日本人のみではやはり偏りが出てしまうと考えられる。自己観のあり方と「自分らしさ」の多面性との関係を明確に検討するためには、文化間比較を行うことが必要であろう。

5. 研究Ⅱ―「自分らしさ」の具体的様相―

5-1. 方法

研究Ⅱでは、他者との関係における「自分らしさ」の具体的様相について詳細に明らかにすることを目指す。"authenticity"とは異なるものとしての「自分らしさ」について具体的様相を示そうとした研究は、2節において挙げた伊藤・小玉（2007）があるが、既に指摘したように、その結果は表層的なものにとどまっている。これは、調査方法が自由記述形式の質問紙法であったことにも起因していると思われる。そこで本章の研究Ⅱでは、他者との関係における「自分らしさ」の具体的な様相について、より詳細に明らかにするために、面接調査を行う。また、それと合わせて研究Ⅰにおいて配布した質問紙における自由記述データについても質的分析を加えることとする。

質問紙調査の方法については上に述べた通りであったので、以下、面接調査の方法について記載する。

◆ 面接調査の参加者

　質問紙調査の回答者で、質問紙の末尾に記載した面接調査参加依頼に同意し、参加の意思を示した者のうち、質問紙Q2において「自分らしい」と感じられる場面として「誰かといるとき」を含む選択肢（1または3）を選んでいた回答者[*9]に面接調査への参加依頼の連絡を取ったところ、27名（男性11名、女性16名）の参加を得た。年齢は、18歳から28歳まで、その平均は21.37 ± 1.76歳であった。

◆ 手続き

　調査協力者が質問紙に記入した内容について、個別に1回20分から60分程度の半構造化面接を行った。面接調査は2009年11月から12月にかけて、いずれも騒音がなく第三者の出入りすることのない密室において行った。

◆ 面接の調査内容

　面接では、「自分らしさ」について他者との関係を考慮しつつ幅広く聴取するために、記入された質問紙のQ4のベン図形式の図を見ながら、語りを聞いていった。そのため、面接に先立ち本人記入の質問紙を渡し、内容を思い出してもらうために目を通すよう求めた。

　その後、以下の項目について尋ねた。①質問紙Q2以降の回答それぞれについて、どう考えながら回答していったか。また、記入しながら感じた事・気づいた事はあったか。②記入された、「自分らしく」いられるそれぞれの対人関係について、どういう関わり方をしているか、またその人たちと一緒にいて、どういうときに自分らしいと感じられるか。③「自分らしさ」が対人関係によって異なることについてどう感じるか。④「自分らしさ」とはどのようなものだと考えているか。以上の項目を基本としながら、話の流れに沿って随時質問を加えていった。面接によって得られた音声データは、すべて文字に起こしてトランスクリプトを作成した。

5-2. 結果と考察

◆ 面接における語りについての質的分析

　面接での語りについての分析には、KJ法（川喜田，1967）のグループ編成の方法

を用いた。KJ法では、面接により得られた質的データについて、できるだけ一定の先行理論にとらわれずに、記述の類似性に基づいて分類していく。研究Ⅱでは、他者との関係における「自分らしさ」の具体的な様相を、実際の語りから探索的に把握しようとするものであるため、KJ法の方法論が適していると考えられる。

　まず、全てのトランスクリプトから「自分らしさ」に関する発言を抜き出し、合計294個の「ラベル」が作成された。その際、できるだけもとの発言に基づき、ひとつの意味内容につきひとつのラベルを作成した。なお、研究Ⅱの面接調査では「自分らしさ」について他者との関係に焦点を当てて検討するために、一人でいるときの「自分らしさ」にのみ言及していることが明らかな発言は抽出しなかった（一人でいるときの「自分らしさ」については、研究Ⅰで配布した質問紙の中で、自由記述形式で尋ねていたので、そこで得られたデータをもとに後ほど検討する）。分類は、心理学を専攻する大学生4名と筆者の合計5名で行った。分類の手続きは以下の通りであった。①抽出されたラベルを全て机上に並べ、ラベルの内容を丁寧に読みながら親近性のあるラベル同士を集めて極小カテゴリを作成した（第1段階）。②作成された極小カテゴリに名前をつけた。③極小カテゴリおよびカテゴリに入りきらなかったラベルをもう一度全て並べ、再び親近性のあるもの同士をまとめて小カテゴリとした（第2段階）。以降、同様の手続きをまとめられるカテゴリが出て来なくなるまで続けたところ、第5段階まで繰り返された[*10]。

　分類の第5段階において、最終的に「自分らしさを感じるとき」「自分らしさの変化に対する認識」「自分らしさの見出し方」「自分らしさを出せる環境」「自分らしさの構造」「自分らしさ自体に対する認識」の6つの上位カテゴリが得られた[*11]。これらのカテゴリは、回答内容の大まかな方向性を示すものとなった。そのため、以下これらの上位カテゴリごとに結果を示しつつ、適宜実際の語りを引用しながら、考察を加えていくこととする。なお、以下で語りを引用する調査協力者の、相互独立的－相互協調的自己観尺度の各因子得点と所属クラスターおよび多面性指標のz得点をまとめて表5に示す。

表5　各因子得点・クラスターおよび多面性指標のz得点

	個の認識・主張	評価懸念	独断性	関係維持	対立回避	状況依存性	多面性指標
A	**-1.69**	0.40	-0.49	0.29	**-1.02**	0.81	**-1.59**
B	-0.59	**1.53**	-0.38	**1.35**	-0.93	**1.13**	-0.29
C	-0.06	0.88	0.87	**1.32**	**-1.19**	-0.64	-0.02
D	-0.29	-0.16	-0.37	-0.06	**-1.92**	0.36	0.70
E	-0.91	0.50	0.95	**1.66**	-0.03	**1.11**	-0.26
F	0.33	-0.12	0.65	0.10	-0.88	0.59	**1.45**
G	**-1.11**	-0.10	**1.44**	-0.93	-0.98	-0.00	**-1.30**
H	**1.24**	**-3.03**	-0.40	-0.02	-0.51	0.06	-0.36
I	-0.72	**-1.40**	**1.00**	**2.21**	-0.85	-0.00	0.09
J	-0.88	0.88	0.01	-0.19	0.27	**2.08**	**2.07**
K	-0.81	0.86	0.81	0.17	0.28	0.49	**-1.59**
L	**1.05**	0.58	0.13	0.03	**-1.00**	0.33	-0.64
M	-0.92	0.61	-0.57	-0.15	**1.12**	0.49	**-1.10**
N	-0.81	0.78	0.39	**-1.05**	0.10	**-1.83**	-0.47

＊絶対値が1以上のものを太字で示した。

1)「自分らしさを感じるとき」(表6)

　ここには、他者との関係における「自分らしさ」が、どのような関係性、行動、あるいは状況において感じられるかということについての記述が分類された。

　「素の自分」という大カテゴリには、他者との関係の中で自分の言動に何らかの抑制をかけることなく過ごせているような記述、あるいは、抑制がかからないゆえに自分の中のネガティブな面もつい出てきてしまうという記述が含まれていた。こうした要素は、既述のKernis (2003) によるauthenticityの構成要素のうち、②バイアスのない処理（自己関連情報について、否定や歪曲、誇張あるいは無視をしないこと）との共通性が見られる。一方で、「つい出てしまう自分らしさ」という中カテゴリにあるように、それ以外の関係性では出てこないものの、その関係性だからこそ出てくる部分があり、それを「自分らしさ」であると捉えている面も見出された。ここで、これに関する語りを引用する。

　　Aさん (21歳・女性)
　　　（恋人といるときの「自分らしさ」として「ひねくれ」という特性語を選択したことについて）

> 思ってること言わないとか、ほんとに思ってることと違うことを言うとか、…(略)…それって多分、自分の中で、すごく考えて出てくるものじゃないと思うんですよ。ほんとはこう思ってるけどこうしちゃった、みたいなところが多分あると思って。だからその分、コントロールがゆるんでる感じがあって。

　これは、authenticityのように元から自己の内にある「本当の自己」を表現するというよりは、むしろ自己の内になかったものが、特定の相手との関係性において現れてきており、そういう自分について「自分らしい」と感じていることを表している。このような「自分らしさ」は、authenticityのように「本当の自己」を表すものという捉え方では、決して捉え切れない種類のものであろう。
　次に「関係の中での自分」という中カテゴリがあるが、ここには他者との関係の中での自分の振る舞いについての記述が含まれている。ここで特徴的なことは、まず「何かの役割をする」という小カテゴリである。これについても、実際の語りを挙げることとする。

Bさん（21歳・女性）
> 　人付き合いとかしていくときに、相手のこと考えたりだとか、そういうのがだんだん経験としてたまっていって、それを別に意識してやってるわけじゃないんですけど、なんか無意識的に、ここではこう振る舞うようになってるとか、…(略)…自然とそういう役割を、…(略)…無意識にやってたりすると、それも自分らしさになってるのかなって思います。

Cさん（21歳・男性）
> 　（「自分らしく」いられる複数の対人関係において、それぞれ独自の「自分らしさ」があることについて）そのときの自分の立ち位置は微妙に違ってくるんで…(略)…地元の友達といるときは結構リーダー的役割になってるんですけど、今の自分が大学でもそうっていうわけではなくて、小学校中学校ではそうだったので、それが地元ではしみついてて、自然とそういう立ち回りになってしまうと

表6　KJ法結果「自分らしさを感じるとき」

大カテゴリ	中カテゴリ	小カテゴリ	極小カテゴリ	度数
素の自分	素直な状態	相手に対して飾らない	弱い面を見せられる	12
			隠すところがない	7
			作っている自分は自分らしくない	1
		ありのままでいられる	気を使わなくていい	7
			自然体でいられる	4
			一緒にいたら自然で楽しい	3
			自分の感情に素直になれているのが自分らしいということ	1
		素の時に出てくる自分	(自分らしくいられる相手に対しては) ふつうにしていたら素になっている	2
			自分らしさは、ふだん自然と出てくるもの	2
	つい出てしまう自分らしさ	家族にはひねくれてしまう	親の口出しに反抗するところ	5
			家族にはつい生意気になってしまう	2
			家族にはあまり自分を開放していないが、そのときのちょっと曲がった自分らしさは家族といるときだけ感じるもの	1
			いい加減さが出てしまう	2
			恋人といるとコントロールがゆるくなり、自分が思っている事とは違うことをしてしまう	1
	素直な行動	気兼ねなく話せる	思ったことをそのまま喋る	7
			話を返してくれるので、遠慮せず喋れる	2
			思ったとおりに行動できず振り回されるのは自分らしくない	1
関係の中での自分		いい雰囲気を作ろうとする	空気を読む	5
			場をいいものにしようとする	2
		何かの役割をする	集団内のポジションによって表れる部分	5
			まとめ役	5
			自分の役割を果たしている	2
		相手に依存する	甘えているところ	3
			相手を必要とする気持ち	2
			彼女は、自分の甘えるところ (という自分らしさ) をコントロールしてくれる	1
		素を出さないのも自分らしい	作ったり、抑えたりするのも自分らしい	5
			親しくない人といるときの自分も自分らしい	4
			ワイワイしているとき	7
			自分らしさの、周りにつられて出てくる部分	3
			対人関係に悩む	2
相手に働きかけるとき		自己表現できるとき	持っているものを発揮しているとき	5
			自分の考えを言えるとき	4
			自分から出したものは自分らしい	3
		人に何かしてあげるとき	人をはげますところ	2
			友達に頼まれたら断れないところ	1
		人とやりとりしているとき	人と喋っているとき自分らしい	6
			人と接しているとき自分らしい	3
			会話することで心が落ち着いたり、頭がまとまったりするとき自分らしい	1
			一人でいるときは自分らしいも何もなく、誰かと一緒にいるとき自分らしくやってるかんじがする	1
			なりたい自分になろうとする行動	2

いうか。

　このように、他者との関係性の中で自然と自らの役割、立ち位置というものが定まってきて、「自然と」そうなってしまうのであり、それは他の場面では見られない特徴だとしても、「自分らしさ」として捉えられているのである。
　他にも、「素を出さないのも自分らしい」という小カテゴリも特徴的だと考えられる。ここに属する記述は、他者に合せて自分を作ったり、抑制したりするようなものであったが、こうしたことは「本当の自己」を妨げられずに表現するというauthenticityとはむしろ反対の状態であり、伊藤・小玉 (2007) の「自分らしくいる・いない状況」についての調査結果においても、「自分らしくない」ものとして挙げられていた。これについても、実際の語りを以下に示して具体的に見てみることとする。

> Dさん（22歳・女性）
> 自分らしくないって思うことはそんなにないですね。何かしら自分の中にあってそれを抑えることはありますけど、でもそれは自分らしくないっていうよりは、その抑えることが自分らしいみたいな。

　このように、自分の中にあるものを抑えることがあることは認識しているものの、そういう行動をすること自体が「自分らしい」という捉え方であり、いわば、「自分らしさ」の概念が広がり、抑える行動も「自分らしさ」として包括されているのである。それゆえに、Dさんの場合、「自分らしくないって思うことはそんなにない」ということになるのであろう。こうしたことは、自己表現が妨げられないことを重要視するauthenticityの考え方では出てこない捉え方であろう。中にあるものを出すか出さないかではなく、他者との関係性の中で「自分」のあり方が相対的に決まってくるからこそ、抑えている自分も「自分らしい」という捉え方がなされうるのだと考えられる。
　一方で、「相手に働きかけるとき」という中カテゴリは、そのうちの「自己表現できる時」という小カテゴリに表れているように、自己の内にあるものを他者と

の関係性の中で、抑制することなく表現することが「自分らしさ」として捉えられており、authenticityとの共通性が大きいものと考えられる。

　最後に、「なりたい自分になろうとする行動」という極小カテゴリについて触れておきたい。まずは、ここに属する記述に関する実際の語りを挙げる。

> Eさん（21歳・女性）
> 　（「自分らしさ」をどういうものと捉えているかという質問に対して）なんですかね……全て？　というか、もし今から、がんばってこういう人になろうって思って、そうする行動自体も自分らしさかなって思うし、自分から考えてした行動は全部自分らしいのかなって思います。
> 　（「自分らしくない」とはどういうものと捉えているかについて）それが難しくなりますね……几帳面（Eさんが質問紙に記入した特性語のひとつ）とか、結構適当なんですけど、ある程度なろうと思えばなれるんですけど、がんばっても、面白い人とか盛り上げる人にはなれないと思ってるんで……全部自分らしいって言ったら、自分らしくないのが何か分からなくなってくるんですけど……もし自分が考えて、行動して、それでもできない行動が自分らしくないのかなって、ちょっと思いました。

　Eさんにとっては、今の自分の状態がそうではなくても、今後そのようになっていこうとする行動や、そうなろうとする意志があれば実現される可能性としての姿も、「自分らしさ」に含まれるものとして捉えられているのである。これは、未来志向の「自分らしさ」と言えるものであり、自己概念研究において「可能自己　Possible Selves」として扱われてきた概念と関連するものと思われる。可能自己は、個人の理想像やなりたい姿、あるいはそうなりたくない姿についての表象であり、未来へ向けての行動の動機として機能する（Markus & Nurius, 1986）。また、未来志向の自己という意味では、第1章にて検討したJungの自己とも関連があると考えられる。Jung派のvon Franz (1964/1975) は、自己の持つ潜在的な心の全体性について、松の木の種になぞらえて述べている。それによると、種の内にはその木の潜在的な未来の可能性が全て存在しているが、個々の種のおかれる環境

条件に反応しながら成長し、徐々にその潜在性を現実に表していくのであり、Jung派でいう「個性化」もこれと同様の過程を辿るのである。ここに挙げたEさんの語りには、幾分迷いながらではあるが、そのような潜在性の「自分らしさ」と呼ぶべきものが表れていると考えられる。「なりたい自分になろうとする行動」というカテゴリは、ラベルの数も2と少なく、他のカテゴリとまとまらないまま第5段階まで残っていた異質なものであるが、「自分らしさ」の具体的様相のひとつの側面として、非常に重要な示唆を与えるものと言えるだろう。

2)「自分らしさの変化に対する認識」(表7)
　このカテゴリには、「自分らしさ」が一緒にいる人によって変化することについての認識について述べた記述が属する形となった。
　「一緒にいる人による」「状況による」「相手・状況によっては、隠す自分らしさがある」「相手との距離による」というカテゴリを見てみると、もともと持っている様々な「自分らしさ」があり、そのうちどの部分が表れてくるかが、一緒にいる他者や、その他者との親密度、あるいはその場の状況によって変化する、という認識が見られる。以下、具体的な語りをいくつか挙げる。

Fさん(21歳・男性)
　(「自分らしく」いられる複数の関係で)コミュニケーションの内容が変わってくるから、自分の出す部分も変わってくるのかな……やりとりのなかで、求めるものであったりとか自分が提供する感情とかっていうのが、相手次第で異なっていくから、そこで表れてる自分らしさもたぶん、それに応じて変わってくるのかなって。

Dさん(22歳・女性)
　(図に記入された特性語について)基本的に全部自分の中にはあるけど、この人といるときにはこれが強く出てくる、ということですかね。…(略)…あえて見せないときもあるし、無意識的に出てないときもあります。

表7　KJ法結果「自分らしさの変化に対する認識」

小カテゴリ	極小カテゴリ	度数
一緒にいる人による	誰といるかによって自分らしさが変わる	5
	人によって、見せる自分らしさの大きさが変わる	4
	一緒にいる人によって、自分らしさの出方の強度が違う	3
	集団内での立ち位置で変化する	3
	その人にしか出せない自分らしさがある	2
状況による	自分らしさは、その状況によって表れるもの	7
	自分らしさの表れ方の違いは、誰といるかというより、状況による	4
相手・状況によっては、隠す自分らしさがある	人といるときはネガティブな自分らしさは抑制される	3
	自分らしさのいろんな部分を、あえて見せないようにしたり、無意識に出ていなかったりする	1
	（選んだ特性語は）家族以外の人といるときに、社会的に一番隠そうとするもの	1
	一人のときの自分らしさは、人にはそういう部分がないように見せたい	1
相手との距離による	慣れによって、見せる自分らしさの部分が増える	2
	自分らしさが出てくるレベルは、過去の経験から踏み込める基準を学ぶことで生じる	1
	ある程度親しいと共通の自分らしさが出てくる	1
	あまり侵入されないような、適度な距離感の関係のほうが、自分らしさは出しやすい	1
	自分らしさが変わるのは当たり前	5
	状況・一緒にいる人に関わらず、常に自分らしい	5
	以前は自分らしさが変わることを分裂しているように感じたが、今はそれを受け入れている	4
	誰かといるときと、一人でいるときの自分らしさが違う	4
	自分らしさが時間とともに変わってきている	2
	そのときによって変わること自体が自分らしい	1
	以前は自分らしさが変わることを分裂しているように感じたが、今はそれを受け入れている	4

　Gさん（28歳・女性）

　（図に記入された特性語について）悲観的とか慎重とか嫉妬深いとか陽気とか反抗的とか、このへんは全部要素を持っていて、だから誰といるときかっていうよりどんな状況かっていうときに応じて出てきちゃうから、この図では書きづらい。

　このように、自分の中にある「自分らしい」要素が、誰といる場面か、あるい

はどのような状況かに応じて現れてくるという捉え方がここには表れている。これは、要素がもともと中にあるという捉え方の点では西洋的な自己観であるとも言えるが、場面によって現れてくる要素が違っても全て「自分らしい」と捉える点では日本的な自己観の表れとも考えられよう。

　上のような語りが見られた一方で、「状況・一緒にいる人に関わらず、常に自分らしい」というカテゴリも見られた。ここでも具体的な語りをまず挙げることとする。

> Hさん（22歳・女性）
> 　（質問紙において、「自分らしく」いられる場面として、「3. 誰かといるとき、一人でいるときの両方」を選んだことについて）特にこの人には優しくなろうとか、こういう人には冷たくなろうとかいうふうには思ってなくて、大体誰といるときも、自分のそのままを出してるので、いつでも一緒かなと思って選びました。

　このようにHさんにとっては、常に「自分のそのまま」でいるため、誰といるか、あるいは一人でいるかにかかわらず、「自分らしく」いられると感じているのである。そのような特徴は、他の発言にも表れているので、下に引用する。

> Hさん（22歳・女性）
> 　（バイト先の人といるときの「自分らしさ」について）そこに合う自分、それに生かされてる自分を考えて、どういう風に自分が動いてるかを考えて、（質問紙への記入を）やりました。別にバイト先だからこうしなきゃいけないってわけじゃなくて、自分がこうしたいから、こうしようっていう感じで。合わせるというより、合っていってるような感じです。自分の考えとバイト先の考えを合わせていってる感じ。

　これまで、関係性において現れる「自分らしさ」の特徴として、その場における立ち位置や、これまでの関係性から自然と「自分らしい」振る舞い方が変わるということを挙げてきた。しかしHさんの場合は、自分の中にある「自分らしさ」

自体は変化するものではなく、場面によって自分に求められている役割があるとしても、基本的に自身の考えを軸に置いて行動している姿が窺える。Hさんの多面性指標のz得点は-0.36であり、それほど低いものではないが、一緒にいる人によって変わる部分があるとしても、Hさん自身の中にあるものは一貫して変わらないものとして捉えられているのであろう。このことは、本章の調査での、それぞれの状況における特性の重複度によって「自分らしさ」の多面性を測定することの限界を示していると言える。またHさんの場合、「評価懸念」のz得点が-3.03と非常に低くなっている。つまり、周りの他者にどう思われているかということに動じないという特性が非常に強く、それが自身の内に存在する一貫した「自分らしさ」の実感につながっているのではないかと推察される。

また、「以前は自分らしさが変わることを分裂しているように感じたが、今はそれを受け入れている」という極小カテゴリも見られた。これについても具体例を参照することとする。

> Bさん（21歳・女性）
> （「自分らしさ」が一緒にいる人によって変わることについて）高校生くらいのときは、自分は何がしたいのかなとか、それこそ自分らしさはないな、とか思ってたんですけど、最近は、こうやって、行動とか態度が変わったりするのも、自分らしさに入るんじゃないかな、とか、いろいろ変わってるひとつひとつも、自分らしさだし、変わっていってること自体も、自分らしさなんかなぁと思います。

Bさんの語りからは、「自分らしさ」の捉え方の幅が広がることによって、「自分らしさ」が変化することそれ自体も「自分らしさ」に含まれるものとして捉えられるようになることが分かる。

3）「自分らしさの見出し方」（表8）
ここには、自らの「自分らしさ」を認識する際の仕方についての記述が属することとなった。

まず、「周りの視点からの自分らしさ」「自分で思う自分の性質」および「内と外の両方の視点からの自分らしさ」は、他者視点と自己視点による「自分らしさ」の見出し方についてのラベルが含まれている。他者視点のものと自己視点のものの度数を見ると、他者視点のほうが2倍以上の数を示している。本章の調査においては、他者といるときの「自分らしさ」について尋ねているため、単純に発言数の比較から推論することはできないものの、「自分らしさ」を認識する際に他者の視点が重要であることが窺える。第1章にて扱った、Eriksonの「アイデンティティ」の概念においても、自己の斉一性および連続性に加えて、それらが他者に承認されていることが重要であった。「自分らしさ」についても、他者視点と自己視点のどちらか一方というよりも、その両方が重要になるのではないかと考えられる。
　次に「人といることで発見する」というカテゴリについて述べる。まずは実際の語りを見ていきたい。

Iさん（21歳・男性）
　自分が思ってること、考えていることを人に話して、それで、再認識するっていうのが自分らしさなのかなって思う。だから、人っていうツールを通じて、自分らしさっていうものを測ってる？　のかなって今思いました。

Jさん（21歳・男性）
　（年上の人ばかりの集団で）どっちかって言ったら、子供な面が見えるのかなっていう、かわいがられたり、おもろいおもろいって言われて、のせられると、まぁ調子に乗るっていうんですかね（笑）…（略）…自分の思ってる自分らしさと、他人の思ってる自分らしさって、絶対違うと思うんですけど、それぞれの人（といるとき）に特有のものっていうのは、気づかなかったけど引き出してもらってる、自分らしさっていうのが、多いなって思いますね。だから一人でいたら絶対気づけないなぁって思います。

表8　KJ法結果「自分らしさの見出し方」

小カテゴリ	極小カテゴリ	度数
周りの視点からの自分らしさ	周りから言われること	8
	周りが自分に抱いているイメージ	5
人といることで発見する	人といることで再認識する	4
	気づかなかったところを人に引き出してもらう	3
	人とのやりとりの中に見えてくる	3
	友達に言われて、本当はそうじゃないと思った部分	1
自分で思う自分の性質	もともとの性質	3
	自分自身のイメージ	3
	自分らしさ、自分らしくいられる状況を感覚で判断した	5
	内と外の両方の視点からの自分らしさ	3

　Iさんの場合は、もともと自分の中に持っている要素を人とのやりとりを通じて「再認識」すると語られている。一方Jさんの場合、特定の集団にいるからこそ引き出されてくるような面があり、それは自分一人では気づかないものとして感じられている。このように「自分らしさ」の認識にあたっては、ただ他者視点か自己視点かによって自身について振り返って認識するというだけでなく、人とのやりとりの中でしか見えてこないところがあると考えられる。そしてJさんの場合はただやりとりの中で見えてくるというよりも、「引き出される」と感じており、そのことが、多面性指標のz得点の高さ（2.07）を生じさせるひとつの要因になっていることが推察される。

　4）「自分らしさを出せる環境」（表9）
　ここには、「自分らしく」いられる環境、あるいは関係性のあり方についての記述が分類された。
　まずは、「信頼感のある場所で自分らしくいられる」という小カテゴリについて見ていく。ここには、自分自身が信頼できる場や関係性であるということが「自分らしく」いられるために重要であることが示されている。いくつか実際の語りを挙げることとする。

> Kさん(21歳・男性)
> (「自分らしく」いられる人として恋人のみ記入したことについて)友達とか親でも、なんか作ってる自分がいて、自分のなかでキャラとかを設定してて。なんていうか、最終ラインに守ってる部分があって、空気読んで出せないところはあって、そういうのを全部素直に受け入れられる人ならなんでも言えるなという感覚が過去にあったので、こういう答えになりました。

> Lさん(21歳・男性)
> 両親はやっぱり、ずっと自分のこと見ててくれてるので、自分の根本的なことをわかってくれてると思うんで、包み隠さず喋れる(ので、「自分らしさ」が出せる)。

　このように、これまでの経験からその相手には自分のことをまるごと受け入れてもらえるという信頼感があり、それを基礎にして「自分らしさ」が出せるということが分かる。こうしたことは、Kernis (2003) がauthenticityの構成概念として挙げている、④関係性(親密な関係性を信頼して心を開き、本当の姿を見せることを重視すること)とも重なるところであろう。そのような関係性が築かれるには、これまでに受け入れられたという経験が必要で、それがあってこそ安心して「自分らしく」いられるようである。そうした関係性はすぐに出来上がるものではなく、受け入れられる体験を積み重ねていくことによって徐々に形成されていくものだと考えられる。

表9　KJ法結果「自分らしさを出せる環境」

小カテゴリ	極小カテゴリ	度数
信頼感のある場所で自分らしくいられる	受け入れてくれる場だから出せる	4
	理解してくれている相手だから出せる	4
	身近だから出る	3
	切れない関係の安心感からくるもの	2
	一緒にいて居心地がいい人といると自分らしくいられる	7
	その人といるときは、特定の場面ではなく、全般的に自分らしくいられる	7

また他に、極小カテゴリとして「一緒にいて居心地がいい人といると自分らしくいられる」というものが生成された。その場の関係性において、リラックスして落ち着いて過ごすことができるということが、「自分らしさ」の表出に大きく関わっているようである。

5)「自分らしさの構造」(表10)
ここには、各人が持っている「自分らしさ」の構造についてのイメージについての語りが属する形となった。

まず、「変わらない中心を想定する」という中カテゴリが見られたが、ここには、何らかの形で、状況によらず不変の「中心」あるいは「核」のような構造を「自分らしさ」の中に認めるような語りが分類された。これは、「本当の自己　true self」を自己の内に想定する西洋的な自己観と通じている側面であると言えよう。一方で、「中心は変化せず、変化する部分もある」という中カテゴリにあるように、状況に応じて変化するような「自分らしさ」の存在も同時に認めている記述も見られる。そのように、変化するにもかかわらず、それも含めた全体として捉えられうるのが「自分らしさ」の特徴なのではないだろうか。なお、ここに属する語りは、質問紙Q4の図(図1)のベン図形式の視覚的構造に影響されて、中心

表10　KJ法結果「自分らしさの構造」

中カテゴリ	小カテゴリ	極小カテゴリ	度数
変わらない中心を想定する	中心は変化せず、変化する部分もある	人によって変わる自分らしさも、中心部分につながっている	3
		家族といるときの自分らしさがベースで、ほかはその変形	2
		周りによって変わる自分らしさもあるが、内面のものは変わらない	2
		自分らしさの根本は変わらないが、一番に押し出す面が変わる	1
		自分らしさは会う人や年齢によって変わり、揺らぐものだが、共通する部分もある	1
	共通部分は、自分らしさの本質的なところ	自分らしさの核の部分は常に変わらない	3
		図の真ん中は自分らしさの本質的なところ	3
		いろいろな自分らしさを含めて一つの自分らしさ	6

部およびその周辺部分からなる構造が想定されやすくなった可能性もある。そのため、度数で言えば「自分らしさの構造」のうちの多くの部分を「変わらない中心を想定する」が占めているが、それがそのまま、「自分らしさ」には中心が想定されやすいということを示しているとは言えないであろう。

　一方で、「いろいろな自分らしさを含めて一つの自分らしさ」という極小カテゴリも見られたが、ここには、特に「中心」を想定するのではない形の「自分らしさ」の捉え方が見られた。具体例を以下に挙げる。

> Mさん（19歳・女性）
> 　家族では出てくるけど友達では出てこない自分らしさとかも、友達といる前ではあんまり表に出てこないっていうだけで、それも全部含めて、ひとつの自分、なのかな？　っていうふうには思います。

> Nさん（20歳・女性）
> 　（自分らしさは）自分の行動に表れるもの全てというか、いろんな状況とか気分とかによって変わってくるものの集まりというか、このときだけが自分らしいとかじゃなくて。

　このように、「自分らしさ」としてその場その場に表れてくる特性はその都度変わりうるが、その場に表れていないものも全て含めて、その人の「自分らしさ」であるという認識がここには示されている。このような捉え方は、第1章や本章でも触れた華厳哲学的な自己のあり方と通じるところであろう。つまり、独立した自己の内に中心を据えるというよりも、自己はその都度の関係性の中で現れてくるものとする捉え方が、自己のみならず、「自分らしさ」についても見られることが、これらの記述から示唆されるのである。

6)「自分らしさ自体に対する認識」(表11)
　ここには、「自分らしさ」そのものに対して各人がどのように捉えているかについての記述が分類された。

表11 KJ法結果「自分らしさ自体に対する認識」

小カテゴリ	極小カテゴリ	度数
自分らしさがはっきりわからない	人に合わせるのは自分らしさと言えるのかわからない	4
	思い浮かぶものはあるが、自分らしさと言えるかわからない	2
	変化してもどれも自分らしさなのかと思うが、居心地の悪さを感じる自分も自分らしいのかと思うと、自分らしさはないのかと思ったりもした	1
自分らしさだと認識しながらも受け入れてはいないものもある	ネガティブな自分らしさは自分らしさと思いたくない	2
	自分らしいところだとは思いながらも、まだ改善点があると思う部分は外した。そこにこだわっているのかもしれない	1
	自分らしさとは、独自性ではない	2
	自分らしくとかではなく、自分でしかない	1
	図に記入する前は自分らしさがばらばらになると思ったが、やってみると意外にまとまった	1

「自分らしさがはっきりわからない」という小カテゴリでは、「自分らしさ」について考える中で、これが本当に「自分らしさ」と言えるのだろうか、という疑問が生じていることが表されている。「人に合わせるのは自分らしさと言えるのか分からない」という極小カテゴリに表れているように、「自分らしさ」とはこういうものだというもともとのイメージと、質問紙記入とインタビューによって改めて振り返って考えていく中で見えてきた自分の特性との間で葛藤が生じているものと思われる。ここまでの上位カテゴリでは、人に合わせたり場面や状況によって変化したりすることに対しては「自分らしさ」と捉えないとする記述や、逆にそうしたものも含めて「自分らしさ」と捉える記述があったことを見てきた。また、「自分らしさ」の捉え方が広がることによってそうした面も「自分らしさ」として認識するようになったという記述も見られた。一方でこの「自分らしさがはっきりわからない」というカテゴリは、「自分らしさ」の捉え方がまだ定まっておらず、葛藤状態にあるものと考えられる。「自分らしさだと認識しながらも受け入れてはいないものもある」というカテゴリについても、同様のことが言えるであろう。

こうしたことから、「自分らしさ」についての捉え方は個人間でも差が見られるのと同時に、個人内でも、時間に伴って変化してくるものであることが分かる。そしてそれは、一定の捉え方に達すればそこで安定するようなものではなく、例

えば本研究の調査のように、「自分らしさ」について振り返る機会を通じて常に変化していく可能性を持つものであるように思われる。

◆質問紙調査で得られた自由記述についての質的分析

　ここまで、面接調査によって得られた語りについて見てきたが、次に質問紙調査の自由記述項目で得られたデータの分析結果とそれについての考察を述べていきたい。研究Ⅰにおいて既に述べたが、質問紙調査の際に、Q2において「自分らしい」と感じられる状況について尋ねており、「一人でいるとき」を含む選択肢を選んだ回答者には、「なぜ、一人でいるときに『自分らしく』感じられるのですか」という質問、さらに「自分らしく」いられるのが「一人でいるとき」のみであった場合には、「誰かといるときの自分はなぜ『自分らしくない』と感じられるのですか」という質問を行っていた[*12]。本章は他者といるときの「自分らしさ」について検討するものであるが、一人でいるときの「自分らしさ」についても見ておくことで、ここまでに面接調査から明らかとなった知見を補足することができるものと考えられる。

　これらの自由記述についても、面接調査の語りと同様の手続きで、心理学を専攻する大学生4名と筆者の合計5名で、KJ法により分類を行った[*13]。以下、表12に一人でいるときに「自分らしく」感じられる理由を、表13に他者といるときに「自分らしく」感じられない理由をそれぞれ示した上で、それらの結果を合わせて考察を加えることとする。

　これらの分類結果を見ると、他者の存在が「自分らしさ」を感じることを妨げる要因として働いていることが分かる。他者の影響が少ない場面では「自分らしく」感じられ、一人でいるからこそのびのびと主体的に活動を行えるように感じ、そこに「自分らしさ」が発揮されているように捉えられている。そして、他者への意識から「本来の自分」を曲げたり、十分に表現できなかったりする場合に、「自分らしくない」と感じられるようである。

　面接調査においても、他者からの影響が少ないことやのびのびと振る舞えることは、「自分らしさ」が感じられることの要因として語られていた。一緒にいる他者が、偽装したり抑制したりして振る舞う必要のないことが、「自分らしく」

表12 KJ法結果 一人でいるときに「自分らしく」感じられる理由

大カテゴリ	中カテゴリ	小カテゴリ	度数
他者からの影響の少なさ	他者を気にする事がない	他人の目を気にせず行動できる	17
		他人の目を気にしなくてよい	10
		他人に気を使わなくてよい	7
		何も気にしなくてよい	3
		周りを気にしなくてよい	3
		しゃべらなくていい	1
	思い通り行動できる	自由に行動できる	12
		自分のペースで物事ができる	5
	影響されない	周りの影響を受けない	4
		自分を縛られない	2
主体的に活動できる	思考を深められる	自分のことを深く考える	16
		いろいろな事を考える	6
		自分自身で考えられる	5
		自分でしっかり考え決断する	4
	思い通り行動できる	自由に行動できる	12
		自分のペースで物事ができる	5
	素の自分でいられる	ありのままの自分を出せる	12
		他の人には見せない部分を出す	9
		自然でいられる	2
		飾らなくてよい	2
	リラックスできる	自分だけの世界	8
		落ち着く	2
		気が楽	2
		気ままにいられる	2
	人といるかに関わらず自分らしい	いつでも自分らしい	4
		一人のときも、人といるときも両方自分らしいけど、一人のときの方が自分らしい	2
		常に誰かと一緒にいるわけではない	1
		人といるときの正の部分、一人でいるときの負の部分を合わせて自分	1
	一人のときは自分らしいもの	一人のときに性格が出る	2
		一人のとき自分らしいのは当たり前	2
		他人といると自分らしくない	3
		一人でいる自分が好き	3
		はっきりとはわからない	1

表13　KJ法結果　他者といるときに「自分らしく」感じられない理由

大カテゴリ	小カテゴリ	度数
本来の自分とは違う自分で対応するため	周り・他人に合わせるから	12
	別の自分を作る	5
	人の目を気にして、自分を曲げてしまう	1
	相手によって自分を変えているから	1
他者への意識が強いため	周りに気を使ってしまうから	4
	人の目や意見を気にしてしまうから	6
	他の人の影響を受けるから	3
	自分から見た物事よりも、人の目から見た物事をよく考えてしまうから	1
	すべてをさらけ出すときっとひかれる	1
	誰かといると自分はその人の話し方や表情を見てしまい、自分は無に近い存在になっている気がする	1
	他人は完全に気持ちを理解できないと思うから	1
自分を抑えるため	周りの目を気にして、自由な行動ができない	3
	本当の気持ちを隠している	2
	周りを気にして自分を抑える	2
	自分の気持ち・意見を抑えることでストレスを感じるから	2
	「我」を出すことができない	1
	自分の行動力を発揮できない	1
	人前では自分をあまり出していない気がする	1
	遠慮しているから	1
	自分の意志が弱いから	1
	無理してるから	1
	よく分からない	1

いられるために重要であることが改めて確認されたと言える。

　一方で、面接調査の分類結果からは、これまで触れてきたように、他者から影響を受けて行動をすること自体が「自分らしい」という認識も見られている。ここには、各人の「自分らしさ」に対する捉え方の違いが表れているものと考えられる。中でも、表13の記述は、「自分らしさ」を感じられる状況として、「一人でいるとき」のみを選択した人々によるものであるが、その記述からは、「本来の自分」なるものがあるにもかかわらず、他者の影響によってそれをそのまま発揮することができず、そのために「自分らしく」感じられないという捉え方が見て取れる。つまり彼らにとっては、自己の内に「本来の」あるいは「本当の」自己

部分が存在しており、それが発揮されることこそが「自分らしさ」であるという捉え方が強いために、誰かといることは全て「自分らしくない」と感じられているのではないかと推察される。

5-3. 研究Ⅱについての総合考察
　研究Ⅱでは、他者との関係における「自分らしさ」について、質的データの分析結果から考察してきたが、それにより「自分らしさ」について多様な側面が見出された。

　その中で見えてきた「自分らしさ」の大きな特徴は、他者との関係のあり方やその場の状況によってその都度現れてくる「自分」の姿についても、「自分らしい」ものとして捉えられる点であると考えられる。それは、ともにいる他者に「引き出される」というような記述に表れているように、もともと自己の内部にあったものではなく、自己と他者あるいは場との関係性の中に現れてくるものとして「自分らしさ」が捉えられ得るということである。これは、西洋の自己観からすると、他者やその場の状況に合わせていて、個人の内にある「本当の自己」を発揮することができていないものとして捉えられるであろう。しかし「自分らしさ」の場合は、一緒にいる他者や状況によって異なる姿が現れていたとしても、それらはひとつひとつが「自分らしい」ものとして捉えられ得るのである。これは、第1章や本章の2節において述べてきたように、日本人の自己の成立の根拠として全体的な関係性が先にあり、そこから各々の自己が析出してくるということからくるものだと考えられる。そうした自己観が根底にあるからこそ、他者に合わせて行動したり、場によって自分のあり方が変化したりすることそれ自体も、「自分らしさ」と捉えることができるのであろう。

　ただし、それではどのような場においてもそこで現れてくる「自分」が「自分らしい」と言えるのかというとそうではない。「自分らしい」と感じられる環境については、それまでの経験に基づいて、自分を受け入れてくれるという信頼感や安心感が得られている関係であるという記述が多く見られた(表9)。特定の他者あるいは場との関係性の中に現れてくる自分が、そこで受け入れられたという体験を重ねながら、徐々にその他者あるいは場との関係の中でこそ出てくる「自分

第2章　他者との関係における「自分らしさ」

らしさ」というものが形成されていくのではないだろうか。

　ここまで、「自分らしさ」が他者との関係性の中に生じてくるものとして語られていた点に着目して述べてきたが、本書で得られた語りの中でも「自分らしさ」に対する捉え方には個人差があり、"authenticity"と同じように自己の内にあるものを妨げられずに発揮している姿を想定しているものも見受けられた。また、「自分らしさ」をどう捉えるかは、個人内でも変動があり、そのように変化していく可能性を持っていることも「自分らしさ」の特徴のひとつであると言えよう。ただし、「自分らしさ」を他者とのその都度の関係性において現れてくるものとして捉えるか、それとも"authenticity"のように「本当の自己」の表出として捉えるか、という風に単純に2択で理解しようとしたり、あるいはそれらを両極においたスペクトラムとして理解したりするのは適切でないように思われる。例えば、「自分らしさの構造」（表11）において、「自分らしさ」の中に変わらない「中心」を想定する記述が多かったが、これはどちらかというと、自己の内側の中心に一貫した「本当の自己」のようなものを想定する西洋の自己観と通じる語りである。そしてそれと同時に、他者との関係性に応じて変化するような「自分らしさ」もあると捉えている語りが多く見られたことから、多くの人にとって「自分らしさ」は、自分の中の中心的な部分の表出でもあり、他者との関係性に応じてその都度現れてくるものでもあると捉えられていると言える。つまり、さきほど挙げた2つの捉え方は、1次元のスペクトラムとしてではなく、（ある程度の関連はあると思われるが）2つの軸によって捉えられるものであって、それぞれの強弱が個人によって異なっているのではないかと推察される。さらに言えば、その強弱は個人内でも時間的変動が見られるものであり、面接における語りにも見られたように「こういう自分は果たして自分らしいと言えるのだろうか」というような葛藤を経て変動していく、力動的な側面も持っているのだと考えられる。

◆ 研究IIの限界と今後の課題

　研究IIにおいては、他者との関係における「自分らしさ」の具体的な様相について詳しく明らかにすることを目的としており、一定の成果を挙げることはできたと考えられるが、その多様なあり方を探索的に示すにとどまった。そのため、

上に述べてきた考察はあくまで仮説の域を出るものではない。今後の研究により、ここで得られた仮説を実証していくことが求められる。

また、ここで明らかとなった多様な「自分らしさ」のあり方について、それらを生じさせている心理学的要因や、関連するパーソナリティについて明らかにしていくことで、他者との関係における「自分らしさ」についての知見を、より立体的なものにしていく必要があるだろう。

6. 総合考察 ―「自分らしさ」とは何か―

6-1. 本章のまとめ

本章では、他者との関係における「自分らしさ」について、質問紙および面接調査を通して検討してきた。

研究Ⅰでは、「相互独立的自己観の優勢度が高い人よりも、相互協調的自己観の優勢度が高い人のほうが、諸対人関係に応じて『自分らしさ』が多面的になる」という仮説の検証を目的とし、数量的分析を行った。相互独立的－相互協調的自己観尺度の各因子と「自分らしさ」の多面性との間には明確な相関関係は見られなかったが、自分自身の意見や意志をはっきりと認識し、いつも自信を持って行動するような因子と、「自分らしさ」の多面性との間には有意な負の相関が示された。また、典型的な相互協調的自己観を有する群のほうが、相互独立的自己観の傾向を有する群よりも「自分らしさ」の多面性が有意に高いということが示された。

次に研究Ⅱでは、他者との関係における「自分らしさ」の具体的様相について明らかにするため、面接調査を行った。また、質問紙調査で得られた自由記述データも合わせて分析し、考察を加えた。そこで見られた「自分らしさ」の大きな特徴は、特定の他者あるいは場との関係性においてその都度現れてくるものに対しても「自分らしい」と感じられるという点であった。一方でそればかりではなく、個人の持っている「自分らしさ」の捉え方によっては、自己の内にある「中心」あるいは「本質」なるものが発揮されていることとして「自分らしさ」が捉えられている場合も見られた。そしてその２つの捉え方はどちらか一方になるわけ

ではなく、その両者が葛藤しながら、それぞれの「自分らしさ」が見出されていくようであった。

6-2.「自分らしさ」から見た「自分」

以上、本章全体を通じて、他者との関係における「自分らしさ」の様相がある程度明らかになったのではないかと思われる。「自分らしさ」とは、辞書的には「自分」の特徴がよく出ていることを表す言葉であったが、本章によって得られた知見から、第Ⅰ部を通して明らかにしようとしている「自分」の独自の特徴についてまた新たな側面が見えてきたと言える。その最たるものは、多面性という特徴であろう。ただ、多面性というだけでは西洋由来の「自己」についても以前から指摘されてきたことである。古くは、James (1892) が既に「人は、その人のことを認識し、その人のイメージを心の中に抱く人々の数だけ、社会的自己を持っている」(p.179 拙訳) と述べている。その後しばらく自己の多面性に注目が集まることはなかったが、1970年代頃から再び注目が集まるようになり、自己の多面性に関する数多くの研究がなされてきている (安達, 2009)。

しかし、「自分」の場合に特徴的なのは、「自分らしさ」であっても同様に多面的でありうるということである。西洋由来の概念の場合、"authenticity" あるいは "true self" のような概念は、その定義からして、多面的にはなりえない。それらの概念には、中心となるものが想定されており、それが発揮されることが必要とされるため、必然的にその様態は一面的になるのである。それに対して「自分」の場合は、「自分らしさ」が実現しているという状態であっても、その姿は多面的でありうる。それはつまり、単一の中心なるもの、あるいは「核」というものを想定しなくても「自分」は十分に成り立つということである。それは、ここまでの各章において見てきたように、「自分」が関係性において生じるものであるというところに拠っている。そうであるからこそ、多面的な「自分らしさ」というものが成り立つのである。

その一方で、研究Ⅱにおいて見出されたように、中心あるいは核を内側に持ち、その発現こそが「自分らしさ」であると捉えられている場合もある。さらに、多面的なあり方と一面的なあり方の間で葛藤しながら、それぞれの「自分らしさ」

が実現されていくという知見は、心理臨床実践に対しても非常に示唆的であると言えよう。「自分」および「自分らしさ」の多面的な性質ばかりを強調すると、「本当の自己」のようなものを求めることが無意味なことのように捉えられてしまう。しかし、まさにそのような課題に取り組む中で心理臨床の場を訪れる人もいるのであり、そこで生じる葛藤は決して無駄なものではない。大事なのは、「自分らしさ」が多面的でもあり得るということに開かれつつ、まさに「自分らしい」やり方で「自分」の「らしさ」を発揮していくことなのであり、心理臨床においてはその動きを尊重し、共にしていくことが求められるのであろう。

　以上、本章では心理臨床における「自分」とは何かを探る一環として「自分らしさ」について探究してきた。「自分らしさ」とは、ある意味「自分」についてのポジティブな側面であると言えるが、今度はネガティブな側面についても探究することで、「自分」についての理解がより深まるものと思われる。そこで次章においては、「自分がない」という、こちらも心理臨床実践において用いられやすい日常語に着目し、それはどのような事態を表しているのかということについて検討していくこととする。

第3章
「自分がない」という言葉が表すもの

1. 心理臨床における「自分がない」

　ここまで、心理臨床学的文脈における「自分」とは何かということについての探究を進めてきた。序章では辞書的意味および先行研究を確認し、第1章では西洋由来の類縁概念との比較を通じて「自分」のもつ特徴について検討した。そして第2章では、心理臨床実践と関連が深い「自分らしさ」という言葉に着目し、他者との関係における「自分らしさ」の様相について明らかにしてきた。

　そして、この第3章においては、ここまで検討してきた「自分」について、そのネガティブな側面、つまり「自分がない」ということについて探究していく。この「自分がない」という日常語も、心理臨床実践においてよく聞かれる言葉である（北山, 1993；森岡, 2012）。本書の第Ⅰ部は「自分」という日常語が持つ意味について心理臨床学的に検討するものであり、その作業を進めていくにあたって、この「自分がない」という言葉に着目することには大きな意義があるものと考えられる。「自分がない」は、臨床実践の中で直接用いられることの他にも、事例検討の場や、あるいは心理臨床の理論の中にも登場する。そこでまずは、先行研究における「自分がない」について概観する。

　心理臨床における日常語についての研究を積み重ねてきている精神分析家の北山修は、序章でも挙げたように、「自分」「本当の自分」「自分がない」といった、「自分」に関連する日常語の臨床的な意味についての論述を多数行ってきている。北山は、臨床において用いられやすい様々な日常語についての心理臨床的な意味を記した語彙集である『日常臨床語辞典』（北山監修, 2006）を監修しているが、そこには「自分がない」の意味について以下のようにまとめて述べられている。第

一に偽りの自分の下に真の自分が存在しながらも外に出てこられない場合（これは「自分が出せない」とも表現される）、第二に一見健康的な表面的な自分に守られた真の自分が病的であったり、傷ついていたり、あるいは空虚であったり、さらには表面の自分によって殺されている場合、第三に外傷体験等から自分を切り離して守るために、多重人格となる場合である (北山・舛田, 2006)。しかし、「自分がない」の意味はここに挙げられているもののみならず、他にも様々な意味で用いられている[*14]。

　心理臨床関連の領域において、「自分がない」という日常語について初めて取り上げたのは、精神分析家の土居健郎であろう。土居 (1960) は「神経症およびそれに準ずる疾患の患者」の精神療法の過程に表れる「今まで自分がなかった」という意識が、「治療に向かっての重要な一転機を形造っている」(p.149) ことに着目し、「自分」や「自分がない」について考察を進めた。土居 (1960) は「『自分』の意識を、分離された存在としての自己の表象を持つことであると定義する」(p.152) と述べ、そうした意識のないことを「自分がない」状態だとし、さらに「『甘え』も『とらわれ』も精神の根本的態度が受身であり、心が対象によってまったく占められていることにおいて、これを『自分がない』状態であるということができる」(pp.159-160) と述べている。ここでの「自分がない」は、自己と対象の関係において、自己の主体性が失われ、対象との分離独立が成立していないという事態を指している。そして土居 (1960) は、統合失調症における自我障害を、独立した自己の表象としての「自分」の意識の形成不全であると捉え、統合失調症的体験も、「自分がない」という記述が当てはまるとしている。また別の稿において土居 (2007) は、「個人が集団の中にすっかり埋没」している場合、あるいはそこまでいかずに集団における自己を自覚しつつも「集団と対立する自己を主張しない」場合、「自分がない」と言わなければならないとし (p.217)、日本文化において個よりも集団が重んじられる傾向があることを用いて説明している。以上のように土居は、日本文化一般に見られる水準・神経症的な水準・統合失調症的な水準の、3つの「自分がない」について挙げている。

　次に、木村 (1970) は離人症の症状について、離人症者の言葉を基に「典型的な離人症症状の中心をなすものは、『自分が存在しない』という特異な体験である」

(p.24) と述べている。そして離人症においては、そのような自己喪失感と同時に、世界に対する非実在感が生じることを踏まえ、「自分がある」ということと、「ものがある」ということは、自分と世界との能動的・実践的なかかわりにおいて、同時発生的に生じる事態であり、そのかかわりが成立していないために、離人症症状が生じるという（木村, 2008）。つまり、木村の考えによると、離人症における「自分がない」とは、世界との能動的・実践的かかわりを失っている状態である。このような考察から木村（2008）は、「『私』も『世界』もともに一つの根源的な生命的躍動から生まれた分身として理解される」(pp.66-67) と述べ、「自分」というのは、そのような根源的なものの「分有」であることを表現していると捉えている。

他にも田中（2009）は、発達障害に通底しているのは「自分のなさ」であると述べている。ここでの「自分のなさ」とは、発達障害を抱えるクライエントの症状や語りに、その人固有の「主体性」が見えにくいことを指している。それゆえ、彼らの心理療法においては、「これまでの心理療法が当たり前のように依拠してきた『人格』『内面性』『主体性』といった概念はもはや通用しない」のであり、「いかにして『主体』を生み出してゆくかがその眼目となる」(田中, 2009, p.191) という。そのような「自分のなさ」のために、彼らは外的な事象に直接的に影響を受けやすかったり、その場の空気や文脈が読めなかったり、自分には何かが欠けているという欠損感を抱えていたりするという。

以上のような、病理や障害の本質を言い表す言葉としての「自分がない」の他に、臨床事例において患者やクライエントによって語られる「自分がない」も散見される。例えば井之前（1997）は、自らが主治医として治療に携わった、「自分がない」と繰り返し語る思春期女子の事例を紹介している。彼女は初め、「自分がない、感じられない」「崩れてしまいそう」など、存在すること自体の危うさを指す言葉として「自分がない」を用いていた。そして治療が進むと、見守られた環境の中でのびのびとふるまうことができるようになり、外界に踏み出そうとする中で、「自分がない、話題も少ないし、これが好きというのもない」と、周囲に対して自己表現ができない自分を語る言葉として「自分がない」が用いられた。治療に伴って「自分」が形成されていくに従って、「自分がない」という患者自身

の言葉の持つ意味も変化していったのである。

　他に、成田 (2003) は「境界例はしばしば『居場所がない』『自分がない』と訴える」(p.109) と述べている。そして、その意味について北山 (1993) を参照しつつ、「境界例は自分という領土が他者に侵入されそうになり、あるいは部分的に侵入され、自分の『分』を保ち中味を抱えていることが困難になり、自分が生き方の主体であることつまり自分が自分であることが難しくなっている」(成田, 2003, p.110) という事態を表現するものと捉えている。

　ここまで挙げてきたように、「自分がない」という言葉は、特定の病理や障害の本質を表す言葉として、あるいは臨床実践の場においてクライエントによって語られる言葉として、心理臨床に関連する様々な文脈に登場している。しかし、それぞれの文脈で用いられる「自分がない」は、一見すると大きく異なる意味で用いられているようにも見える。「自分がない」は日常語であるがゆえに、そのような意味的な曖昧さは必然的に生じてくるものであり、それぞれの文脈において、その意味をその都度理解していくことが大切であることは当然であろう。そしてその際には、「自分がない」という言葉が一般的にどのような事態として捉えられうるのかについて把握しておくことで、より深い理解が可能になるのではないだろうか。

2. 本章の目的

　以上の問題意識を踏まえて、本章では「自分がない」という日常語が一般的にどのような事態を表すものとして用いられ得るのかということについて探索的に検討する。また、先行研究で見てきたような「自分がない」とされる様々な事態は、一見それぞれで異なるもののように見えながらも、同じ「自分がない」という言葉で表されている以上、そこには何らかのつながりがあるとも考えられる。そのため、単に様々な意味があるということを把握するだけでなく、そこにある意味的構造についても検討することで、「自分がない」という事態について総体的に理解することができると考えられる。よって本章では、「自分がない」の持つ意味について探索的に把握した上で、数量的方法を用いて「自分がない」の意

味的構造を明らかにすることを試みる(これを研究Iとする)。
　さらに、「自分がない」という言葉が表している事態について心理臨床学的に検討していくためには、その言葉の意味的構造を把握するだけでなく、「自分がない」という体験の心理学的性質について把握していく必要があると考えられる。そのためのひとつのアプローチとして、本章では「自分がない」という体験に関連する心理的要因について、投映法検査を用いて検討していく(これを研究IIとする)。
　以上のことをまとめると、本章の目的は次の通りである。

研究I：「自分がない」という日常語の意味を探索的に把握し、その意味的構
　　　　造を明らかにする。
研究II：「自分がない」という体験に関連する心理的要因について検討する。

　これらのアプローチにより、本章では「自分がない」とはどういう事態なのかということについて探究していく。そのことによって、本書の第I部を通して検討している、心理臨床における「自分」について、それが「ない」という事態の側から理解が深まるものと期待される。
　なお、本研究の調査は青年期を主な対象として行った。なぜなら、「自分がない」というのは「自分」とは何か、どういう存在なのかという、自己意識にまつわる問題とも言えるが、子どもと大人の過渡期である青年期には、自己意識が顕著に高まるとされている(西平，1973；梶田，1988など)からである。「自分」についての内省的な意識を持ちやすい青年期は、「自分がない」ということに関するデータの収集に適していると考えられ、本章の研究の対象としてふさわしいものと言える。

3. 研究I ―「自分がない」の意味的構造―

3-1. 方法
　まず、「自分がない」が一般的にどのような事態を表す言葉として用いられう

るのかについて調べるため、予備調査として自由記述形式の質問紙調査を行い、幅広く記述を集めた。そして、そこで得られた記述を分類した結果を踏まえながら、「自分がない」という体験について問う尺度の項目を作成した。

　本調査では、それらの項目についてリッカート法で問う質問紙を作成し、配布した。そして、得られた結果について探索的因子分析を用いて分析を行った。なお、こうした手続きは「自分のなさ」を測定する尺度の開発のためではなく、「自分がない」という言葉の持つ意味的構造を、客観的方法により明らかにするために行われたものである。

3-2. 予備調査
◆ 対象

　大学生29名、および社会人31名[*15]の、合計60名（男性22名、女性38名、平均年齢22.63±4.70歳）であった。

◆ 手続き

　以下の内容を含む質問紙を配布し、回収した。配布・回収は2011年6月から7月にかけて行った。

◆ 質問紙の内容

　まず自分自身の体験として、「自分がない」と感じたことがあるかについて尋ね、ある場合にはそのときの体験について、ない場合には「自分がない」という言葉についてのイメージを尋ねるという形式をとった。また、同じ要領で、他者について「この人は『自分がない』」と思う体験またはイメージについても尋ねた。よって、記述には自分のことか他者のことか、またその内容が体験かイメージかという違いがある。このような形式をとったのは、できるだけ多様な記述が得られるように意図したためである。

◆ 結果

　得られた記述を、複数の体験またはイメージについて記述していると思われる

表14　自由記述の分類結果

上位カテゴリ	下位カテゴリ	度数
同調	行動の基準が自分の中にない	22
	考えや行動を周りに合わせる	18
	一貫性がない	18
	消極的態度	11
	自分の意見を言えない	7
	自分の感情や考えを表していない	6
	人に気に入られようとする	2
	他人の目を気にする	2
中身のなさ	考えや行動が周りに流される	20
	打ち込むものや目指すものがない	9
	自分の意志や考えがない	6
	個性がない	6
	自分の中に発信するものがない	6
	自分の考えや意志を見失っている	4
	外からきた情報について自分なりに考えていない	3
	行動が周囲に影響されやすい	5
心の機能の不全	自分の行動をコントロールできない	4
	考えたり感じたりできない	2
	考えや感情が出てこない	2
存在自体への疑い・否定	自分の存在自体が揺らぐ	4
	自分の存在意義がないと感じている	3
	その他	16

ものはそれぞれ分けたところ、計176個の記述に分けられた。それらの記述をできるだけそのまま記載する形でラベルを作り、臨床心理学を専攻する大学院生2名と筆者の3名で、KJ法(川喜田，1967)により分類した。その結果を表14に示す。

この分類結果をもとに、各下位カテゴリから万遍なく抽出する形で50個の尺度項目を作成した。

3-3. 本調査
◆対象

大学生および大学院生215名であり、欠損値を含むものを除き、199名(男性111名、女性88名、平均年齢21.04±2.26歳)のデータを分析の対象とした。

◆ 手続き

予備調査で作成された50項目に対して、「日頃、ご自身がそのような体験をどれくらいされるか」について0（全くない）から5（いつも）の6件法で尋ねる質問紙を作成し、2011年10月から11月にかけて配布・回収を行った。

◆ 結果

まず尺度の50項目に対して、主因子法を用いて因子分析を行った。固有値の変化と解釈可能性から4因子構造が妥当と判断し、主因子法・直接オブリミン回転による因子分析を行った。因子負荷量がどの因子にも.40に満たない項目が合計13項目見られたので、これらを削除し、再び同様の方法で因子分析を行った。こうした分析を、削除する項目がなくなるまで繰り返したところ、さらに3回の分析が行われ、1項目ずつ削除された。その結果、最終的に34項目が残った。最終的な因子分析結果と因子間相関を表15に示す。また、これら4因子の因子間相関は.29から.50の値を示した。

因子Ⅰへの負荷量が高い項目の内容は、他者を意識し、影響されることによって自分の意見や感情を抑えたり、他者に合わせたりするというものであった。こうした内容から、因子Ⅰを【他者への追従】とした。

因子Ⅱへの負荷量が高い項目の内容を細かく見てみると、感情や思考がうまく働かなくなるというもの、行動のコントロールがうまくいかないもの、自らの同一性を疑うもの、実在感が揺らいでいるもの、自己認識ができないというものが含まれていた。つまりこれらは、本来自分自身のものであるはずの感情・思考・意志・存在感などが、自己に属するものとしてうまく感じられていない状態だと言える。よって因子Ⅱを【自己との疎隔】とした。

因子Ⅲに対する負荷量が高い項目は、人生における自分なりの目標や打ち込む対象がないこと、意欲に欠け、何事にも無関心であることを表す内容のものであった。こうした内容は、アパシーとの関連が指摘できる。アパシーとは一般に無感動、無関心などを指す言葉であり、精神医学においてはもともと、統合失調症の行動特徴のひとつを表す言葉として使われてきたが、現在では青年期特有の無気力状態を指すことが多い（徳田, 1992）。笠原（1984）は、「青年後期から成人期

表15　因子分析の結果

項目内容	I	II	III	IV
因子 I　【他者への追従】				
相手と違う考えを持っていても、言い出せずに相手に同意する。	**.80**	-.07	.10	-.02
何か意見を言われると、反論があっても口に出さず、相手に従う。	**.74**	.06	.02	-.10
友達や先輩に自分の思っていることを言えず、背負い込んでしまう。	**.71**	.04	-.08	-.07
自分の意見を主張せず、人の言うことにしぶしぶ従う。	**.70**	.07	-.06	.06
自分がどうしたいかを考えず、人に合わせて行動する。	**.70**	.08	.05	.03
周りに振り回されて、自分の決断ができない。	**.70**	.05	.02	.12
自分の意見が、周りの人たちと違うことがわかると、主張するのをやめる。	**.68**	-.02	.05	.10
何かを決断するとき、周りの目を気にする。	**.66**	-.02	-.07	.07
自信がなくて、他の人の意見に影響されて発言する。	**.65**	.01	.02	.26
周囲の意見によって、自分の意見がころころ変わる。	**.62**	.05	.00	.19
自分の感情を隠して人に接する。	**.61**	.11	.05	-.24
意見を促されると、自分の意見がなかなか出ず、他人の意見にすぐ賛同する。	**.59**	.07	.15	.14
何かを計画するとき、自分の意思表示をせず人任せにする。	**.50**	-.11	.25	.07
因子 II　【自己との疎隔】				
頭が真っ白になって、何も考えたり感じたりできなくなる。	-.04	**.83**	.02	-.04
自分の行動をうまくコントロールできなくなる。	-.03	**.77**	-.04	.00
自分の行動を統制できず、衝動的に行動する。	.01	**.69**	-.15	.16
自分がいま考えていることが分からなくなる。	.15	**.64**	.06	.04
自分の存在自体が疑わしく思えてくる。	.00	**.58**	.15	-.04
いまの自分は本当に、今まで生きてきた自分と同じなのかと疑問に思う。	.07	**.50**	.10	-.01
自分がいま、どうしたいのかが分からなくなる。	.00	**.49**	.24	.21
何についても、しっかりと考えることができなくなる。	.15	**.45**	.24	.05
ぼーっとして、考えや感情があまり浮かんでこない。	.22	**.42**	.06	.09
因子 III　【アパシー的心性】				
自分にはやりたい事や打ち込んでいることがないと感じる。	-.07	.11	**.79**	.05
自分の人生に対して、「こうしたい」という意志が湧かない。	.00	.00	**.71**	.09
熱中するような趣味を持っていないと感じる。	-.04	.12	**.65**	.02
生きがいもなくただなんとなく生きているように感じる。	.12	.16	**.64**	-.12
しっかりとした将来の夢を持っていないと感じる。	.02	-.12	**.64**	.07
何事にも、あまり関心がわかなくなる。	.24	.32	**.45**	-.16
自分の生き方には特徴がないと感じる。	.17	.04	**.43**	.14
因子 IV　【表面的取り入れ】				
他人の服装や髪形を真似する。	.09	.00	.11	**.60**
流行に合ったものを身につけるよう意識する。	-.02	.06	.10	**.58**
好きな歌手やタレントのまねをする。	-.03	.09	.00	**.56**
他人の考えや流行に、あまり自分で考えることなく、すぐにのる。	.31	.00	.10	**.54**
人から聞いたことや本で読んだことを、自分で吟味せずそのまま話す。	.22	.12	-.04	**.40**

因子間相関	I	II	III	IV
I	—	.50	.50	.40
II		—	.46	.29
III			—	.32
IV				—

にかけての男子にみられる『特有の』無気力」(p.229) を指して「アパシー・シンドローム」と呼んだが、その臨床的特徴のひとつとして、「主観的には無関心、無気力、無感動そして生き甲斐・目標・進路の喪失が自覚される」(p.231) と述べている。これは因子Ⅲの内容とも非常に近い内容であると言える。よってこの因子を、【アパシー的心性】とした。

　因子Ⅳは、他人や流行に合わせた振る舞いをしたり、考えをそのまま取り入れるという内容の項目において、高い負荷量が見られた。こうした内容は、「周りに合わせる」という点で、因子Ⅰと類似しているが、因子Ⅳでは、「真似」「自分で考えることなく」「自分で吟味せず」というように、周りに合わせる際に自らの考えを挟むことなく、表面的に取り入れているところが際立っている。よって、因子Ⅳを【表面的取り入れ】とした。

　各因子の負荷量が高い項目どうしの内的整合性を確認するため、α係数を算出したところ、因子Ⅰから順に、$\alpha=.93$、$\alpha=.89$、$\alpha=.87$、$\alpha=.77$となり、十分な値が得られた。

3-4. 考察

　研究Ⅰによって得られた「自分がない」という事態のそれぞれの側面について、先行研究を参照しつつ、心理臨床学的観点から考察を加えていくこととする。さらにそれを踏まえた上で、それぞれの側面に共通する「自分がない」という事態に通底しているものについても考察する。

◆「自分がない」の持つ様々な側面

　まず、因子Ⅰは【他者への追従】であった。その内容は、自分の「本当の気持ち」を抑えるという点でネガティブに捉えられるが、しかし他者に合わせるということは、協調性として社会的にポジティブに受け止められる特性でもある。第2章において詳しく扱ったように、そもそも日本人は「相互独立的自己観」よりも「相互協調的自己観」が優勢で、自己の存在は他者や周囲との結びつきを前提としているとされる (Markus & Kitayama, 1991)。また伊藤 (1995) は、「周りの人びととの調和や相互依存を第一と考える社会志向性も、主体性や能動性が低い場合は、他者

への一方的な依存や従属…(中略)…あるいは未熟な対人関係を示すことになる」(p.40)と述べている。つまり、日本人においては自己の存在は他者との結びつきが前提となっているのであるが、他者との結びつきが強いことはそのまま他者に追従することではなく、そこに主体性や能動性を持って関わっているかどうかが問題となるのである。自己のあり方の根本においては他者と深く結びつきつつ、他者と関わる具体的な場面においては、自分を他者から区別し、自らの能動性を発揮しながら協調性を保つことも可能であり、それは伊藤 (1995) の「社会志向性」のポジティブ面にあたると言える。しかし、【他者への追従】への負荷量が高い項目を見ると、「周りに振り回されて、自分の決断ができない」など、自分の気持ちを持つ前に他者の影響を強く受けてしまっていることを表す項目が見られる。また、「自分の意見を主張せず、人の言うことにしぶしぶ従う」など、他者とは異なる自らの気持ちを内に持ちながらも、能動性を発揮してそれを主張できない様子を表した項目も多い。このように、【他者への追従】は他者との関わりにおいて、自己を他者と区別し、能動的に主張するという過程がうまくいかず、結果として他者に追従する行動をとるという内容を表している。これは、既述の北山・舛田 (2006) が述べる第一の意味である、「自分が出せない」とも言われるものや、土居 (2007) の述べる「集団と対立する自己を主張しない」場合に相当していると言える。こうした内容は、土居 (2007) が日本人に一般に見られる態度として述べていることからも分かるように、非常に観察されやすい現象であると言えよう。

そして、この【他者への追従】と類似した内容を持つのが、因子Ⅳの【表面的取り入れ】であった。これらは、他者から影響を受けやすいという点で共通している。しかし【表面的取り入れ】の場合は、既に述べた通り、他者や周囲の物事を、自分の考えを挟まず表面的に取り入れるものであった。つまり、【他者への追従】と【表面的取り入れ】の違いは、独立した自己の確立度にあると考えられる。前者の場合、ある程度確立した自己が、集団内における周囲との関係の影響を受けることで、表に出てくることを抑制される、という現象であり、そこには葛藤が見られる。一方後者の場合、同じように周囲からの影響を受けているのではあるが、そこには葛藤が見られず、自己はより未分化であると考えられる。つまり端

的に言えば、自分と他者との葛藤の結果、自分を抑えるのが【他者への追従】であるのに対し、葛藤せずにそのまま他者や周りの物事を取り入れるのが【表面的取り入れ】だと考えられる。これは、既に挙げた先行研究の中では、土居 (1960) の述べている所の、自己が対象と分離しておらず、主体性が失われている状態を指した「自分がない」に通じるものと考えられる。他にも、発達障害を抱える人は、「自分のなさ」、つまり内面性や主体性に乏しいことのために、外的事象に直接的に影響を受けやすいという田中 (2009) の議論にも関連が深い。つまりこの場合は、そもそも内的に分離・独立した自己を確立できておらず、そのために無媒介的に外からの影響を受けるのである。

　このような、他者からの影響の受けやすさに関連して、先行研究においては、自他の境界が脆弱で、他者から侵入されてしまうような状態にあることを以て、「自分がない」とする場合がいくつか指摘されている。これは、既に挙げてきたものでは、井之前 (1997) の事例や、成田 (2003) が境界例について述べているものが当てはまる。井之前 (1997) の事例では、当初「自分がない、感じられない」「自分を失いそう、崩れてしまいそう。自分の力が限界なんです」「他人との間の膜がない、壁が欲しい」と訴えていた。そして治療者の存在も、自分の中にそのまま入りこんできて圧倒されるように感じるようだったという。また成田 (2003) も境界例の述べる「自分がない」という訴えについて、他者から領域を侵されることで主体的に生きることが難しくなっているものと解している。つまり、これらは自他の関係の中で、自己の独立をなしえていないという意味で、本研究における【他者への追従】と【表面的取り入れ】に通じていると考えられる。ただし、これらの先行研究において挙げられている自他境界の脆弱性は、統合失調症や境界例といった、病理水準の重い病態の特徴として挙げられているものであるため、非臨床群を対象とした本研究の調査の結果には、まとまった因子の内容としては表れてこなかったものと思われる。

　次に、因子Ⅱの【自己との疎隔】について検討する。この因子の内容は、自己の感情・思考・意志・存在感などが自分のものとしてうまく感じられていない状態を示すものであった。こうした内容には、解離の状態と通じるところがあると考えられる。解離とは、「通常は他の心的過程と結びついているはずの、思考・

感情・知覚・記憶などの心的過程やその一部が切り離されて、意識や想起あるいは意志の統制の及ばないものとなり、一時的にあるいは持続的に人格の統合性が失われること」(田辺, 1994, p.1) であり、これは【自己との疎隔】の内容と通じる部分が大きい。また、先行研究においては既述の木村 (1970 ; 2008) が離人症状における「自分がない」について検討しており、他には北山・舛田 (2006) が、「自分がない」の意味のひとつとして、多重人格となる場合を挙げているものがある。離人症と多重人格は解離の一種と考えられており (Putnam, 1997/2001 ; 柴山, 2010など)、アメリカ精神医学会 (American Psychiatric Association : APA) の刊行による『精神疾患の診断・統計マニュアル第5版』(DSM-5) においても、「解離性障害群」(Dissociative Disorders) の内に「離人感・現実感消失障害」(Depersonalization/Derealization Disorder)、「解離性同一性障害」(Dissociative Identity Disorder) として含まれている (APA, 2013/2014)。つまり、「自分がない」には、本研究で得られた結果および先行研究によると、解離の病態と大きく重なる側面があると言える。ただし、DSM-5においては、「解離性健忘」など、他にも解離性障害に含まれるものがあり、さらに脱力発作やチックなどの身体症状を解離に含める立場もある (野間, 2012a) が、そうした内容は本書の結果や先行研究には見られないため、もちろん「自分がない」が持つ意味やイメージが、解離の全てをカバーしているとは言えない。野間 (2012a) は、「解離の基礎構造」として、「生命性への接近と離反」という二極構造を設定した仮説を挙げている。この「生命性」とは、あらゆる経験に内在していて、われわれに世界を生き生きと体験させてくれる要因である (野間, 2012b)。そして、この生命性との「接近」としての症状として野間 (2012a) は、ヒステリー患者に見られる意識消失発作を挙げており、これを「まさに生命性の暴発」(p.17) と表現している。一方で、生命性からの「離反」に当たるのは「離人」であり、これは離人感や現実感喪失、情動麻痺といった「離隔症状」を総称したものとされている。そして、「離人とは、世界経験において生命性を欠き、それと同時に、経験する主体のもつべき主体性についても生命性を失った状態である」(野間, 2012a, p.26) と述べている。この野間の論を参考に、【自己との疎隔】の内容について見てみると、そこに含まれる自身の感情・思考・意志に関して主体性を持てない状態というのは、主体的に世界を経験できない状態を示しているものと捉えられ

る。われわれの思考や感情、あるいは意志を伴う行動というのは、何かの対象について考え、感じ、意志することにおいて生じるのであり、つまりそれらは、われわれの世界に対する主体的な関わりにおいて生じていると言える。そして、そこに困難がある状態が、【自己との疎隔】の体験であると捉えることができる。また、【自己との疎隔】には自身の存在の同一性あるいは自明性を疑うような項目も含まれている。これについても、本書においてここまで見てきたように、「自分」が他者との関係性において存在するものであるということに鑑みれば、その関わりがうまく持てないために自身の存在自体への疑いが生じてくるものと考えられる。以上のことから、「自分がない」のもつ側面のひとつである【自己との疎隔】とは、他者との関わりも含んだ、周囲のあらゆる事物としての「世界」を主体的に経験できないという事態であると言うことができるだろう。

　最後に、因子Ⅲの【アパシー的心性】について検討する。この因子に表れているような心性について、「自分がない」として表現されている先行研究は見当たらなかった。よって「自分がない」の意味としては、本研究により新たに示されたと言える。この【アパシー的心性】の内容は、既述の笠原(1984)の「アパシー・シンドローム」の他に、Erikson(1959/2011)の「アイデンティティ拡散」という概念とも関連が見られる。アイデンティティ拡散には様々な側面が含まれているが、そのうち因子Ⅲに関わるものとしては、「時間的展望の拡散」(将来に明るい見通しが持てないこと)、「勤勉性の拡散」(「労働麻痺」とも記されている。自らのやるべきことを見失い、無力感を抱くこと)が挙げられる(Erikson, 1959/2011)。そして、アパシーやアイデンティティ拡散は、特に青年期において問題となりやすい。第1章においても述べたように、Erikson(1959/2011)は青年期を「心理・社会的モラトリアム」とし、「この期間に個人は、自由な役割実験を通して、社会のある特定の場所に適所を見つけ」、それによって「内的連続性と社会的斉一性の確かな感覚を獲得する」、つまりアイデンティティを形成すると述べている(p.125)。そして、それを達成することができない状態が「アイデンティティ拡散」である。また、鑪(1990)は、笠原の提唱した「スチューデント・アパシー」[*16]について、「エリクソンのいう、『アイデンティティ拡散』の状態にぴったりである」(p.113)と述べ、既存の社会に呑み込まれる不安の中、現実と直面するのが怖く、万能的な自己像を持ち

ながら「棚上げ」している状態であり、「この人たちは『自分』で『自分になる』ことを懸命に回避しているのである」(p.114)という。このように、【アパシー的心性】の背景には、社会の中で生きていく存在としての「自分」を確立するという課題があり、ここに表れている「自分がない」の意味は、社会的自己としての「自分」が確立されていないことを示していると言える。

　ここまで「自分がない」という言葉の持つ意味について、先行研究を踏まえつつ、調査結果に対して心理臨床学的観点から検討してきた。その結果、「自分がない」の意味には次のような側面があることが示された。まず、他者からの影響の受けやすさを表すものである。これは自己の確立度によって、自己と周囲との葛藤があるか(【他者への追従】)、あるいは無媒介的に取り入れるのか(【表面的取り入れ】)の違いがあった。これに関連して、先行研究においては、統合失調症や境界例の水準における、自他の境界の脆弱性を指して「自分がない」とするものが見られたが、調査結果には表れてこなかった。それは、調査対象が非臨床群であったためだと考えられた。次に、通常は自己に属するものであるはずのものとのつながりが弱まっていることを表す側面である。これは、自己が世界を主体的に経験することができない状態を示すものと考えられた。そして最後に、アパシー的心性としての側面があり、これは社会の中で生きていく存在としての自己が確立されていない状態を示すものであった。この側面に関しては、先行研究では「自分がない」という言葉で取り上げられておらず、本章の調査研究によって新たに明らかになった一面であると言える。

◆「自分がない」の各側面に共通するもの
　以上のように、「自分がない」の意味は日常的な現象から病理性のあるものまで、多岐に亘っていることが示された。そして、単純に様々な側面があるということだけでなく、同じ「自分がない」という言葉が用いられている以上、そこには互いに重なり合う要素があると推察できる。因子分析の結果において、因子間相関が.29から.50の値を示したことから、「自分がない」という言葉が持つ一般的な意味やイメージの4つの領域は、どの組み合わせにおいてもある程度の相関関係を持っているということが言えるが、そのことも「自分がない」が持つ意味

どうしに重なり合う部分があることを示唆していると言える。ここで、これまで述べてきた「自分がない」の諸側面に見られる共通性から、その重なり合う部分について推察すると、自己が何らかの対象との関わりにおける主体性を損なっているという事態ではないかと考えられる。つまり、はじめに挙げた、他者からの影響の受けやすさという側面では、具体的な他者に対する主体性であり、通常自己に属するはずのものとの疎隔を表す側面においては、野間 (2012a) の言う「世界経験」における主体性であり、アパシー的心性としての側面では、社会と関わっていく際の主体性である。そのような共通要素を念頭に置きながら、本研究で示してきた多様な意味を知っておくことで、心理臨床場面において、この「自分がない」という言葉を聞くとき、あるいは自らその言葉を用いるとき、そこで表現されているものについての理解がより深まるものと期待される。この共通要素についても、研究Ⅱにおいて引き続き検討していくこととする。

4. 研究Ⅱ —「自分がない」に関連する心理的特性—

　研究Ⅱでは、研究Ⅰにより見出された「自分がない」の各側面およびそれらに通底しているものと関連する心理的要因について検討していく。
　ここでは、なんらかの仮説に基づいて特定の心理的特性との関連を示そうとするのではなく、「自分がない」とされる体験に関連する心理的特性について、探索的に検討することを目指す。そのため、各人の心理的特性について、幅広く捉えることのできる方法が望ましい。そこで本研究では、各人の心理的特性を捉える方法として、ロールシャッハ・テストを用いた。これは、インクブロットに対する反応を分析することにより、個人の内的世界、欲求、感情、衝動のコントロール、問題へのアプローチの仕方など、人格のより基礎的な、底部の構造を明らかにしようとするものである (橋本, 1991)。このように、ロールシャッハ・テストは様々な心理的特性について幅広く捉えることができ、また投映法検査であるがゆえに、より深い水準の心理的特性も含めて捉えることができるため、本研究の目的に適う方法であると言える。

4-1. 方法

◆対象

　研究Ⅰの本調査において、個別調査への参加を承諾した者に協力を依頼し、17名（男性7名、女性10名）の協力が得られた。調査協力者の平均年齢は21.00±2.30歳であった。調査は2011年11月に行われた。調査協力者に対し、個別にロールシャッハ・テストを施行した。検査は全て筆者が担当した[*17]。

4-2. 結果

◆「自分がない」という体験に関する変数の算出

　研究Ⅰにおける探索的因子分析の結果に基づいて、4つの因子について、各調査参加者の因子得点を算出した。これらは、それぞれ【他者への追従】【自己との疎隔】【アパシー的心性】【表面的取り入れ】という「自分がない」の側面について、その体験のしやすさを表す値であると言える。

　さらに、研究Ⅰにおいても考察した「自分がない」の各側面に共通する要素について検討するために、因子得点の4つの変数に対して主成分分析を行った。その結果、第1主成分の寄与率は61.14%で、主成分負荷量は【他者への追従】が.84、【自己との疎隔】が.79、【アパシー的心性】が.80、【表面的取り入れ】が.69であった。これに基づき、各調査参加者の第1主成分得点を算出した。この得点は、「自分がない」の4つの側面それぞれの因子得点に基づく、「自分がない」という体験のしやすさの総合的な指標とみなせる。以下、この値を「総合得点」と呼ぶこととする。

　なお、研究Ⅰで行った分析は「自分がない」についての尺度を作成するためのものではなかったが、分析過程において算出できる因子得点や、それを基にした総合得点は、今回の各調査対象者における「自分がない」という体験のしやすさを反映する値であると言える。それらの値とロールシャッハ・テストの各スコアとの関連を見ることで、研究Ⅰで検討してきた「自分がない」の各側面と、それらに共通する要素について、関連する心理的要因を探索的に検討することが可能になると考えられる。

◆ ロールシャッハ・テスト結果の数値化

スコアリングは、筆者が片口法(片口, 1987)により行った。各協力者のスコアを基に、片口法において求められる各指標を求めた。指標の中にはいくつか比で表されているものがあるが、その場合は基本的に(前項)／(後項)により数値化し、後項が0となるケースがあった場合は分母と分子を入れ替えて数値化した。なお、FC：CF＋Cについては0になるケースがどちらにも存在したため、代わりにFC－(CF＋C)を算出した。

これらの数値および各決定因の反応数と、協力者17名の「自分がない」体験の4つの因子得点および総合得点との間で、Spearmanの順位相関係数(ρ)を算出した。結果を表16に示す。なお、紙幅の都合上、p値が.10未満の箇所がひとつもなかった項目については表中に記していない。それらの項目は、以下のものであった。R (total response)、RT (Av.)、R_1T (Av.)、R_1T (Av. N.C)、R_1T (Av. C.C)、Most Delayed Card Time、D:W、W%、Dd%、W：M、Fc+c+C'、VIII+IX+X / R、FC+CF+C、FM:M、F%、ΣF%、F+%、ΣF+%、R+%、H%、A%、P、

表16 順位相関分析の結果

	他者への追従	自己との疎隔	アパシー的心性	表面的取り入れ	総合得点
RT (Av.)	-.24	-.10	-.19	**-.50***	-.30
S%	-.38	-.02	.00	**-.53***	-.30
Σ C	**.47†**	.06	-.12	.32	.16
Σ C:M	.41	.26	.22	**.55***	**.48***
FM+m	.09	-.19	**-.50***	**-.51***	-.35
FM+m : Fc+c+C'	.22	-.12	**-.44†**	-.10	-.11
CF+C	**.43†**	.03	-.20	.39	.14
FC-(CF+C)	-.33	-.03	.20	**-.55***	-.19
FC + CF + C : Fc + c + C'	**.49***	.03	-.13	.37	.26
At %	-.35	-.25	-.24	-.37	**-.42†**
FM	.02	-.03	-.32	**-.45†**	-.22
m	.02	-.29	**-.49***	-.31	-.38
Fc	-.29	**-.44†**	-.24	.23	-.28
C'	-.22	.01	.17	**-.48†**	-.19
FC	.15	.13	.12	**-.45†**	-.02
C	**.42†**	.34	**.43†**	**.81***	**.58***

$^\dagger p < .10$, $*p < .05$, $***p < .001$

P(%)、Content Range、Determinant Range、M、K、FK、F、c、CF、Cp。

4-3. 考察
◆【他者への追従】

　この因子の因子得点と5%水準で有意な相関が見られたのは、FC + CF + C：Fc + c + C'（ρ = .49, p < .05）のみであった。また10%水準の有意傾向が見られたのは、ΣC（ρ = .47, p < .10）、CF+C（ρ = .43, p < .10）、C（ρ = .42, p < .10）であった。

　ΣCは彩色反応の多さを示すが、形態規定性の弱い反応ほど大きく重みづけがなされる指標である。これらの結果から、【他者への追従】が高くなるほど形態規定性の弱い彩色反応が現れやすくなる傾向があると言える。片口（1987）によると、色彩は情緒的感受性に関連している。そして、そこでの形態の関与の度合いは、情緒の統制度合いを示しているとされる。Schachtel（1966/1975）によると、色彩と情緒体験を結びつけるものは、それらによって人が捉えられ、衝き動かされるという受動性・即時性・直接性や、快－不快の感情との緊密性であり、彩色反応における形態の要素については、「FC反応に見られる形態要素は、その情緒的反応を、現実の理解と要請との関連において調整することに相応する」(p.194)とされている。つまり、【他者への追従】が高い人ほど、外的刺激に対して受動的に反応しやすく、それを自ら現実に向けて調整して返すことが難しい傾向があると考えられる。また5%水準で有意な正の相関を示したFC+CF+C:Fc+c+C'については、前項が彩色反応、後項が材質反応と無彩色反応であり、片口（1987）では前項が快的、あるいは積極的な感情を、後項が抑うつ的な感情を示すとされている。しかし、情緒の内容については彩色か無彩色かのみで判断するよりも具体的な反応内容も加味するべきである。よって、必ずしも【他者への追従】が高ければ快的な感情状態にあるとは言い切れないであろう。むしろ、彩色反応の増加との関連を示す結果が複数見られることから、それによりFC+CF+C/Fc+c+C'の値が増加したと見るべきであろう。

　研究Ⅰにおいて、【他者への追従】は具体的な他者との関わりの中で、自己を他者と区別し、能動的に主張することが難しく、結果として他者に追従する行動

をとっているものと考察した。上述のロールシャッハ・テストの結果を考慮すると、外界からの刺激に対して能動的に処理して返すことの難しさが、「自分がない」とされる体験のうちの【他者への追従】の側面の背景にあることが推察される。他者との具体的な関わりの中で、相手からの働きかけに圧倒されてしまい、自分なりの仕方でそこに能動的に関わったうえで反応を返すことができず、それが追従するという形になってしまうのではないだろうか。

◆【自己との疎隔】

この因子の因子得点は、Fcとの間に有意傾向の負の相関が見られたのみであった（$\rho = .-44, p < .10$）。

Fcとは形態材質反応であり、これは主にブロットの陰影に対して何らかの材質感や表面の効果を感じ取っているような反応のうち、その対象が一定の形態を備えているような反応である。このFcについては飯野（2006）が詳細に検討しているが、Klopfer法（片口法はKlopfer法に準拠している）におけるFcは、図版の陰影を捉え、そこに触感が生じる反応であり、それは自らの愛情欲求の存在を認知していることを表し、基本的な対人信頼感に関わるものとされる。そして、そうした反応の中核にある態度は、「対象にじっと意識を留め肉薄し、そのあり方をつぶさに、あるいはくまなく感じ取ろうとする態度」（飯野, 2006, p.165）だとされる。また、「材質感の体験では運動や奥行きよりも、被検者の主体はインクブロット上に実際に存在する陰影刺激そのものにぴったりと寄り添う」（飯野, 2006, p.170）という意味で、色彩反応と類似の体験構造が指摘されている。つまり、Fcは受動的に感知した陰影刺激に対して、能動的に意識を向け、対象に寄り添って繊細に感じ取ろうとする態度を反映していると考えられる。片口（1987）も、「Fcは、少なくとも粗野で未成熟な人にみられることはまれで、繊細な感受性をもつ人に生じやすい」（p.199）と述べている。こうしたことから、【自己との疎隔】のような体験を持ちやすい人ほど、受動的に捉えられた刺激に対して繊細に寄り添いながら感じ取ろうとするようなところがみられにくい傾向にあると言える。

【自己との疎隔】は、自身の感情・思考・意志・存在感とのつながりが弱まっている状態であり、研究Ⅰでの先行研究からの検討により、それは自己が生命性

から離反し、主体的に世界を経験することができない状態であると推察された。そして、この因子と負の関連をもつ傾向にあるFcは、上に述べたように、外界の刺激そのものに繊細に寄り添っていこうとする心理的特性を反映していると言われる。そのようなことから、触感を伴う材質の反応が現れるのである。このような反応が【自己との疎隔】と負の関連の傾向を示しているということは、【自己との疎隔】が世界を生き生きと経験することの難しさを示しているという研究Ⅰの考察の傍証となるのではないだろうか。外界の刺激に対して寄り添い、そこに触れていこうとするような姿勢に乏しいということは、世界に主体的に関わっていくことの困難さに結びつき、それが結果として【自己との疎隔】のような、自身の感情・思考・意志・存在感が自然に感じられないという事態として現れてくるものと考えられる。ただし、【自己との疎隔】とFcとの間の関連はあくまで有意傾向に留まるものであったため、その解釈には慎重を要する。

◆【アパシー的心性】

この因子の因子得点との間に有意な相関が見られたのは、FM+m ($\rho = -.50, p < .05$) およびm ($\rho = -.49, p < .05$) であった。また、FM+m：Fc+c+C' ($\rho = -.44, p < .10$) およびC ($\rho = .43, p < .10$) との間には有意傾向の相関が見られた。

これらの結果から、特にmの減少との負の関連が特徴的であり、そのために他の指標（FM+mおよびFM+m：Fc+c+C'）との負の関連も見られていると考えられる。

mとは非生物運動反応であり、一般に内的な緊張、不安、葛藤の表れであると捉えられている。高瀬（2012）はこのmの解釈仮説について検討しており、なぜmがそのような内的状態を表すのかについて、次のように述べている。「自らの力によって制御することの難しい、無生物の運動をロールシャッハ図版上に知覚するということは、被検者が何やら大きな力に呑み込まれそうになり、自らの主体性や自律性を維持することが困難になっていることを象徴的に表しているということである」(高瀬, 2012, p.24) このことを踏まえて上記の結果を見ると、【アパシー的心性】という体験を持ちやすい人は、自ら統制できないような力に圧倒され、主体性を維持することが難しくなっているような内的状態を持つことが少な

いということが言える。

　また、Cとの間に有意傾向の正の相関が見られたが、【他者への追従】のところでも述べたように、Cは外的刺激に対して受動的に反応しやすく、それを自ら現実に向けて調整して返すことが難しい傾向を示している。つまり【アパシー的心性】が高いほど、そのような心理的特性が見られやすくなる傾向があると言える。

　【アパシー的心性】は、生きがいや何か熱中して取り組むものがないという内容の体験であり、研究Ⅰにおいて、その背景には社会的自己としての「自分」が確立されていないという事態があるものと考察した。そして研究Ⅱの調査結果を考慮すると、そのような状態と関連して、何か自らの統制の及ばない力によって圧倒されるような不安の少なさと、外的刺激に対する受動性の高さがあることが示唆される。これら2つは矛盾するようにも見えるが、mが低くなるということは、統制できない外的な力に対して不安や葛藤を持つのではなく、受動的に、なすがままになるような傾向を示していると捉えることもできるのではないだろうか。そうだとすれば、【アパシー的心性】と関連して、外的な力に対して葛藤しながらも能動的に取り組むというようなことができず、受動的になっているような心的状態があるものと推察される。これは、アパシーの状態にある者は不安や葛藤を内的に抱え、自ら悩むことに乏しいという特徴（笠原, 1984；下山, 1995）にも一致しており、こうした体験の背景に、外的な力に対して自ら向き合っていくことの難しさがあることが示唆される。

◆【表面的取り入れ】
　この因子の因子得点との有意な相関が見られた指標は、RT (Av.) ($\rho = -.50$, $p < .05$)、S% ($\rho = -.53$, $p < .05$)、ΣC:M ($\rho = .55$, $p < .05$)、FM+m ($\rho = -.51$, $p < .05$)、FC- (CF+C) ($\rho = -.55$, $p < .05$)、C ($\rho = .81$, $p < .001$) であった。また、FM ($\rho = -.45$, $p < .10$)、C' ($\rho = -.48$, $p < .10$)、FC ($\rho = -.45$, $p < .10$) との間には有意傾向の相関が見られた。

　まずRT (Av.) は、自由反応段階における反応時間の平均時間である。つまり、【表面的取り入れ】の体験をしやすいほど、ロールシャッハ・テストにおける反

応時間が短くなるということである。【表面的取り入れ】は、研究Ⅰにおいて、周囲の他者からの影響を受ける際に、葛藤せずにそのまま他者や周りの物事を取り入れるものとして考察された。そのようなあり方がロールシャッハ・テストにおいても表れた結果、図版から受け取る刺激に対して自分なりに吟味して反応を返す過程が短くなり、反応時間の減少につながったのではないだろうか。

　次に、S（空白（間隙）反応）の割合との間に負の相関が見られた。これは、通常は「素地」とされる間隙を「図形」と見るものであり、なんらかの「反対傾向」や個性のようなものと関連をもつとされている（片口, 1987）。これは、いわば常識にとらわれずに柔軟に反応していく姿勢とも言えよう。よって、相関分析の結果からは、【表面的取り入れ】の体験をしやすいほど、一般的な見方とは異なるようなやり方で外界を認識することが少なくなると言える。

　また、ΣC:Mは「体験型」に関する指標であるが、これについての結果は、【表面的取り入れ】が高いほど「外拡的体験型」の傾向が強まることを示している。この型を持つ人は、「色彩や濃淡などのブロットの客観的属性を用いて反応するのであり、外的現実に依存して行動する人柄を示している。彼らは、外的現実を自己流に再構成することなく、それらを受け容れ、それに自分を適合させる傾向がある」（片口, 1987, p.222）という。さらにFM+mは「被験者によって完全には認知されていないような内向的傾向」（片口, 1987, p.224）を示すとされており、体験型についての知見を補うものである。これと【表面的取り入れ】が負の相関を示したことは、この因子と外拡性とが、心のより深い部分も含めて関連していることを示していると言える。FMとの間に有意傾向の負の相関が見られたことも、同じ方向性で解釈できる。

　そして、彩色反応に関して形態規定性の強い反応と負の関連の傾向を示し、形態規定性の弱い反応と強い正の関連を示したことが特徴的なこととして挙げられる。形態規定性の弱い彩色反応の増加との関連については、【他者への追従】および【アパシー的心性】においても指摘してきたが、この因子についてはその傾向が特に強く見られたと言える。つまり、【表面的取り入れ】という体験をしやすいほど、外的刺激に対する受動性、そして受け取ったものに対して自ら現実的に調整して返すということの乏しさが高まるのである。そのような心理的特性が

あるがゆえに、他者や周囲のものをそのまま取り入れるという体験が生じているものと考えられる。

他に、有意傾向が見られたものとしてC'（無彩色反応）との負の相関がある。つまり、【表面的取り入れ】の得点が高まるに従って形態規定性の弱い彩色反応が増加する一方で、無彩色反応[*18]は減少する傾向が見られるのである。この反応は、一般に抑うつ的な気分を反映するとされているが、片口（1987）も述べているように、その解釈に際しては実際の反応内容とともに吟味することが望ましいであろう。一方、彩色反応と無彩色反応が生じる際のプロセスの差異を考えてみると、最初のⅠカードを含めて、全体を通して基本的に用いられる黒のインクによる図版に物を見るとき、あえて「黒い」（あるいはグレーや白）ということを決定因とするのが無彩色反応であるのに対し、黒のインクに比べて目につきやすいカラーのインク領域について、その色を決定因とするのが彩色反応である。つまり、後者のほうがより反応の直接性が強いと言えるのではないだろうか。それが正しいとすれば、【表面的取り入れ】の体験のしやすさは、その無媒介性ゆえに、あえて無彩色を決定因とすることが少なくなるとも考えられる。ただし、C'との関連は有意傾向であり、この考察はあくまで可能性の域を出ない。

◆「自分がない」の各側面に共通するもの

「自分がない」の各因子の因子得点に対する主成分分析によって得られた総合得点との間に有意な相関が見られたのは、ΣC:M（$\rho = .48, p < .05$）およびC（$\rho = .58, p < .05$）であった。また、At%（$\rho = -.48, p < .10$）との間には有意傾向の相関が見られた。

総合得点は、研究Ⅰにより得られた「自分がない」の各側面に通底している要素を、個人がどれだけ持っているかということを表している。相関分析の結果から、まずは形態規定性の弱い彩色反応との負の相関が見られたことが挙げられる。体験型を表す指標のΣC:Mに関する結果も、主にCの増加によるところが大きいと考えられる。そうすると、「自分がない」という体験に通底しているものは、ここまでCについて述べてきたように、外界の刺激に対する受動性と、受け取ったものを自分なりに現実との調整を図りながら処理して返すということの

難しさに関連していると言うことができる。

　また、At%との有意傾向の負の相関も見られたが、この指標は各人の反応数のうちに解剖反応が占める割合である。Exner（1986/1991）は解剖反応について、従来の研究と自らの研究を示しながら、エックス線写真反応との和が、身体への関心の指標となりうると述べている。また名大法の感情カテゴリーの分類では、解剖反応はBodily Preoccupationに分類されており、土川ら（2011）は「一般的に解剖反応は、自己愛的に内に向けられ、身体に結びついた感情を示す。精神分析的に言うと、リビドーや生命エネルギーが外界の対象に自由に向けられず内部へ向けられ、個人の身体や部分が、エロチックなあるいは破壊的な感情の焦点になっているのである」(p.42)と述べている。内臓や骨は、本来は自らの内部にあって見えないものであり、またグロテスクさ、生々しさを感じさせる。そうした反応が現れにくくなるということは、自己の内部を探ることへの抵抗、あるいは生々しいものとの接触の乏しさを表しているのかもしれない。そしてそのような傾向が、「自分がない」という体験の基盤にあることが示唆される。ただしこれについても、有意傾向の結果からの考察であり、解釈には慎重を要する。

5. 総合考察 ―「自分がない」とは何か―

5-1. 研究Iのまとめ

　研究Iでは、「自分がない」という日常語の持つ様々な意味を知るために、質問紙調査を行ってそれを探索的に把握することを試みた。予備調査として「自分がない」に関する自由記述を集め、そのデータをもとに尺度項目を作成し、「自分がない」とされる体験について問う調査を行った。そのデータに対して探索的因子分析を施した結果、【他者への追従】【自己との疎隔】【アパシー的心性】【表面的取り入れ】という4つの因子が得られた。各因子を構成する項目と先行研究を基にした考察により、各因子について以下のようなことが明らかとなった。

　【他者への追従】は、他者を意識し、影響されることによって自分の意見や感情を抑えたり、他者に合わせたりするという内容であった。これは、具体的な他者との関わりにおいて、自己を他者と区別し、能動的に主張することができず、

結果として他者に追従する行動をとるという体験であると考えられた。ただ、結果としては他者に追従する形になるものの、他者とは異なる自分自身の気持ちや感情を内的に抱え、他者との間に葛藤が生じている点で、後述の【表面的取り入れ】との違いが見られた。

【自己との疎隔】は、自己の感情・思考・意志・存在感などが自分のものとしてうまく感じられていない状態を示す内容であった。そして、解離との関連性からの考察により、このような体験の背景には、他者との関わりも含んだ、周囲のあらゆる事物としての「世界」を主体的に経験できないという事態があることが考察された。

【アパシー的心性】は、人生における自分なりの目標や打ち込む対象がないこと、意欲に欠け、何事にも無関心であることを表す内容であった。そしてその背景には、社会の中で生きていく存在としての「自分」が確立されていないという事態があるものと考察された。

【表面的取り入れ】は、他人や流行に合わせた振る舞いをしたり、考えをそのまま取り入れるという内容であった。他者から影響を受けるという点では【他者への追従】と通じるところがあるが、【表面的取り入れ】においては、葛藤せずにそのまま他者や周りの物事を取り入れるところが特徴的であり、自己と対象の未分化、主体性の乏しさがより強い状態であるものと考えられた。

そして、これらの「自分がない」の4つの側面に共通するものについて、ここまで考察されてきた内容から検討された。その結果、自己が何らかの対象との関わりにおける主体性を失っていることが、「自分がない」という体験に通底しているものではないかと考察された。

5-2. 研究Ⅱのまとめ

研究Ⅱでは、研究Ⅰにより見出された「自分がない」の各側面および、それらに通底しているものと関連する心理的特性について、探索的に検討した。ここではロールシャッハ・テストを行い、そこで算出される様々な指標と、研究Ⅰでの因子分析において算出された各因子の因子得点、そしてそれらの因子得点について主成分分析を行うことで得られる総合得点との間の相関関係について検討し

た。その結果、以下のことが示された。

【他者への追従】は、形態規定性の弱い彩色反応と正の相関を示す結果が得られた。このことから、外界からの刺激に対して能動的に処理して返すことの難しさという心理的特性との関連が示された。

【自己との疎隔】は、形態材質反応との有意傾向の負の関連が見られた。このことから、外界の刺激に対して寄り添い、そこに触れていこうとするような姿勢に乏しいこととの関連がある可能性が示唆された。

【アパシー的心性】は、特に非生物運動反応との負の相関が見られた。このことから、外的な力に対して葛藤しながらも能動的に取り組むようなことができず、受動的になっているような心的状態との関連があるものと推察された。

【表面的取り入れ】は、ロールシャッハ・テストの多くの指標と有意な関連を持つ因子であった。全体として、外界の刺激に対する受動性、受け取ったものに対して自ら現実的に調整して返すということの乏しさを示すような指標との関連が見られた。

最後に総合得点については、これも形態規定性の弱い彩色反応との関連が見られ、外界の刺激に対する受動性と、受け取ったものを自分なりに現実との調整を図りながら処理して返すということの難しさと関連していることが示された。他に、自己内部の生々しい部分に触れていくことの乏しさとの関連が示唆された。このような心理的特性が、「自分がない」という様々な体験に通底するものと関連していることが、本研究により示された。

5-3.「自分がない」から見た「自分」

以上のように、本章では全体を通して「自分がない」という事態がどういうものであるかということについて探究してきた。そこで見えてきたのは、外界に対する受動性、そして外界に対して主体的に関わっていくことの難しさであった。

第2章までの議論では、「自分」や「自分らしさ」というものは、他者との関わりにおいて見いだされるものであるという特徴が示されてきた。一方で、そのネガティブな側面であるとも言える「自分がない」という事態についても、他者あるいはその他の、いわば「世界」との関わりのあり方が問題となるのである。「自

分がない」においては、世界の側からの関わりに対して受動的で、自ら主体的、能動的に関わっていく姿勢が乏しくなっている。このことから考えると、「自分」とは世界と単に関わっているというだけでは生じず、世界に対してこちら側からも関わっていくような、双方向的な関わりにおいて生じるものであると言える。そしてそれは、本研究において「自分がない」という体験に4つの側面が見られたように、具体的な他者との関わりの場面であったり、社会との関わりであったり、もっと根本的な「世界」との関わりであったりと、様々な水準において生じるものであると考えられる。

このように、「自分」が「ある」ためには双方向的な関わりを必要とするということは、第2章の「自分らしさ」の問題とも絡み合っているものと考えられる。第2章の研究Ⅱにおいて、他者に合わせる自分も「自分らしい」と捉える語りが見られた。他者に合わせるというのは、本章の【他者への追従】に属する行動であり、その意味では「自分がない」と言えるものであるが、それにもかかわらず「自分らしい」と捉えられているのである。第2章においては、「自分らしさ」の概念が広がって「合わせる自分」をも包摂しているものとして考察した。これについて、本章で得られた知見を踏まえてさらに考察を加えれば、「他者に合わせる」という行為に、その他者、あるいはその関わりを含む場そのものに対する能動性が、どこかのレベルにおいて伴っていたために、「自分がない」とは感じられず、むしろ「自分らしく」感じられたのではないかと考えることができる。つまり、「合わせる」ということ自体がその人のコミットのひとつの形として表れているならば、それが「自分がない」ということにはならず、むしろ「自分らしさ」の一部として捉えられる可能性が出てくるのである。「自分らしさ」とは、第2章の研究に基づくと、特定の場や他者との関係性の中で培われていくものであり、「合わせる」ということがその関係性の中で受け入れられていると感じられるものであれば、それは「自分らしい」こととして捉えられうるのである。

こうしたことから、「自分」とは何か目に見える行動によってあるかないかが問われるものではなく、他者や外界の事物との関わりにおける根本的な姿勢のありようこそが、その成立の鍵となると言うことができる。そして、その姿勢を捉える視点をどのレベルに置くかによっても、「自分」があるかないかということ

は変わってくるはずである。他者に合わせるという行動を例にとれば、自分の意見を主張しないという行動の次元では主体性を発揮できておらず、「自分がない」と言えるが、そのことによってその場に能動的に関わっていけるのであれば、その意味では「自分」は「ある」と言える。このように、「自分」とは何か実体的なものとして「ある」のか「ない」のかが判断されうるものではなく、なんらかの関わりがそこにあって、それを特定の視点から眺めたときに、能動性が見られるところについて、その都度生じていると言えるという性質を持っているのであろう。そして、第2章との関連で言えば、そのように「自分」が生じる関係性を積み重ねる中で、「自分らしさ」というものがその関係性において培われていくのではないかと考えられる。

5-4. 本章における研究の限界と今後の課題

　まず研究Ⅰについては、本章における研究の調査対象者は青年期に偏っていたため、ここで得られた知見が他の年代に対しても当てはまるのかについては、今後の検討を要する。既に述べたように、青年期は自己意識の高まりやすい時期であるため、予備調査における自由記述の多様性が期待されるという意味では適していると考えられる。しかし、本調査の因子分析においては、各年代で因子のまとまり方が異なる可能性もあるため、更なる調査によって確認することが求められる。

　次に、研究Ⅱについては、まずはデータ数の少なさが挙げられる。さらに、ここで用いた「自分がない」という体験に関する各得点は、信頼性・妥当性が確認された尺度によって測定されたものではなかった。こうしたことから、研究Ⅱで得られた知見については、今後異なるアプローチによって詳しく検討するなどして、多角的に確かめていくことが必要であろう。

　本章全体について言えば、「自分がない」とは日常語であるがゆえに、本書において挙げられた意味以外にも、それを用いる人独自の意味が付与される可能性も常に存在している。ここまでに何度も参照してきている北山修は、心理臨床において用いられる日常語、すなわち「日常臨床語」に着目して多くの研究を行っており、「日常臨床語の意味論的検討は日常語心理学の限界と価値を示しながら、

いつも決定的な意味は『分からない』部分として残していくものであるという態度を強調したい」(北山, 1993, p.170) と述べている。心理臨床において用いられる日常語の意味について考える時、その言葉が持つ意味の広がりを総体的に把握しておくことと同時に、その人独自の意味を常に加味しながら理解する必要があると思われる。

第 II 部

現代の「自分」についての
心理臨床学的考察

第4章
「分人」を通して見る現代の「自分」

　第Ⅰ部では、心理臨床学的文脈における「自分」の持つ独自の性質について検討してきた。そして本章および次章は第Ⅱ部に位置づけられる。第Ⅱ部では、第Ⅰ部によって示された「自分」の独自の特徴を踏まえたうえで、従来の心理療法が通用しないものとしての、現代の心理臨床における「自分」について考察していく。

1. 現代のばらばらな「自分」

　序章において述べたように、現代の心理臨床においては、一貫性がなくばらばらなあり方を示す人々が目立つようになってきている。しかし、近代の西洋において成立した心理療法においては、もともと一貫性や統合性を持った主体、あるいは「個」としての存在が前提となっており（広沢，2015；河合，2010b）、上述のような特徴を持つ現代の人々に対しては、従来の心理療法が通用し難いということが指摘されている（岩宮，2009；高石，2009など）。

　ただし、従来の心理療法が通用しないケースがあるということは、最近になって指摘され始めたことではない。例えば、精神分析家の中でも独立学派に位置づけられるBalint（1968/1978）は、Freudの古典的な技法による精神分析が通用するケースとそうでないケースがあり、後者を「基底欠損水準」にあるとした。この水準にある患者の場合、古典的技法が通用するエディプス水準の患者とは違い、葛藤の構造を持たないとされている。Winnicott（1955）も、Freudの古典的技法が有効な患者とそうでない患者がおり、それぞれに合わせて有効になる技法が異なることを述べている。精神分析はもともと神経症者を対象として創始されたも

のであるが、その後、その対象を古典的技法だけでは通用しない精神病圏や人格障害圏に広げていく中で、様々な技法的・理論的発展を遂げてきているのである。

　そもそも、河合 (2013a) によれば、一貫性、統一性を持った主体というものが西洋近代において確立されたのは、自然や神、共同体、家族といったものに包まれていたあり方から、キリスト教の広まりなどの諸要因によって徐々に解放されていったこととパラレルなものであり、そのプロセスの中で西洋の人々において個人の内面が成立し、自分で自分を見つめる意識が生じてくると同時に、個人内で葛藤するという神経症的構造が成立したのである。Freudの創始した精神分析は、まさにこのような構造を持つ人々を対象として編み出されたものであった。しかしその後、古典的な技法では対応が難しい事例が数多く見られるようになる。河合 (2010b) はその時代的変遷について、「主体のアンビヴァレンス」としての境界例、「主体の分裂」としての解離性障害を経て、現代では「主体の欠如」としての発達障害が流行していると述べている。そして、「心理療法はそもそも主体性があって、自分の内面と向き合える人を前提としているのに対して、境界例以後の症状をもつ人はそうでない人であり、今後もその傾向が続いて、それどころか強まっていく可能性は強いであろう」(河合, 2010b, pp.150-151) としたうえで、現代において特に目立っている発達障害においては、人格の中心に位置づけられるようなものとしての主体ではなく、「動き」や「差異」として主体を捉える考え方が提起されている。

　このような、中心に位置して一貫性や統合性のある主体を持つのとは異なるあり方は、発達障害に限らず現代の心理臨床において広く取り上げられている。柴山 (2012) は、「現代の社会ははっきりとした確かなもの、一貫したものを感じることができなくなってしまっている。それとともに自己の同一性、物語、共同体、居場所などを実感することができなくなった」(p.169) と述べ、現代の自己の特徴のひとつとして、目の前の他者やその場その場の状況を読み取り、それに合わせて行動せねばならず、「自己もまた、大きな中心にまとめる全体的自己から複数の中心を持つ部分的自己へと移行した」(p.170) ことを挙げている。また野間 (2012b) も、現代の若者によく見られる様々な精神疾患のあり方を参照した上で、「現代の人びとは、苦悩を引き受けるべき『主体』が不明瞭で、周囲へと拡散して

いる印象がある。…(略)…状況や場面に合わせて、人物像は容易に変転する」(pp.135-136) と述べている。

　以上述べてきたように、西洋近代的な主体のあり方を前提とした心理療法が通用しなくなってきているということは以前から指摘されているが、特に現代の人々においては、一貫性、あるいは統合性をもった「主体」というものが希薄で、その場その場に応じてばらばらなあり方を示しながら生きているという点が特徴的であると言うことができる。

　そして、本書の第Ⅰ部では「自分」の特徴について検討してきたが、「自分」とは関係性において生じるものであり、中心になるものが存在しない、または西洋近代的な主体のあり方に比べて希薄で、多面的になりうるということが示された。そうした点においては、現代の心理臨床において問題となっている主体のあり方と、「自分」のあり方とは通じるところがあると言えよう。そうであるならば、特に日本においては、そもそもの「自分」のあり方自体が一貫性や統合性をはっきりと有したものではないということを踏まえた上で議論を行う必要があるだろう。そこで本章および次章を含む第Ⅱ部では、第Ⅰ部で示された「自分」のあり方を参照しつつ、現代のばらばらな「自分」について考察していくこととする。

2.「分人」という概念

　本章では、上述のような現代のばらばらな「自分」について考察する手がかりとして「分人」という概念を取り上げる。この分人とは、小説家の平野啓一郎が提唱した概念である。平野によると、分人とはその場の状況や一緒にいる人物との関係ごとに生じるものであり、われわれは様々な関係性において生じる複数の分人から成っているものとされる。これは、上述の現代のばらばらな「自分」のあり方と重なる部分が大きく、それについて検討する際に大きな手掛かりになるものと考えられる。平野はこの分人という概念を小説上に登場させるだけでなく、『私とは何か――「個人」から「分人」へ』(平野, 2012a) という著作においてその概念を紹介しており、以下その記述に基づきながら分人という概念について詳しく述べる。

平野は、「本当の自分」と「ウソの自分」があるという、一般的に受け入れられている考え方に疑問を感じ、小説を書くことを通じて、この問題に取り組んできた (平野, 2012a)。様々な作品の中で、彼は「本当の自分」をめぐる葛藤とそれがもたらす悲劇を描きながら、その考え方に挑戦を続けてきたのだが、ついにその考え方を捨て、「旧来的なアイデンティティの捉え方に取って代わる新しい思想を考え始めた」(平野, 2012a, p.62) という。その思想というのが、「個人」に対して「分人」という単位で人間を捉えようとする、「分人主義」である。

「個人」はindividualの訳語であるが、それはもともと、「分けられない」ということを意味する言葉である。それに対して平野が提唱する「分人」は、individualから否定を意味するinを取った、dividualという言葉があてられており、人間を「分けられる」ものとして捉えようとする。ひとつの分割不可能な「本当の自分」が存在し、それ以外は「ウソの自分」とするのではなく、複数の「本当の自分」があるというふうに捉えるのである。平野 (2012a) は、「**たった一つの『本当の自分』など存在しない。裏返して言うならば、対人関係ごとに見せる複数の顔が、すべて『本当の自分』である**」(p.7 強調原著) と述べており、その複数の顔のひとつひとつが、「分人」なのである。分人は、対人関係ごとに、その相手と一緒にいることで自然と出てくるものであり、「相手との反復的なコミュニケーションを通じて、自分の中に形成されてゆく、パターンとしての人格」(平野, 2012a, p.7) であるとされている。さらに分人は、一方通行的なコミュニケーションにおいては成り立たず、互いに自発性を持って影響を与え合うときに形成されていくという。

このような分人主義の考えでは、一人の人間は、複数の分人どうしのネットワークとして捉えられることになる。そして、そのネットワーク構造には「本当の自分」と呼ばれるような中心は存在しないのであるが、それは分人が「自分で勝手に生みだす人格ではなく、常に、環境や対人関係の中で形成されるから」(平野, 2012a, p.69) である。また、「個性」に関しては次のように述べられている。

　私という人間は、対人関係ごとのいくつかの分人によって構成されている。そして、その人らしさ (個性) というものは、その**複数の分人の構成比率**

によって決定される。
　分人の構成比率が変われば、当然、個性も変わる。個性とは、決して唯一不変のものではない。そして、他者の存在なしには、決して生じないものである。(平野, 2012a, p.8　強調原著)

　このように、分人主義では唯一不変の「本当の自分」があるという考えを「幻想」であるとして徹底的に否定し、環境や対人関係ごとに形成され、他者の存在を抜きにしては成立しないものとしての分人を人格の単位として措定する。そして、一人の人間はその分人どうしの中心のないネットワーク構造として捉えられる。
　平野 (2012a) は、individualが「個人」という意味で用いられるようになったのは近代に入ってからであり、それが明治時代に日本に輸入されて以来、「自我というものの長い苦悩が始まった」(p.189) としている。そして、その「苦悩」はひとつの分けられない「本当の自分」があると考えること自体に発していると考え、それに代わる新たな捉え方として、分人主義を掲げている。つまり平野にとって分人主義とは、旧来の「個人」モデルの限界を超える現代的な人格論なのである。そしてこのことこそが、本書の第Ⅱ部で検討していく、従来の心理療法が通用しないものとしての現代の「自分」につながる点である。この点に関しては、次節において分人主義を心理学理論によって位置づけながら再度述べることとする。
　また、ここまで述べてきたような分人のあり方は、本書の第Ⅰ部において検討してきた「自分」のあり方と重なり合うところが大きいと言えよう。「自分」も分人と同じく関係性においてその都度生じるものであり、多面的な「自分らしさ」が成立する素地を有していた。そしてその存在の根拠は人格内部の中心、あるいは核というよりも、その外部にあるという傾向が強かった。さらには、ただ関わるということだけでなく、能動的に世界あるいは他者と関わっていく中でこそ生じるものが「自分」であった。このように、平野の分人と本書で検討してきた「自分」は、根本的な特徴に共通性が見られるのである。よって、分人主義という考え方は、本書の第Ⅱ部で目指している、現代に特徴的な「自分」のあり方についての探究にとって、大きな手掛かりとなるであろう。

3. 分人主義の心理学理論における位置付け

　ここまで平野の分人主義の特徴について述べてきたが、このような分割不可能で内部に中心を持つ存在としての「個人」というモデルに縛られない人間理解の方法は、心理学の分野においては決して新しいものではなく、既に西洋の研究者によっても提起されてきている。例えば文化心理学においては、第2章で取り上げたように、独立した個人の存在を前提とする「相互独立的自己観」に対して、他者との結びつき、関係性が先にあるとする「相互協調的自己観」の存在が指摘されている(Markus & Kitayama, 1991)。また社会心理学の分野でも、例えばGergen (1994/2004) が「社会構成主義」を提唱し、その中で「個人主義的な自己」という西洋において支配的な考え方から脱して、自己を「関係性の中の存在」として捉え直すことの必要性を主張している。

　心理臨床学関連では、第1章で取り上げたSullivanが、人格を対人関係と切り離して考えることはできないということを繰り返し述べている。また、ひとつの人格の中に複数の存在をみとめ、「本当の自分」のような、中心に位置して全体を統合するものを否定するという意味では、Jung派の中でも「元型的心理学」を提唱しているHillmanの考え方との類似性を指摘できる。Hillman (1983/1993) は人格について、「元型的心理学にとって、意識は様々な『部分』人格を持っている。それらの人格は、『私』の分裂した断片としてイメージされているのではなくて、コンプレックスを魂、ダイモン、守護霊、などの神話的でイメージ的な像として呼ぶ、もっと以前の心理学の分化したモデルにむしろ遡って考えられているのである」(p.93)と述べている。さらに、「人格は、様々の人物像に満ちた生きた劇として、イメージ的に捉えられているのであり、そこでは『私』という主体が参加しているけれども、唯一の作者や演出家として登場するのではなくて、必ずしもいつも主役を演じているのでもないのである。時には、『私』は舞台の上にさえいないことがある」(Hillman, 1983/1993, p.94) とし、「私」を中心に置かない捉え方を表している。そしてHillman (1971/1991) は、「自己」という元型を上位に位置づけ、それを統一的なひとつの目標として「個性化」していこうとする「一神論的心理学」を批判し、種々のコンプレックスや症状、ファンタジーを、それらを

統合しようとせず、「それ自身の内へと深めること」(p.192)を強調する「多神論的心理学」の必要性を主張している。こうしたHillmanの考え方と分人主義は、中心的で単一的なものによる統合ということを否定するという意味で一致が見られる。しかし、それぞれの考え方において複数の存在が認められているものについては、次元が異なっている。分人主義では、対人関係ごとに異なる様々な自己のあり方としての分人が、一人の人の中に複数あるものとして捉えられる。それに対してHillmanの場合は、様々な現象の背後に、多くの神々が働いていることを見ていこうとするものであり、そこでは具体的な対人関係について語られることがあるとしても、そこにはどのような元型的イメージが動いているのかという観点で捉えられる (河合, 1993)。

さらに精神病理学に目を向けると、広沢 (2013；2015など) の「こころの構造」に関する理論との関連が指摘できる。広沢は、こころの構造を「放射」と「格子」を両極とするスペクトラム上に位置付ける形で理解することを提唱している。そして、構造が放射寄りの人は「放射型」、格子寄りの人は「格子型」とされる。放射型の構造は、自己内部に核となる中心点を持ち、そこを基準として対象と関わっていくことを特徴とする。また、このタイプでは一定の自己構造を一貫して維持しやすいという。一方格子型の構造は、中心点がなく格子状に分かれた構造をしており、ひとつひとつの枠は異なる環境や場面における自己を表していて、その都度を生きることを特徴とする。そして一貫性のある自己を保つことは難しいが、異なった場面ごとに異なる自己を見せる必要のある場では適応しやすい。これら2つの構造のうちどちらが優位であるかは、脳科学研究の知見を参照した上で、生得的な面が強いものとされている (広沢, 2015)。

広沢 (2015) によれば、19-20世紀に基礎が築かれた臨床心理学、精神病理学の理論は、「自分の核を中心に世界を眺め、しかも全体として常に一定に統合された構造を持つ」(p.22) 自己像 (これを広沢 (2015) は「近代西欧型自己像」と呼ぶ) をひとつの理想像として確立し、暗黙のうちにそれを基準としていて、そこからの逸脱を異常として捉えているという。そのような理想的自己像は、放射型の人にとっては親和性があるものの、格子型の人には相性が悪い。しかし近年の心理臨床では、上記のような自己の理想像を基準とする考え方では十分に捉え切れない人々が現

れており、その代表例が発達障害を抱える人々である。彼らの自己像は、こころの構造のスペクトラム上において、純粋な格子型に非常に近く、広沢（2013；2015）はこれをインターネットやパソコンに馴染んだ現代文化との親和性の意味も含めて、タッチパネル状の構造であるとしている。そして、現代はその格子型優位の時代であり、従来の放射型の人にとっては馴染みやすい近代西欧型自己像を基準とすることを見直す必要があると説いている。

　この放射型と格子型は、平野の文脈で言うところの「個人主義」と「分人主義」にあたると言える。そして分人主義とは、無理に放射型として生きようとして葛藤する必要はなく、格子型として生きることに価値を認めるように説くものであると捉えられる。ただし、平野の場合には各人のこころの構造が放射型と格子型を両極とするスペクトラム上に位置するというような考え方は無く、放射型の自己構造自体を否定し、格子型で生きることを積極的に肯定していこうとするものである。

　このような考え方は、広沢の指摘にもあるように、現代において格子型が優勢になってきているからこそ表れてきたものと考えられる。そしてそのことは、現代の心理臨床においては従来の心理療法がそのまま通用し難くなってきていると言われていることにつながる。なぜなら、近代西欧において生まれた心理療法は、基本的に近代西欧型自己像をモデルとして発展してきた（広沢，2015）ために、格子型の人にとっては、構造的に従来の心理療法の適用可能性が低くなってしまうためである。そうすると、従来の心理療法が通用し難いケースがどうしても増えてしまうであろう。そうした困難への対応策のひとつの方向性は、まずは従来の心理療法が通用するような自己構造を確立させることに重点を置き、ある程度それが達成されたら、自らの力で葛藤を抱えて内省していくように促す、というものである。しかしこの考え方では、結局近代西欧型の自己を理想像としていることになってしまう。そうではなく、広沢も述べているように、一旦、それを目指すことを見直していく方向性を模索する必要があるのではないだろうか。そして、そのような方向性の検討においては、放射型を否定し、格子型を尊重するような平野の分人主義は、大いに参考になると考えられる。平野は、「個人主義」というものの限界を意識し、それを乗り越えていくという問題意識を持って「分

人主義」を作品に導入し、物語を作っていく作業を通じて、われわれの存在のあり方についての考えを深めようとしてきている。そのような彼の作品を分析していくことで、分人主義という考え方の導入が、われわれのこころにどのような作用を生じさせるのかについて検討することができるだろう。それは、格子型が優勢になり、従来の心理療法が通用し難くなってきている現代の心理臨床について考察するための、大きな手掛かりを与えてくれるものと期待される。

　そこで本章では、平野の作品群の分析により分人主義という捉え方について検討することを通じて、現代の「自分」のあり方についての探究を深めることを試みる。

　平野の作品には、一貫して彼の言う「アイデンティティ」の問題がテーマになっており、その過程で到達したひとつの考え方が分人主義である。その考え方を、はじめて明確な形で作品に取り入れたのは、近未来の世界を舞台にした『ドーン』(2009) であった。ただ、それより前の作品においても、環境や対人関係ごとに自己のあり方が異なるということは重要なテーマであり、それゆえに生じる葛藤が繰り返し描かれてきた。そこで、そのような葛藤のあり方が、分人主義という考え方を取り入れることによってどのように変化するのかということに着目すれば、その特徴をより深く検討できるのではないかと考えられる。したがって、本章では平野作品の内、分人主義の登場以前の作品も含めて考察の対象とし、分人という現代に特徴的な「自分」のあり方について探究していくこととする。

　なお、これ以降は作品のあらすじを記載した上で考察を述べていくが、物語の核心部分に触れている箇所があるので未読の方は注意されたい。

4. 分人登場以前の作品

　まずは、平野の作品の内、分人という概念を取り入れる前のいくつかの作品について検討する。特に、環境や対人関係によって異なる自己のあり方を自覚しつつ、「本当の自分」をめぐる激しい葛藤が描かれているものを取り上げる。それらの作品は、『ドーン』において分人主義が導入されるまでの過程として、非常に重要である。ここで取り上げるのは、『最後の変身』(2004)、『決壊（上）（下）』

(2008) の 2 作品である。

4-1.『最後の変身』

　この作品は、ネット上にアップされた、あるひきこもり状態の男性の手記という形をとっている。その書き手は会社勤めのサラリーマンで、入社して数年の青年である。彼は、突然自室にひきこもるようになるまでは表面上は適応よく過ごしてきたのだが、実は内面に「本当の自分」をめぐる大きな葛藤を抱えていた。幼い頃から父親の仕事の都合で転校を繰り返してきた彼は、その場で求められている「役割」を読み取り、そのように振る舞う技術を身に着けていった。そのために、いじめられたりすることはなかったものの、誰かと深い関係を築くことがなかった。彼はいつも、「本当の自分」「俺自身」というようなものに「変身」することを追い求めていたが、就職するに至ってもそれは得られなかった。彼はあるときから、「本当の俺自身」というものの発現をネット空間に期待し、誰かの作ったサイト上の掲示板を巡っていた。しかしなかなかそのような場所は見つからず、結局自分自身でサイトを立ち上げることにした。それでも、実際にサイトを作ってみて彼が感じたのは、自分には何もない、ということだった。彼のサイトには、読んだ本の感想を書くページがあったのだが、あるとき流行作家の作品についての書評を書いたところ、普段の何倍もの人が訪れた。自分のサイトの訪問者数を非常に気にする彼は、そのうちにその数を増やすためだけに、書評をどんどん書いていくようになる。それも、彼自身が本当に感じたことを書くのではなく、どうすれば訪問者が増えるか、そしてどうすれば「個性的な」視点を持っているように思われるかということを意識し、そのための技術を身に着けていった。そうしたサイト運営を続けるうちに、はじめは「俺自身」の現れとして考えていたネット上の自分も、結局は自分自身を「捏造」していると感じるようになっていく。そうして自ら立ち上げたサイトからもだんだん遠ざかるようになった。手記の中で、こうした「俺自身」をめぐる思いを書き連ねていく中で、彼は自分には「俺自身」の発現のために苦悩を続けることもできなければ、誇大妄想的な思いを捨ててささやかな「役割」に甘んじることもできないということを自覚する。生き続ける理由を失ったと感じた彼は「最後の変身」としての自殺を決意す

る。そしてそれをできるだけ多くの人に知ってもらい、自分の存在を知らしめるために、自殺予告をあらゆるサイト上に書き込み、同時にこの手記をネット上にアップしたのである。

　この作品においては、「俺自身」の発現を常に願いながら、自らの誇大的な自己理想像と、強烈なまでの他者意識のために、どうあがいてもそこに到達することのできない青年の葛藤が描かれている。手記の執筆を通して自らの内面の空虚を自覚した彼は、最後には死ぬことでしか、「本当の自分」というものを発現させることができなかった。他者を意識し、「役割」に徹することで生きてきた彼にとって、純粋に「本当の自分」を追い求めることは、永遠に出口のない絶望的な葛藤を生み出すことにしかならなかったのである。

4-2.『決壊』

　この作品の主人公、沢野崇は、知的能力がずば抜けて高く、非常に思弁的でシニカルな面を持ちながら、対人関係も相手にあわせてうまくこなすことのできる人物である。しかし彼は生きることの空虚さを常に感じており、人間の生のどんな側面に対しても疑いの念を抱いていた。彼は幼い頃から頭脳明晰、運動神経抜群で、学校では常にクラスの中心にいるような存在であったが、先生や母親にまでも、頭が良すぎてどこか気味が悪いという印象を持たれるようなところがあった。彼の弟、沢野良介は、そんな兄を尊敬する気持ちと同時に激しい劣等感をも含んだ、複雑な感情を抱いていた。彼は兄に対するそうした「コンプレックス」や、日常の不満などをネット上の日記に書き綴っていた。その良介の思いは、自らを〈悪魔〉と名乗る殺人犯、篠原勇治に目を付けられてしまう。そして良介は、サイト上の掲示板で近づいてきた篠原に惨殺されてしまうのである。事件は、切断された遺体が〈悪魔〉からの無差別殺人を呼びかけるメッセージとともに日本各地で発見されるというセンセーショナルなものであり、連日マスコミが取り上げることで、それに刺激されて各地で連鎖的に殺人事件が発生してしまう。日本全国がこの事件の渦に巻き込まれる中で、良介が殺害される直前に会って話をしていた兄の崇が事件の容疑者とされ、執拗な取り調べを受けることになってしまう。テレビ番組や雑誌の記事で、崇は犯人であるとして断定的に報道され、以前

から良介のことで相談に乗っていた良介の妻や、実の母親にまでも、犯人ではないかと疑われていた。「正体を見せろ！」と迫ってくる刑事に対して、崇は黙秘を続ける。物語の終盤、篠原がテレビの生中継のインタビューカメラの前で自爆テロを起こして死亡するという事件が発生し、崇の疑いは晴れることとなった。しかし、彼の空虚感は変わらず、むしろ彼をますます絶望させていった。そして物語は、彼の自殺で幕を閉じるのである。

　主人公の崇について平野自身は、「非常にコミュニケーション能力の高い人間だが、彼は、身悶えしながら『本当の自分』を探し求めようとはしない。そんなものは幻想であるということをイヤというほど痛感している。だからこそ、その空虚感に苦しんでいる人物である」（平野, 2012a, p.60）と述べている。作品の序盤から崇の生に対する空虚感と絶望とが描かれており、それは多くの人々が素朴に信じている「幸せ」というものの価値の絶対性を揺るがしてしまう。そのような考え方は、篠原という〈悪魔〉の信念とも重なりが見られ、それは読者にも「本当は崇が犯人なのではないか？」という疑いを喚起させる。そして崇自身、〈悪魔〉は自分の分身なのではないか、という思いを抱くのである。一方で〈悪魔〉は、良介の分身でもあった。良介は殺害される前に激しい拷問を受けていたのだが、そのなかで篠原は良介のネット上の日記から読み取った社会や家族への不満の気持ちを掬い取り、それを増幅させて、良介に向かって彼の妻と子どもを罵り、優れた兄と対照的な彼の無能さを汚い言葉で突きつけた。そしてそれが自分自身の気持ちであり、自分が不幸な人間であることを良介自身に認めさせようとする。しかし良介はそれを拒否して「僕は幸せだ！」と叫び、惨殺されてしまうのであった。つまり、〈悪魔〉とは兄弟それぞれの「生きづらさ」の面のみを増幅して映し出した存在であり、兄はそれに呑み込まれ、弟はそれを否定しようとして、どちらも死に至ってしまうのである。

4-3. 平野にとっての「本当の自分」

　これら2つの作品の主人公たちは、「本当の自分」という概念によって死に至らざるを得なかったと言えよう。『最後の変身』の「俺」は、「本当の自分」を必死に得ようとするも、どうしても得ることができず、自らの内面の空虚が顕わになっ

ていくことにもがき苦しんだ末に、自死という考えにたどり着いた。『決壊』の崇は、はじめから「本当の自分」など存在しないと考えているが、それは彼のとてつもない空虚感と表裏一体をなしている。そしてその考えは、素朴に「本当の自分」や「幸せ」「愛」といったものを信じる周囲の人々には理解されず、彼は絶望の中で死を選ばざるを得なかった。

　このように、平野にとって「本当の自分」という概念は、われわれを苦しめ、それを突き詰めた先には死へと追いやられてしまうようなものとして捉えられている。そしてそれは、自ら求めて得られないだけではなく、はじめから否定していたとしても、他者あるいは社会を通して跳ね返ってきてしまうのである。

　ここで本書の第Ⅰ部で得られた知見を参照すると、「自分」とはそもそもその都度の関係性ごとに生じ、それゆえに多面的であるということが示されてきた。そして第2章の「自分らしさ」についての調査研究から、現代の日本人の場合、「本当の自分」のような中心あるいは核となるようなものが意識されている場合もあるが、西洋の自己の場合のように絶対的なものではないことが明らかとなった。こうしたことを踏まえると、やはり「本当の自分」にこだわりそれを純粋に求め続けるならば、逃れることのできない苦悩へと引きずり込まれることになってしまうであろう。ただし、第2章の研究における面接調査で見られたように、中心となる「本当の自分」を軸に据えている人々も多く存在する。しかし彼らの場合は、純粋な「本当の自分」にこだわるのではなく、多面的な「自分」との間の葛藤を経て、自分なりの「自分らしさ」のあり方を見出しているようであった。つまり、平野作品に描かれている「本当の自分」をめぐる苦悩は、多面的な「自分」のあり方に開かれることなく、あくまで純粋な「本当の自分」であることを追求することによって生じていると考えられる。

　このように作品の中で「本当の自分」を純粋に追い求めた結果、それはどうしても絶望的な状況に追い込まれるということを悟った平野は、発想の転換を試みる。「私は『決壊』を悲劇的な結末で書き終えた後で、いよいよ完全に、「本当の自分」という考えを捨てるに至った」（平野, 2012a, p.61）そして新たな思想としての分人主義に取り組んでいく。次節以降では、その分人主義を取り入れた作品についての分析を試みる。分析の対象として本書では、分人主義の考え方がはっき

りとした形で作中に登場する『ドーン』(2009) と『空白を満たしなさい』(2012b) を取り上げることとする。

5.『ドーン』

5-1. あらすじ

　舞台は、2030年代のアメリカである。NASAに所属する日本人宇宙飛行士の佐野明日人は、人類史上初めて火星に降り立った宇宙船"ドーン DAWN"のクルーの一人であった。明日人はもともと日本で外科医をしていたのだが、東京で起きた大震災のために、まだ幼い一人息子、太陽を亡くしてしまう。その後彼は、あるとき不意に火星の輝きに魅せられ、宇宙に興味を持つようになり、妻の今日子に、宇宙飛行士になりたいと告げるのであった。

　物語は、火星からの帰還後の時点から始まっている。アメリカでは大統領選の真っ最中で、宇宙開発や軍事問題を中心とした熾烈な選挙戦が繰り広げられている。分人主義の考え方は既に社会に広まっており、選挙戦でもそれはひとつの争点となっていて、リベラルな政策を掲げる民主党候補グレイソン・ネイラーは分人主義を支持し、保守的で統一的な国家を目指す共和党候補ローレン・キッチンズはそれを強く否定する。共和党の副大統領候補の娘であるリリアン・レインは、生物学の研究者として一時期軍の研究に携わっていたのだが、その後NASAへ入り、ドーンのクルーに選ばれている。

　火星への出発から帰還までは2年半もの期間があり、そこでは2つの大きなトラブルが起きていた。ひとつは、クルーの一人、ノノ・ワシントンが精神に異常をきたし、リリアンが宇宙人にさらわれてしまうという強固な妄想に取りつかれてしまったことであった。そしてもうひとつは、リリアンが明日人の子を宇宙船内で妊娠してしまうという出来事だった。彼女は、明日人を含めた他のクルーたちには、相手はノノであると言い、明日人による堕胎手術を船内で受けていた。そして、これらの事件が後に世間に流出してしまい、ノノがリリアンをレイプしたのではないかということなど様々な疑惑を生むこととなり、選挙戦にも大きな影響を及ぼしていく。

宇宙船内の過酷な環境に加え、こうしたトラブルのために、クルーたちの精神状態や人間関係はどんどん悪化していった。明日人はそれを乗り切るためにアンフェタミンを服用せざるを得ず、過剰摂取により中毒状態に陥ってしまい、帰還後もその後遺症に苦しめられている。そのこともあり、彼のNASAでの評価は悪く、居場所を失っていた。そこへ、戦争にも関与している企業であるデヴォン社から声がかかり、彼の心はそちらに惹かれていた。一方、明日人がいない間に、今日子には亡くなった太陽のAR (Augmented Reality) を家の中に映し出すシステムが、残された家族へのサポートプログラムの一環として提供されていた。明日人はそのARの太陽のことを帰還後に初めて知ることになるが、その存在をよく思っておらず、さらにその開発者であるディーン・エアーズと今日子が浮気をしているという噂も聞かされていた。また今日子の方は、戦争に関わっているデヴォン社へ明日人が行くことに反対し、明日人とリリアンとの関係についても複雑な思いを抱いていた。明日人と今日子との関係は、大統領選までも関係してくるような事も含めて様々な事柄が絡まり合っており、2人の距離は次第に離れて行く。

　物語は、2人の思いと大統領選の攻防とが絡み合いながら進んでいく。選挙戦が大詰めになる中、リリアンはドーンの船内での妊娠、中絶についての事実を公表し、さらにデヴォン社と軍が秘密裏に開発し、自身もそれに関係していた生物兵器の存在を告発した。この告発の影響で、大統領選は民主党候補の勝利に終わる。また明日人も同じ頃、ブログ上に真実を公開するとともに、上司に勧められてこれまでの自分の過去を振り返る。何日も一人で部屋に籠って考えを巡らす中で彼は、息子を亡くして以来ずっと燻っていた空虚感や、「死んでも良い」と思っていた気持ちに向き合い、その末に、生きたいという気持ちを取り戻すのである。そして今日子との関係を再び生き直していくことへの兆しを見せたところで、物語は終わっている。

5-2. 分人主義が持つ役割

　本作における分人主義は、近未来の新しいイデオロギーのひとつとして描かれている。それを人々がどう受け止めるかは、次の大統領候補による討論会でのや

りとりに端的に表れている。先の発言は共和党候補のキッチンズのものであり、後の方は民主党候補のネイラーのものである。

　――人格の複数性、多様性を承認せよと説く人々がいます。面と向かって喋っている相手のすべてを知ることなどできないし、知ろうとすべきではない。それこそが、人間の自由なのだと。ディヴィジュアリズムと言われている軽薄な思想です。しかし、私は今、敢えてみなさんに問いたい。それが本当に、この国を豊かにし、我々を幸せにしたのかと？
　両親でさえ、自分の目の届かないところで、子供が何をしているのかを知ることができません。家族でターキーを囲んで、楽しく会話を交わしているその瞬間にも、私たちは、子供の笑顔の裏側で、無数の、得体の知れない分人たちdividualsが、こっそり笑い合っている様を想像しなければならないのです。それは、幸福なことですか？個人individualというものは、自分自身というのは、一体どこにあるのでしょう？…(略)…
　――…(略)…私は今、あなたとこうして討論していますが、妻や娘と楽しく会話するためには、こんな話題も、話し方も、表情もしません。これでは家族の誰からも、相手にされないでしょう。それだけのことです。そういう現象を指して、ディヴィジュアリズムと言っているのでしょう。
　身のまわりに、多様な考えの人間がいればいるほど、それに対応する自分も多様でなければならない。――そんなに難しい話でしょうか？
　もちろん、時には、ディヴィジュアルの整理も必要です。その考えで救われる人も、ずいぶんと多いのですよ。虐待されたり、イジメられたり、過酷な職場で鬱病になったり。……彼らはそうした自分の過去のディヴィジュアルを、悪しき関係の産物と見なして、排除する自由を得たのです。過去はひとつではない。ディヴィジュアルごとに過去があって、それを今の自分を形作っているディヴィジュアルの輪に入れたくなければ、リンクを外せばいいのです。(pp.126-128　傍点原著)

　このように、保守派にとっての分人主義は、唯一の自分自身というものを否定

第4章　「分人」を通して見る現代の「自分」　143

することで人と人との間の信頼やつながりを壊してしまうようなものとして捉えられている。そして、このような考え方によって人間関係は複雑になりすぎ、そのことが人々に不安をもたらしていると説く。キッチンズは演説において、物事は結局「善か悪か」のどちらかであると述べ、価値観の多様化をむやみに認めることで社会に混乱がもたらされると主張する。一方で革新派にとっては、自分を複数の分人の集まりと捉えることで自己を整理し、生きやすくなる有用な考え方であるとされている。保守派の説く「善か悪か」の単純な図式は、今の世界で起っていることを分析するにはあまりに「雑」であり、もっと物事を緻密に分析していく必要があると説く。そしてそこには、個人を単位とした見方の大雑把さと、分人を単位として丁寧に見ていく必要性が示唆されている。

　そのような、人間理解の方法としての分人主義の有用性の異なる側面について、作中の人物が語っている箇所がある。次の言葉は、民主党側のスピーチライターが、ネイラーに対して語っているものである。

　　あなたが私に、何か強い影響を及ぼすとします。しかし、私はその影響を、直接に個人individualとして受け止める前に、私の中で、私の母との間のディヴ*19、父との間のディヴ、妻とのディヴ、大学時代からの親友とのディヴ、恩師とのディヴ、その他すべてのディヴを通じて検討できます。そうして、不当と感じたり、受けつけたくないと感じれば、処分するか、あなたとの関係にだけ、限定しておけばいいのです。
　　しかし、もしそのあなたとのディヴを、母とのディヴや友人とのディヴが気に入れば、リンクします。受け容れるでしょう。私は、そのあなたとのディヴを、ベーシックなディヴとして、他の人間との関係にも採用します。――そう、その時つまり、私は変わったということではないでしょうか？あなたの影響を受けつつ、最後は内発的な決断によって。（p.373　傍点原著）

　このように、分人主義では個人の中に存在する様々な分人を意識し、それらを「処分」したり「リンク」したり、一部を「ベーシック」なものとするというように、非常に操作的に扱おうとする。そのような見方を提供することで、より緻密に自

己および他者を理解できる、ひとつの概念的道具なのである。

5-3. 明日人にとっての分人主義の意義

　それでは、そのような分人主義の考え方が、主人公の明日人にどのような影響を及ぼしたのかを見ていく。

　明日人は、息子の太陽を亡くした後、宇宙飛行士になると言い出す前に、外科からERに移り、救急救命医療に携わっていた。そしてその後に宇宙に魅せられるのであるが、こうした活動は、何かに打ち込み、前に進み続けることで太陽の喪失を見ないようにしてきた面がある。前向きに活動に打ち込む彼の姿を、妻の今日子は尊敬しつつもどこか軽薄に感じてもいた。

　火星からの帰還後、実際に自分が犯していた罪とは裏腹に英雄扱いを受ける一方、NASAの中では冷遇され居場所を失っていた彼は、デヴォン社のCEO、カーボン・タールから自分の会社に来るよう熱心に誘われていて、そこで提供されるというマリブにある美しい研究施設と、豪邸での「楽園」のような生活に魅力を感じていた。デヴォン社は軍事産業に関わっており、選挙では共和党に勝ってもらわねばならなかった。タールもキッチンズと同じ、「善か悪か」というような思想を持っており、生物兵器も「悪」を倒すためには必要な手段であったと考えている。そして、不都合なことがあれば、それは無かったことにするというのが、彼の信条である。この、「無かったことにする」というのは、本作で何度も強調されている言葉であり、保守派の思想、ひいては個人主義による考え方の行きつく先として描かれているようである。彼らにとっては、物事を突き詰めれば純粋な「善」か、純粋な「悪」のどちらかになるのである。そして純粋な「善」であろうとするなら、そのために不都合なことは「無かったことにする」のだ。マリブの「楽園」というのも同じような発想であり、そこには悩みや苦しみが一切存在しないような、まさに「楽園」のイメージである。そのような思想を持つタールにとって、生物兵器の開発というのは選挙戦に支障をもたらす汚点であり、それは「無かったこと」にされなければならない。そのため、それを告発しようとするリリアンを是が非でも止めようとしていた。明日人を取り込もうとしていたのも、彼を通じてリリアンを止めたいという思惑からであった。タールは、明日人

とリリアンの間に起きた出来事についても、それは世界のために隠し通すべきだと語りかける。リリアンへの罪滅ぼしのために、世間に嘘をつくことの痛みを黙って受け止めよ、という彼の言葉に、明日人は強く惹かれた。「その苦痛と共にある限り、リリアンに対する罪の意識も、今日子に対する罪の意識も、そして何より、火星で堕胎のための手術器具を手に取った時、一瞬蘇った、あの太陽の死に顔に対する罪の意識も！——耐え忍ぶことが出来そうな気がした」(p.251)というように、苦痛を感じていることだけが、彼を罪の意識から遠ざけてくれるように感じていた。しかしそれは、結局自分の中にある問題に向き合わずにごまかし続けるということである。

　タールとのやりとりのあと、明日人は今日子と、ARの太陽のことについて言い争う。「本物の太陽」と「ニセモノの太陽」を巡って、2人の考えは全く折り合わない。太陽のことについて話していても、今日子は、自分とARの開発者であるディーンとの関係が気になって怒っているのではないかと指摘する。それに対して明日人は、「結局、一つ一つの問題が、いつでもこんなふうに別の問題と絡み合って、癒着してしまっているから、解決できないのだと彼は感じた。どこからどう手を着けて良いのかが、本当に分からなかった」(p.260)と感じている。こうした状況の中で、タールの言うように隠し通し、耐え忍ぶというやり方は、複雑に入り組んだ問題に対してシンプルに対処できる点で、明日人を惹きつけたのであろう。

　しかし、NASAの宇宙飛行士室長であるイアン・ハリスは、タールには警戒すべきだと明日人に忠告した。そして彼は、公表するかしないか、というような単純な図式で考えるべきではなく、分人主義的な観点から、問題を緻密に考えるべきだと語る。また、この問題は明日人個人のことではなく、他者が関係していることだということをよく考えたうえで、「君の中のディヴィジュアルの構成をデザインしたまえ」(p.319)と説いている。NASAやJAXAといった組織レベルでの関係にも影響を及ぼすだろうし、彼の家族にも影響が及ばざるを得ない。さらに、明日人は東京での大震災の後、日本人にとっての希望を託された存在であり、彼の行動如何では、彼らみんなを傷つけてしまう。そうしたことを考慮したうえで、「やってしまったことをどうするのがいいのか？　過去の自分の分人を、どう今

の分人とリンクさせるか?」(p.319)ということを熟慮せよという。このように、問題を個人のものとしてではなく「世間」のものとして捉えるようなことは、伝統的に「個」よりも「場」が優先されてきた日本人の感覚としては理解しやすいのではないだろうか。ただ、「デザイン」「リンク」というように、そうしたことを意識的・操作的に処理していこうとするのが概念的道具としての分人主義の特徴であると言えよう。

　その後、リリアンの妊娠、中絶については彼女自身の口から世間に向けて語られることとなった。明日人は、この件に関してNASAとしての対応を主導して進めていたハリスから、一般に向けては、明日人のブログを通じて簡潔に事実関係を説明してはどうかと提案され、彼も同意する。それから彼は下書きを作成するが、それを見たハリスは、その内容があまりに生々しく、何もかも曝け出すようなものであったことに激怒した。ハリスは改めて、様々な層の人々に対して、それぞれに適したメディアや表現方法を熟慮するように諭した。ハリスにとって明日人が出してきた下書きは、ただ自分の罪を暴露しているだけの独りよがりなものであって、そのことで周りの人々も、明日人の中の無関係な分人も、ひとまとめにして傷つけてしまうということが全く考えられていないものであった。結局明日人は、公開するかしないかという二分法的思考にとらわれていたのである。明日人はそのようなことに言われて初めて気が付き、それ以降、自分の気持ちに向き合っていく。そこで気づいたのは、自分をずっと覆っていた空虚感だった。彼は震災のすぐ後の時期、一度電車のホームから転落しそうになり、そこに居合わせた人達にすんでのところで助けられたということがあった。それも空虚感に圧倒された自己破滅的な行動であったが、ハリスを激怒させた文章も、同様の自己破壊衝動が秘められていたのである。その後彼は、ハリスに言われたように丁寧に考え抜いた上で、ブログ上に事実を公開する。そしてハリスは、これまでのことを整理するために、今度は個人的に文章にまとめてみては、と提案する。明日人はしばらく、自室にこもってその作業を続ける。これまでの自分の人生を振り返り、様々な人との関わりを思い出し、それを書き連ねていった。その作業を続ける中で彼は、「死んでもいい」と思っていた自分が、生きているということに喜びを感じていることに気付くのである。「ただ後ろを振り返れば良かった

だけのことのために、自分には一億キロもの往復の道のりと、十年もの時間が必要だった」(pp.466-467)というように、火星との往復というとてつもない回り道を経て、ずっと見ないようにしてきたことに目を向けることができ、そのことで彼は空虚感から脱することができた。そして、そこまで書いていた文章を見て、次のように感じている。

> 自分という人間のなにがしかが表現されているその文章のいずれの箇所も、彼の中の分人が、今日まで様々な機会に少しずつ人から譲り受け、彼個人のものとしてきた言葉によって作られていた。そうして今、書くということを通じて、彼の中のすべての分人が響き合い、彼にその分人を生じさせたすべての人々が内から彼に語りかけて、次に発するべき言葉を代わる替わる教えていた。(pp.467-468)

以上のように、明日人にとって分人主義は、独りよがりで単純な二分法的思考に陥る彼に、様々な層の人との関わりを踏まえた上で、人とのつながりにおいてあるものとして自分を見つめるということをもたらした。それは結果的に彼の内省を促し、生きることに対する喜びの気持ちを回復することができたのである。

明日人はもともと、分人主義を概念として理解はしているが、それを積極的に肯定も否定もしていなかった。ゆえに、この作品は、もともと個人主義的に考えて行き詰った人物が、分人主義的考えを取り入れることでうまくいく、という筋書きではない。むしろ彼は、はじめはどちらの考えを支持するわけでもなく、ただ何かに打ち込むことで生を持続させてきた。そこへ、タールのような極端な二分法でものを考える人物が現れた。彼の言葉は、明日人が抱える問題を見ないようにすることに加担した。一方でハリスによって分人主義的に他者との関係を踏まえて丁寧に物事を捉えるよう促され、そのような仕方によることで初めて、自分のことを振り返って向き合うことができたのであった。

5-4. 現代の心理臨床との関連

それでは、ここまで述べてきた『ドーン』における分人主義を手がかりに、現

代の心理臨床についての考察を試みる。

　明日人は、息子を亡くして以来の空虚感に向き合うことを回避するために、ERでの勤務や宇宙飛行士としての活動に力を注いでいた。それは、これまでの近代西欧的なこころのモデルに従って考えるのであれば、「内側」に目を向けることができず、ひたすら「外側」にエネルギーを向け続けたものとして捉えることができる。河合 (2010a) によると、心理療法は「自分を見るという自分と自分との間の自己関係」(p.20) を特徴とする「主体」を前提としているが、その意味ではそれまでの明日人は、自己関係が成立せず、「主体」が確立されていない状態にあったと言える。河合 (2010a) は現代の心理臨床において特に取り上げられている発達障害に関して、その根本的な特徴は「主体がない」ことであるとし、その心理療法においては、従来はそれがあることが前提とされてきた「主体」を作り出していくことが必要であると述べている。このときの明日人の場合も、自己の内側を見つめられないという意味では近代的な「主体」の構造が成立していないと捉えられるが[*20]、明日人が最終的に生きる実感を取り戻したのは、近代的な「主体」の確立とは異なるプロセスによるものであったと考えられる。彼の場合も、最終的には自身の人生を自ら内省的に振り返っており、それは一見自己関係の成立であるように思える。しかし彼は、「外側」に向けていたエネルギーを「内側」に向けて自己関係を成立させたというよりも、様々な人との関わりの中で生じる分人についてひとつひとつ丁寧に振り返っていったのであり、むしろ「外」と「内」の間のつながりに対する意識を深め、そのことで「自分」を取り戻したと言えるのではないだろうか。本書の第Ⅰ部では、「自分」とは関係性が先にあり、そこにおいて生じるものであるということが示されてきた。そのことを踏まえれば、明日人が行った振り返りの作業のうちに生じているのは、「自己意識」というよりも「自分意識」であると捉えることができる。

　ただし、先に引用した文章に表れているような明日人の「内省」は、現代における特殊なものではなく、むしろこれまでの心理臨床の営みの中でも見られていたはずの内容であろう。西欧近代に生まれた心理療法が「個人」を前提としていると言っても、他者とのつながりを意識しながら、自己について内省するということはごく当たり前になされてきたはずである。つまり、その内容にはさほど目

新しいものはないのである。しかし、その構造には根本的な違いがあると考えられる。「自己意識」が自己内部に中心を持つような主体の成立と関わるのに対し、「自分意識」は、様々な他者との関わりにおいて生じている、中心のないネットワーク構造として「自分」が生きていることへの認識なのである。それを獲得することにより、明日人は空虚感から脱することができた。彼は、「自分」を成立させている根拠としての人との関係を見つめ直し、ひとつずつ確認していくことによって、自身がこの世界に生きているという実感を取り戻すことができたのである。このようなプロセスは、自己関係を成立させることの難しい現代の人々への心理療法に対して、ひとつの有用な視点を提供してくれるのではないだろうか。

5-5. 可塑性のある「顔」

　次に、本作に登場するユニークな技術を手がかりに、現代の「自分」について考察してみたい。本作には、「可塑整形」という技術が登場する。これは、顔に埋め込んだ特殊な物質を自分で動かすことで、一人で複数の顔を持つことができるという技術である。これは分人主義という考え方と非常に深く結びついている。この技術により、分人ごとに異なる顔を持つということが可能になるのである。顔とは、身体の中でも特に「自分」と密接に関連した部位であり、それは「裏の顔」「顔を使い分ける」などの表現からも窺える。

　このような技術はもちろん現代では実現されていないが、ネット文化においては既に同様の現象が生じつつあると言える。例えば、今ではほとんどの若者が所持するようになったスマートフォンには、高性能のカメラが付いており、画像加工ソフトウェアを用いて、簡単に様々なエフェクトをかけることができる。そして、彼らは思い通りに加工した写真をSNS上に「自分」の写真として掲載するのである。あるいは、実際の顔でなくとも、気に入った風景や物の写真、あるいはアニメの画像などを、SNS上の「顔」として使用している場合も多い。SNSのアカウントには大抵、自分の「顔」となる画像を登録できるようになっている。それはネットを通じて他のユーザーに見せるその人の「顔」であると言える。その「顔」は、実際の顔とは違って、コントロールが容易であり、複数のアカウントにおいてそれぞれ違うものを使い分けることも可能である。こうした状況を踏まえ

ると、ネット上では既に可塑整形が実現していると言っても過言ではないだろう。

　作中では、可塑整形が登場した背景には、「散影」というネット上のサービスの存在がある。これは、世界中の防犯カメラの映像データを収集し、顔認証の技術を応用して、検索をかけるだけで特定の人物がいつどこにいたのかが分かるというものであり、これに引っ掛からないようにするため、可塑整形が一部の人の間で利用されているのである。「散影」はいわば、顔を手がかりにして、ある人の複数の分人をひとまとめにして提示するシステムである。つまり、それぞれが持って生まれた固有の顔とは、分人どうしをつなぎとめる役割を果たしているのである。しかし、現代においても既に、ある意味で可塑整形は実現していると述べた。つまりそれは、現代においては、複数の「自分」どうしをつなぐ、顔という身体的な根拠が脆弱になってきているということを示していると考えられるのである。それは、既述の広沢の「格子型」と「放射型」のスペクトラムで言えば、ネット上で実現される可塑整形により、「格子」の極へと近づき、それぞれの格子の独立性が高まってきていると捉えられるだろう。こうした状況に鑑みると、それらをひとつの中心点を基準としてまとめていこうとすることはますます困難になっていくと考えられる。つまり、近代西欧型の自己の成立が従来の人々よりも難しくなってきているのであり、心理臨床においては、そのモデルを前提にし続ける限り、ますます困難は増大するものと推測できる。それに対応するためには、広沢の言うところの「格子－放射スペクトラム」に照らしたこころの構造に関する見立てと、それに応じたアプローチを行っていくことが必要になるだろう。

　ここまで、『ドーン』を題材として現代の「自分」について検討してきたが、次節以降は、分人主義の考え方がはっきりとした形で取り入れられているもうひとつの作品である、『空白を満たしなさい』を取り上げる。

6.『空白を満たしなさい』

6-1. あらすじ

　主人公の土屋徹生は、妻の千佳と、1歳になる息子の璃久との3人家族で、多忙ながらも充実した日々を送っていた。しかし、彼はある日、会社の屋上から飛

び降りて自殺してしまう。それは家族や友人、会社の同僚など、周りの誰にとっても思いもがけないことであった。特に千佳は、自分には何も知らされず、悩みを相談されることもなく夫が自殺したことで、彼の苦しみに気付けなかった自分を責め、そして周囲の人々からも心無い言葉を浴びせられ、とても苦しい状況に陥っていた。

　それから3年後、徹生は死の直前にいた会社の会議室で目を覚ました。つまり、生き返ったのである。同じころ、全世界で彼と同じような「復生」の事例が多数生じ、社会は混乱していた。徹生は、自分が屋上から飛び降りるに至った経緯についての記憶がなく、初めは自分が生き返ったのだということが理解できなかった。彼は、千佳から自分が自殺したのだと聞かされたが、あんなに幸せだった自分が自殺などするはずがないと強く否定する。そして自分は、本当は殺されたのだと主張し始める。彼にはその心当たりがあった。「自殺」の前に彼は、会社の警備員の佐伯という男が鳩を蹴り殺す場面に遭遇し、それを咎めたことがあった。その翌日、徹生は仕事で疲れて車の中で寝てしまっていたのだが、気づくと佐伯が隣に座っていた。佐伯は、徹生が動けないようにシートベルトをロックしつつ、徹生に向かって、彼の信じてきた「幸せ」を根本から否定するようなことを言い続ける。家族を養うことに生甲斐を感じ、家族と過ごすささやかな時間が幸せだという徹生に佐伯は、たったそんなことのためだけにそんなに必死に働いて、本当は自分でも、なんでこんなに働いているのだろうと思いながら、あえてそれを考えないようにしているのだろうと投げかけたのであった。

　佐伯が自分を殺したと考えた徹生は、死ぬ直前の記憶を思い出そうと、会社の屋上に赴いた。実は佐伯は、徹生の遺体の第一発見者だった。会社の屋上に着き、記憶は依然としてはっきりしないまま、そこで初めて徹生は、佐伯が自分を突き落としたうえで第一発見者になることなどできないということに気付く。それ以降徹生は、社会からの差別もあり、自分が何者なのか分からないという感覚に陥っていく。

　そんな中徹生は、彼のように生き返った人々が集まる「復生者の会」に参加する。ホテルの部屋にいるとき、誰かがドアの下からDVDを差し出してきた。そこに収められていたのは、自分が死んだ日の、屋上へ通じる扉付近の防犯カメラ

の映像だった。その中には、何度か逡巡した後にドアを開けて屋上へ向かった姿があったが、誰も追ってくる者はいなかった。この映像によって彼は、自分が自殺したということを明確に突きつけられたのであった。DVDを差し出したのは、なんと佐伯だった。彼は「復生者」ではなかったが、会に参加している人々に、生きることの価値や幸福といったことを根本的に覆すような事を話し、顰蹙を買う。その後彼は、会場の中の工事中のバルコニーへ向かった。それに気づいた徹生が引き留めるも、「私も実際に生きてみましたが、これの何が面白いんですか？」と言って、そこから飛び降りて自殺してしまう。

　徹生はそれ以降、自分がなぜ自殺しなければならなかったのかということを突き止めようとする。彼は、「復生者の会」で出会った人に紹介されて、元精神科医で、今は自殺対策のNPO法人をしている池端という人物に会いに行く。彼は徹生と会ってから唐突に、分人の考え方について説明しだす[*21]。戸惑う徹生は、そうは言っても自分は自分だと、その考え方を受け容れきれない。池端は、自殺未遂者の中にもどうして自分がそういう行動を起こしたのか分からないという人がいると話し、その現象を理解するために分人という視点が必要であるという。話を続ける中で、徹生は分人という考え方を徐々に受け容れていった。そして、分人という視点で自分を振り返っていたとき、自殺に至った経緯をついに思い出したのであった。自殺した当日、日々の激務で疲れ果てていた徹生は、そのことを打ち消して仕事に取り組もうとしていた。しかし些細なミスから取引先を怒らせてしまい、そんな自分に失望してしまう。その時から、佐伯の言った、本当はなんでこんなに必死で働いているのかと思っているし、本音では人生にがっかりしているのだという言葉がちらつき、頭を離れなくなっていた。それはつまり、徹生の中での佐伯との分人だった。そして、その悪い考えを起こす分人を消し去ってしまいたいという思いから、他のすべての分人を巻き添えにして、身体ごと、自分で自分を殺してしまったのだと理解するのであった。

6-2. 分人という視点がもたらしたもの

　本作の主人公である徹生は、はじめは分人という概念を全く知らず、人は誰しも、唯一の「本当の自分」なるものを持っているのだという考え方をしていた。

しかし、実はその考え方こそが、徹生を自殺に追い込んだのであった。徹生が最終的に到達した考えは、彼が昔から慕っている秋吉という人物に対する次の言葉によく表れている。

> 僕を自殺させたのは、酷く間違った考えでした。僕は僕だ、という考え、僕という人間はただ一人、という考えです。もし僕が、分人という考え方さえ知っていたら、僕は千佳との分人、璃久との分人、秋吉さんとの分人を足場にしっかり生きていきながら、そのたった一つのいやな分人を消しさえすれば良かった！　でも僕は、個人は分けられない一人の人間だなんて、理不尽な考えを信じさせられていました。誰がそんなことを！　だとしたら、佐伯の存在の影響は、僕全体の問題になってしまう。そういう自分を否定しようとしたら、丸ごと全部、僕を否定しなきゃいけない！　善い自分も、好きな自分も見境なく、全部消さないといけなくなる！　区別がないんですから！　(p.394　傍点原著)

佐伯は、徹生の自殺後に千佳にも近付き、卑劣な言葉をかけている。しかし千佳も、佐伯の言葉の中にそうかもしれないと思う部分を感じ、そのために余計に苦しむのであった。佐伯は、自分自身、どうしても生きること自体の価値や、多くの人が素朴に信じている「幸福」を信じることができなかった。そしてそれらを信じて必死に生きている徹生のことが許せなかったのである。佐伯の語る言葉は、徹生や千佳にとって、自分の中にあるネガティブな考えの可能性を引きずりだし、拡大してしまうものであった。こうした点では、『決壊』における〈悪魔〉の、崇と良介に対する役割と同じであると言えよう。

そうして、佐伯との関わりによって生じた、人生に対する無気力な考えは、自殺前の徹生にとって、自分自身の考えの一部として受け入れることの困難なものであった。作中で何度も彼は、「そんなはずはない」と口にしている。しかし、蓄積した身体的、精神的疲労のためもあり、そうした考えは彼の頭の中をどんどん侵していく。彼は、家族と過ごすことを幸せだと感じていたからこそ、そのようなネガティブな考えそのものを受け入れることができず、それを消し去るため

に死を選んでしまった。それは、彼にとっての幸福をより純化させるために、どんどん膨れ上がってくる悪い考えを一気に全てなくしてしまおうとする試みであった。このように、やはりこの作品においても、ひとたび生きることへの疑念が生じれば、「本当の自分」というモデルに縛られる限り、逃れられない葛藤に陥り、行きつく先には死が待っているのである。

　分人主義的な考え方は、このような個人主義的な自己観に対するアンチテーゼとしての役割を果たしている。「自分」を分けて考えることによって初めて、徹生は自殺に至るまでの経緯を思い出すことができた。個人主義的な考え方では、どうしても自分が自殺したということを受け入れることができなかったのだが、それは自分が、「幸福な人間」か、「不幸な人間」かという二分法で捉えていたからであり、そこには、どちらも自分の中にあるという発想がなかった。しかし、分人という概念を耳にしてから、自分の中には家族と過ごす時間を幸福に感じている分人もいれば、人生に疲れ、無気力になっている分人もいるということを理解することができた。つまり、分人という概念を取り入れることによって、自己理解が深まり、自分の中での物語がつながったのである。

6-3. 分人主義的な適応の方法と心理臨床

　以上のように、徹生は分人という視点により自己理解を深めることができたわけであるが、その上で自分のとるべきであった方法は、153頁に引用した言葉にあるように、「いやな分人」のみを消し去るということだったと考えている。このように、ネガティブな分人を消し去る、あるいは切り離すというような発想は、『ドーン』においても描かれている。142頁に引用したネイラーの言葉の中にも、自分にとって受け入れたくない分人を排除したり、リンクから外したりすることで救われる場合も多いという趣旨のことが言われている。平野 (2012a) は、いじめや虐待を受けた過去を持つ人を例として、そうした人が「自分は愛されない人間だ」という風に本質規定してしまうのではなく、そうした過去は悪い関係によるものだと切り離して考えることで、新しい関係に過去の自分を引きずることなく生きていくことができると述べている。確かに、自分を苦しめる分人を「切り離す」ことができれば、そうして残った側の苦悩は軽減されるだろう。しかし、

分人は完全に他者や状況に依存して生じるものではなく、他者と自己との間に生じるものであるはずで、そう簡単に意識的にコントロールして切り離せるものではないと考えられる。武田(2013)は『決壊』における崇と良介の関係について、分人主義の立場からするならば、良介の死を招いたのは、良介の中の、崇との間に生じる分人であり、作中で崇自身が述べているように、良介の死には崇(の分人)にも責任があると述べている。そしてその分人を、「たとえ身に覚えのない分人であっても『自分』として認めなくてはいけないのではないか」(武田, 2013, p.206)とし、分人主義が「単に器用に自我を切り分けて対人関係のストレスを減らす技術にすぎなくなれば、かえって他人の苦しみから目を逸らすことにつながり兼ねない」(p.206)と述べている。このように、平野が主張しているように一部の分人を意識的に操作し、切り離すということには、やはり限界があると考えられる。一部の分人の存在に悩むときには、切り離すということ以外のアプローチを模索する必要があろう。この点について考えるために、心理臨床実践に目を向けてみたい。

　まず、分人と同様に一人の人の中に複数の人が存在しているという点で、解離性同一性障害の臨床についての知見が参考になると考えられる。柴山(2010)は、解離性同一性障害における交代人格は、一人では抱えきれない外傷体験が起こったとき、その記憶を抱え込み、「身代わり」としての役割を果たすと述べている。そしてその身代わり人格は、患者にとって本来感謝されるべき存在であり、その人格に目を向け、存在意義を認めるようにする必要があると説く。そのために、患者本人のみならず、周囲の者もその身代わりとなっている人格に目を向け、その「魂を包み込んであげることが必要」(柴山, 2010, p.227)とされている。つまり、辛い外傷体験の記憶を抱え込んだ人格を「切り離す」ことで適応しようとするのではなく、その存在を積極的に認めていくことが必要なのである。

　次に、Jung派における臨床的技法のひとつである、「能動的想像法」を取り上げる。これは、Jung自身が凄まじい内的体験の中で、それを克服していく過程で用いた方法である。第1章でも述べたように、Jungは自らの無意識の中にあるいくつかの像を相手に対話を行っていった。それらはいずれも具体的な視覚イメージをもって想像されており、「常にある程度の自律性をもち、それら自身の

区別された同一性をもっている」(Jung/Jaffé, 1963/1972, p.267) とされる。この方法においては、対話する相手の自律性が非常に重視される。無意識の力に圧倒されないように注意する必要はあるが、意識が働きすぎると無意識の流れを阻害してしまい、表層的なものになってしまうのである (河合, 1994)。

　以上のように、心理臨床では心の中の複数の人物像について、一部のものを意識的にコントロールしようとせずに、それらの存在の自律性を認め、対話していこうとする。一方で平野の分人主義の考え方では、一人の人を複数の分人どうしのネットワークとして捉えることにとどまらず、それらを意識的にコントロールしようとするところが特徴的である。それは特に、先に引用した徹生の考えに見られるように、生きることに対するネガティブな思いを抱える分人は単独で切り離してしまおうとする考え方である。しかしそれを推し進めていくことは、純粋な「善」の分人のみを残していこうとする動きであり、仮にそれが達成されるとしても、それは結局一面的な「本当の自分」になってしまう。しかも、上述のようにやはり分人とは意識的にコントロールしきれないものであり、ネガティブな分人を意識的に切り離そうとしても、結局それはどこかで舞い戻ってきてしまうであろう。その意味では「本当の自分」を求めつつもその不可能性に苦悩するという、分人主義以前の作品に見られた構造が再び現れてきてしまうのである。分人を単位として見ていくこと自体は、現代において非常に有用であると考えられるが、そこから意識的に分人をコントロールしようとするのではなく、ひとつひとつの分人との対話を試み、細やかに理解していくことが重要になるのではないだろうか。それは、他者との関係性において生じるという分人の特徴に鑑みれば、その人の心の中での対話でありながら、他者との対話でもあるような作業になるだろう。永岡 (2010) も、平野作品についての評論の中で、次のように述べている。

　〈分人主義〉は、内なる他者との対話を可能にするひとつの契機なのである。そういった意味で、〈分人主義〉は自己分裂でも自己の相対化でもなく、忌まわしい記憶を切り捨てるための操作的な概念でもない。他者との関係性のなかで、他者から到来した言葉で編まれた〈分人〉の束でしかない「私」を生きる人間が、生の連続性と全体性を回復しようとしたとき、その〈分人〉

を生じさせた内なる他者と対話するしかないのである。(永岡, 2010, p.158)

ここで、先に引用した『ドーン』の文章を再び取り上げる。「彼の中のすべての分人が響き合い、彼にその分人を生じさせたすべての人々が内から彼に語りかけて、次に発するべき言葉を代わる替わる教えていた」(p.468)これはまさに、分人たちとの丁寧な対話によって、「自分」の物語が紡がれていく様を表していると言えよう。

そして、物語の中にも切り離す、あるいは消すというやり方に異議を唱える人物がいる。それは、先に引用した徹生の語りを聞いた後の秋吉である。

でもな、佐伯みたいな人間に反発しつつ、どっかで共感する自分になってしまったっていうのも、それはそれで、徹生君の中にある何かのせいだよ。…(略)…見守る、でいいんじゃないかな？ いやな自分になってしまった時には、他のまっとうな自分を通じて、静かに見守れば。消そうとしても、やっぱり、深いところで色んなことが絡み合ってるんだよ、多分。(pp.395-396 傍点原著)

この秋吉の言葉に徹生は納得し、「孤独な自問自答では、最後にどうしても越えられなかった山を、やっと越えられた気がした」(p.396)と感じている。このように、一部の分人を切り離そうとするのではなく、その存在を認めていくことが必要なのだと考えられる。

7. 個人主義と分人主義の間

ここまで、分人という概念を取り入れた2つの作品について心理臨床学的観点から論じてきた。平野はこの分人という概念を、従来の個人主義的な人間理解に代わるものとして推奨しているのではあるが、作中には、分人主義に対する抵抗感についても随所に描かれている。

例えば、『ドーン』の今日子は、特に愛について考える際に、分人主義を受け

入れきれないでいる。以下は、明日人の火星からの帰還の後、ぎくしゃくした雰囲気を伴いつつ2人で食事をしている場面で、明日人から分人主義について説明された後の言葉である。

> 　人を好きになるって……その人のわたし向けのディヴィジュアルを愛す
> ることなの？　それを愛するわたし自身もその人向けのディヴ？　分人？
> インディヴィジュアル同士で愛しあうって、ひとりの人間の全体同士で愛
> しあうって、やっぱり無理なの？　そこに拘るのって、……子供じみた、
> 無意味なことなの？（p.134　傍点原著）

　また、『空白を満たしなさい』では、主人公の徹生も初めて分人という概念を聞かされたときには「僕は僕ですから。…(略)…本当の自分は一つですよ」(p.326 傍点原著)と抵抗感を顕わにしている。そして先に引用した秋吉の言葉も、徹生の話す分人についての説明に理解を示しつつも、それを完全に受け入れはせず、異議を唱えているものである。「中にある何かのせい」「深いところで絡まりあっている」という発想は、中心を想定する個人主義的なものであると言えるが、その秋吉の言葉によって徹生は、さらに自己理解を深めることができたのである。
　このような、作中の人物たちによる分人主義的な考え方に対する抵抗感は、作者の平野自身の中にある分人主義への抵抗感を表しているのではないだろうか。そのため、分人主義を導入して書かれたとされる2つの作品においても、単に分人主義を取り入れた世界に生きる人間たちが描かれるのではなく、個人主義と分人主義の間の葛藤が描かれることになるのだと考えられる。そして、そのような葛藤の動きによってこそ、物語は進んでいくのである。
　しかし平野（2012a）は、個人主義から分人主義へとシフトし、分人どうしの関係を意識的にコントロールすることによる適応を説いている。そして、個人主義は古い考え方で、現代においては間違った考えであり、乗り越えられるべきものとされている。それにもかかわらず、先に挙げたような作中の人物の思いは、時代遅れで現代の実感にそぐわないものとして描かれているわけではないし、むしろそれもまた現代に生きるわれわれの持つ感じ方の一部を表しているように思わ

れる。それを間違った見方として排除してしまっては、物語としての深みを失ってしまうだろう。平野の分人を描いた作品では、個人主義と分人主義との間で揺れ動くことそのものが物語を動かし、形作っているのであり、読者も共にその葛藤に巻き込まれていくことが大きな特徴であると考えられる。そして、そこには現代の「葛藤」の形が表れているのではないだろうか。従来、心理療法が前提としてきたのは、個人内部での葛藤であり、河合 (2010a) が述べているように、それによって症状が生まれるのと同時に、それによって心理療法が可能となるものであった。それに対して、本書でここまで何度も述べているように、近年ではそのような内側に葛藤を抱えることが難しい事例が増加しているということがしばしば指摘されている。しかし、本章においてここまで述べてきたことを踏まえると、現代においては個人主義と分人主義の間、あるいは広沢のモデルによれば「放射」と「格子」の間での葛藤という、次元の異なるところでの葛藤が考えられる必要があるのではないだろうか。個人主義的に唯一の「本当の自分」にこだわるのではなく、逆に分人主義的に「一貫性を持った本当の自分などない」と言い切ってしまうのでもなく、こころの中に核のようなものを感じながら同時に多面性に開かれているという矛盾を生きていく動きによって、各々の物語は進んでいくのである。それは、第2章で見てきたような多面的な「自分らしさ」と「本当の自分」の表れとしての「自分らしさ」の間の葛藤とも通じるものであり、現代の心理臨床においては、その次元での「自分」の動きを見ていくことが必要になるのではないだろうか。

8. 本章のまとめ

　本章では、小説家の平野啓一郎による「分人」という概念を手掛かりとして、彼の作品の分析を通じて、現代の「自分」について心理臨床学的考察を行ってきた。
　まずは、平野が自らの作品に分人という概念を取り入れるまでの、「本当の自分」をめぐる激しい葛藤の描かれた作品、『最後の変身』および『決壊』を取り上げた。これらの作品では、本当の自分を追い求めても、逆に初めから捨てていて

も、どちらにしても空虚感が顕わとなり、絶望の中で死に至ることになってしまうのであった。平野にとっては、「本当の自分」ということが前提にある限り、抜け出せない苦しみにはまりこむことになってしまい、その行きつく先には絶望と死が待っているのである。

そこで平野は発想を転換し、新しい形の「アイデンティティ」を模索する。その結果が、「分人」であった。本章では、その概念が明確に取り上げられていると考えられる『ドーン』および『空白を満たしなさい』を取り上げ、心理臨床学的観点から考察を試みた。

『ドーン』においては、息子を亡くして以来空虚感に覆われていた主人公の明日人は、分人主義的に自分を振り返ることによって生きる実感を取り戻すことが出来た。それは、それぞれの他者との間に生じるものとしての分人を、丁寧にひとつひとつ見ていく作業により、「自分」の成立の根拠を確かめていくことができたからだと考えられた。それは、心理臨床学的な観点からは、近代西欧的な「主体」あるいは「自己意識」の成立ではなく、「自分意識」とも呼ぶべき意識のあり方であり、自己関係を成立させることが難しいと言われる現代の人々への心理療法にとって重要な示唆になることが推察される。

さらに、作品に登場する「可塑整形」という技術を手がかりに、現代の若者における「顔」の複数性について論じた。場や状況によって異なるあり方を示していても、自分が同一の存在であることを保証するものとしての顔の絶対性が失われ、そのことにより、現代ではますます、広沢のこころの構造モデルにおける「格子型」が優位になると考えられる。心理臨床においては、こころの構造に関する見立てと、それに応じたアプローチを、従来の心理療法の枠組みにとらわれずに行っていくことが必要になると考えられる。

次に、『空白を満たしなさい』について分析を行った。この作品では、主人公の徹生の中での分人どうしの関係性が大きなテーマになっている。自分が自殺したということがどうしても信じられなかった徹生は、分人という概念を取り入れることによって初めて、そのことを受け入れることができ、自分の心の中でどんなことが起きていたのかを理解することができたのであった。ただ、その上で彼は、「いやな分人のみを消せば良かった」という発想に至る。しかしその考え方

では、結局一面的な「本当の自分」を目指す方向性と同じものになってしまう。心理臨床においては、そのような方向性のアプローチではなく、自分の中にあるひとつひとつの分人と対話し、細やかに理解していくことが求められると考えられる。

　最後に、作品の中に見られる分人主義への抵抗感を取り上げ、個人主義と分人主義との間で揺れ動くことそのものが物語を進めていく力になっていることを指摘した。そしてそのような動きは、従来の個人の心の内部での葛藤とは違った次元における葛藤のあり方を示しているのではないかと考えられ、そこへ着目することの必要性を論じた。

　本章を通して、分人という現代の「自分」について見てきた。平野の分人主義では、「本当の自分」という概念を真っ向から否定し、一人の人の中に複数の分人が存在していることを主張するが、価値観の多様化や、自己の多面性、中心性のなさということ自体は以前から指摘されてきたことである。そしてそのような傾向は、グローバル化が進み、情報技術が加速的に進歩していく現代において、さらに強まってきていると言えるだろう。それは、統一的な「本当の自分」を求めることをますます困難にしている。そのような状況において、平野の分人主義は、統一性をあえて求めず、ひとつひとつの分人と丁寧に対話するという点で、現代の心理臨床に有益な示唆を与えてくれるものである。ただ、彼の分人主義には、これまでの「本当の自分」を捨てて、逆の方へ極端に走ろうとしている面もある。そうではなくて、個人主義と分人主義の間で揺れ動くこと自体にその人が生きていく実感が生まれる余地があるのであり、その動きに添っていくことが、現代の心理臨床では求められるのであろう。

　本章で扱ってきた分人という概念は、現代の「自分」のあり方の全てを説明するものでは決してないが、現代の心理臨床において課題となっている、ばらばらな「自分」のあり方との関連が深い。物語を書くことを通じてそのテーマに取り組んできた平野の作品について検討してきた本章は、現代の心理臨床についての一考察として意義を持つものと言えるだろう。

第5章 仮想空間における「自分」

1. はじめに

　本章では、第Ⅰ部で得られた知見を踏まえながら、現代における「自分」について考察する一環として、仮想空間上の「自分」について検討していく。現在の日本においてはインターネット網が普及し、PCや携帯電話などの端末の利用率も非常に高い水準となっている。特に近年はスマートフォンの爆発的な普及も相まって、思春期・青年期の若者もほとんど一人に一台ずつネットに繋がった端末を持つような時代となった。

　このように、ネットは現代において非常に支配的なメディアになっている。McLuhan (1964/1987) によれば、メディアは単にメッセージを伝える中立的なものではなく、メディアを用いる人間自身のあり方を変え、そして文化全体に変容をもたらすものである。ネットというメディアの持つ大きな特徴は、それを介することによって時間的・空間的な距離を一瞬のうちに越えてつながることが可能となる点であると言えよう。そのような特徴は、単にコミュニケーションの効率を上げるということだけでなく、現代の「自分」のあり方そのものに対して大きな変容をもたらしているはずである。ゆえに、現代の「自分」について考察するにあたり、ネットという仮想空間上の「自分」を取り上げることには大きな意義があると言えよう。

　また、現代の若者においては、SNSやネットゲームを利用する者が増加しており、現実に存在する「自分」に加えて、インターネット技術によって実現される仮想空間上にも「自分」が存在することがもはや当たり前のこととなっている。そして、場合によっては同じSNSあるいはゲームの中に何人もの「自分」が存在

しているという人も少なからず見受けられるのである。

　第4章において詳しく言及した広沢(2015)は、格子型とインターネット文化の普及とを関連させて論じており、高石(2009)も近年の学生相談臨床において、近代の自ら悩む主体を前提とした心理療法が通用しない例が増加している背景のひとつとして、生活環境の急速なIT化を示唆している。ネットゲームやSNS上に様々な「自分」を作り、それらを使い分けて生きる現代の人々は、確かに西洋近代の一貫性、統合性を持った主体のあり方とは違って、それぞれの場においてばらばらなあり方を示しているものと思われる。また、Poster (1990/1991)は電子メディアによるコミュニケーションについてポスト構造主義の理論から考察しているが、そのコミュニケーションにおいては「自己は脱中心化され、散乱し、連続的な不確実性の中で多数化されている」(p.11)という。つまり、意識的に複数の「自分」を使い分けずとも、電子メディアによるコミュニケーションでは、既に自己は近代的な主体のあり方を離れて脱中心化・多数化したものとなっていると捉えられるのである。ゆえに、仮想空間上の「自分」について検討することは、本書の第Ⅱ部で目指している、従来の心理療法が通用しないものとしての、現代のばらばらな「自分」についての探究に資するものとなるだろう。

　そして、このような仮想空間上の「自分」については、心理臨床実践の場においても重要なトピックになってきている。筆者自身、特に学校臨床や学生相談の場において、それに関する語りをしばしば耳にしてきている。現実に加えて仮想空間上にも「自分」が存在するというのは、現代に特徴的なことであり、そのような存在のあり方について検討することは現代の日本の心理臨床について考察するためにも意義のあることだと考えられる。

2. ネットゲームに関する先行研究

　ただし、仮想空間上の「自分」と言っても、SNSにおける「自分」やネットゲーム上の「自分」など、様々なものが考えられ、本章ではそれら全てを取り上げることは難しい。そこで本章では、その中でもネットゲームを中心に取り上げることとする。ネットゲームは若者を中心に人気を得ており、『オンラインゲーム白

書　2012』(メディアクリエイト総研, 2012) によると、MMORPG (大規模多人数同時参加型ロールプレイング・ゲーム) などのネットゲームでは、プレイヤーの年代で最も多いのは20代の前半であり、全く課金せずにゲームをプレイする人だけで見れば、思春期・青年期の割合はさらに増える。またネットゲームは、依存状態に陥って昼夜を問わずのめり込んでしまい、そのことによって健康を害したり、最悪の場合は死に至ってしまうような事例が社会的にも取り上げられており、アメリカや、日本を含む東アジア、特に中国と韓国において問題となっている (芦崎, 2009；岡田, 2014)。岡田 (2014) によると、日本においてはその対応が遅れているが、韓国、中国では国レベルでの対策が進んできている。そしてアメリカでは、DSMの第5版 (APA, 2013/2014) において、現時点で臨床において使用できるものとしてではないものの、「今後の研究のための病態」として、「インターネットゲーム障害」が含まれるに至った。このように、もはやネットゲームの問題はごく一部の人々の問題ではなく、社会的に広く取り組まれるべきものとなってきており、そのことは現代人にとって仮想空間上の「自分」の持つ重要性が拡大してきていることを表していると考えられる。

　ネットゲームに関する研究は心理学の分野においても数多く行われてきているが、中でも仮想空間上で実際にどのようなことが起きているのかということについて、実際のプレイヤーの語りから詳細に検討したものとしては、Turkle (1995/1998) による研究が挙げられる。彼女は社会学者であり同時に精神分析を学んだ臨床家でもある人物で、膨大な量のインタビューを行い、その語りを基にインターネット時代のアイデンティティのあり方について考察している。この研究は、ネットゲームを含めたインターネットを介したコミュニケーションの性質や、コンピューターそのものの特徴について検討しながら、ネット上の仮想空間において実現している、ポストモダンの時代における多元的なアイデンティティについて詳細に論じたものである。そこには豊富な調査事例の語りが引用されており、実際にネットゲームなどのプレイヤーが自身のアイデンティティのあり方についてどのように考え、感じているのかがよく伝わってくる。ただ、Turkle (1995/1998) において扱われているネットゲームは、多くがMUD (Multi-User Domain あるいは Multi-User Dungeon) という、テキストベースの古いタイプのゲーム

であって、現代の日本ではほとんどプレイされていない。さらに、本書は「自分」という日本語の日常語を手がかりとするものであるので、仮想空間上の「自分」について検討するには、日本におけるネットゲームのプレイヤーの体験について検討することが望ましいであろう。

　日本における先行研究では、例えばネットゲーム依存と潜在的な不登校・ひきこもり心性との関連(平井・葛西, 2006)、現実における社会性および攻撃性との関連(藤・吉田, 2009；2010)、自己愛傾向および自尊心との関連(加藤・五十嵐, 2016)などについて検討されてきている。こうした先行研究のほとんどは調査研究であり、ゲームへの没頭を生み出す要因、あるいはそれが現実に及ぼすポジティブ・ネガティブな影響についてモデルを立てて仮説検証を行っているものが多い。ネットゲームについて実際のプレイヤーの語りを検討したものとしては、藤・吉田(2009)が尺度作成のために行った予備調査があるが、先行研究の理論に従って語りが分類されたにとどまり、詳細に分析が行われたわけではない。

3. 本章の目的および方法

　以上のことから本章では、日本におけるネットゲームのプレイヤーの実際の体験に焦点を当て、仮想空間上の「自分」はどのような特徴を持っており、それがあることで本人にどのような体験をもたらすのか、ということについて具体的に明らかにすることを目指す。

　そのためには、Turkle (1995/1998) のように、仮想空間上の「自分」についての具体的な語りに基づいて考察を進めていくアプローチが適していると考えられる。そこで本章では、ネットゲーム依存の経験を持つ方々に行ったインタビューをまとめた著作を主な資料として用いて、先行研究や第Ⅰ部で得られた知見を踏まえながら、仮想空間上の「自分」について考察を進める。

　なお、本章でインタビューを引用する資料は、『ネトゲ廃人』(芦崎, 2009)、『ネトゲ廃女』(石川, 2010)、『僕の見たネトゲ廃神』(西村, 2010) である。「ネトゲ」とは、インターネットゲームの略であるが、「ネトゲ廃人」とは、現実生活における健康や、学業や仕事、あるいは友人や家族との関係などあらゆることを犠牲にして

までゲームに没頭している人を蔑む言い方であり、同時にそこまでゲームを極めた「ハイ（廃）レベルな人」という意味で、賞賛する言い方でもある。さらに、「廃神」とは「廃人」よりもさらにレベルの高い域に達している人物を指す言葉である。芦崎 (2009) は様々な「ネトゲ廃人」に取材をしており、石川 (2010) は主婦のみを対象としている。そして西村 (2010) は、著者自身がネットゲーム依存の経験者であり、芦崎 (2009) のインタビューに答えたことをきっかけに、自分でも他の「廃神」にインタビューを行っているものである。本章では、これら3つの著作のインタビューを主な資料として用いながら、仮想空間上の「自分」について、いくつかの切り口を設定したうえで検討していく。

4. 仮想空間上での関係性のあり方

　まずは、仮想空間上の「自分」どうしの関係性に着目し、そのあり方について検討していきたい。第Ⅰ部を通して、「自分」の存在は他者との関係性を抜きにしては成立しないというような特徴が確認されてきたが、仮想空間上の「自分」においても、他者との関係性について検討することでそのあり方が見えてくると思われる。

　従来のテレビゲームでは、一人でプレイするものが多く、他のプレイヤーとのコミュニケーションはあまり重要なものではなかった[*22]。しかし現代のネットゲームにおいては、他者とのコミュニケーションは非常に重要な要素である。戦闘を中心としたゲームでも、複数人のグループを形成しないと冒険に進めないようになっている設定があったり、グループで役割分担をして戦うほうが効率よく敵を倒せたりする場合が多い。そのような場合には、ゲーム上でのチャットによるやりとりを介して協力関係を築く必要があり、こうしたゲームにおいてもコミュニケーションが重要な要素となっているのである。そして、他のプレイヤーとのやりとりを繰り返す中で、現実世界と同じように人間関係が生じ、時にはそれが密度の濃いものとなって、現実の人間関係よりも大切なものとして感じられている場合もある。現実では全く知らない人同士が、ネット上で恋人関係になることもよくあることで、他にもアメリカのリンデンラボ社による「セカンドライ

フ」では、仮想空間上の土地を買って家を建てたり会社を作ったり、プレイヤーどうしが結婚して結婚式まで行ったりするなど、まさに現実さながらの社会がネット上に築き上げられている。こうしたことは、技術の進歩によって現実の社会が仮想空間上にそのまま再現されるようになってきているようにも感じられるかもしれない。しかし仮想空間におけるコミュニケーションや、関係性のあり方には、現実とは異なる独自の特徴があると考えられる。

4-1. 他者自身の存在感の薄さ

ネットゲーム上のコミュニケーションは、チャットによってリアルタイムで行われるため、同期性の点では現実に近いやりとりが可能である。しかし、このコミュニケーションは主にテキストメッセージのやりとりによるが、現実での生身の人間同士のやりとりでは、発言内容の他にも、表情や身振り、外見的印象など、他の様々な情報を含めたやりとりが行われている。三浦 (2008) は、ネットコミュニティにおけるコミュニケーションが、対面のそれと異なる点として、「コミュニケーションの際に相手に伝わる情報に、社会的手掛かり (性別・年齢・民族など) や非言語的手掛かり (表情・ジェスチャ・声の調子など) といった視覚的手掛かりが含まれない」(p.138) ということを指摘している。そしてそのために、対面であれば視覚的手掛かりによって表出することが躊躇われるようなことも表出されやすくなり、対面よりも自由な自己表現がなされやすくなる。このように自己開示の深さが増すと、相手の好意度も増大することになるので、一度も会ったことのない人どうしでの「ネット恋愛」が発生しやすいという。また、対面を伴わないことによって、「偽の自分」を演じることが容易になり、うそをつきやすくなることや、一人で複数人を演じたり、コミュニティからの離脱が容易であることも特徴として挙げられている (三浦, 2008)。芦崎 (2009) がインタビューしたある女性 (以下Oさんとする) は、うつ病となって「生身の人間と、会ったり、喋ったりすることが一切、できない」(p.72) という状態であったが、「ネット上では相手を知らないからこそ、ホンネが言えたりする。向こうもホンネで返してくれるのがわかる。約束でもしない限り、直接、会うことはないですから、その安心感でホンネが言える。精神的に弱い部分を見せると、言葉をかけて癒してくれる人がいる。たと

え、それが嘘だとしても、その人とは絶対に会わないからそれでいい、と思えた」(p.73)と語っている。

このように、仮想空間におけるコミュニケーションでは、生身のコミュニケーションには含まれる要素の多くが排除されているために、本音を言うことも、うそをつくことも容易になされることとなる。対面している場合のコミュニケーションでは、「これを言ったら相手にどう思われるだろう」などと相手の気持ちを推し量ったり、あるいは相手に必要以上に踏み込まれないように警戒したりしながら会話を行うのであって、自分の発言には他者の存在の影響が作用している。つまり、目の前の他者の存在が、自分にとって一定の「枠」として作用することとなる。しかし仮想空間上のコミュニケーションにおいてはその枠がうまく働かず、容易に本音を曝け出してしまったり、攻撃性を未統制のまま表出したりしてしまうのである。

さらに、Oさんが「たとえ、それが嘘だとしても、その人とは絶対に会わないからそれでいい」(芦崎, 2009, p.73)と語っているように、重要なのは発言内容なのであって、心から言葉をかけてくれている他者がいるということではない。つまり、そこで彼女が求めていたのは、自分を癒してくれる他者が存在することではなく、それが誰であろうと自分にぴったりの言葉をかけてもらうことなのである。そうしたコミュニケーションでは、自分が聞きたかった言葉の存在感は強まる一方で、それを発した他者自身の存在感が希薄になっていると言えるだろう。

社会学者の大澤(1995)も、情報の伝達速度が極端に高められた電子メディアは、「現前しない遠隔の他者からの—あるいは他者への—伝達を、(物理的に)現前している親密な他者からの伝達を特徴づけるような直接性において、実現する」(p.75)という特性を持っており、それゆえに電子メディアに接続するということによって、やりとりの相手である他者は、「一方では、自己自身と同じ直接性において存在していながら、他方では、自己にとって疎遠なものとして存在しているような、自己自身における他者性とでも表現するほかないもの」(p.76)となると述べている。このように、仮想空間上のやりとりにおいては、他者に自己が重なり合うことで、その相手が有しているはずの本来の他者性は希薄にならざるを得ないのである。

4-2. アバターの介在

　前項で述べてきたのは、ネット上のチャットによるコミュニケーション全般にあてはまるものだと言える。ところで、ネットゲームや一部のSNSでは「アバター」というキャラクターを仮想空間上に作成して、それを操作することも大きな特徴である。アバターは、自分の姿に似せて作られる場合と、外見・年齢・性別・さらには種族（動物やロボットの場合もある）を変えて作られる場合があるが、いずれにせよ自ら生み出し、自ら操作するという点において、プレイヤー自身の「分身」だと見なすことができる。それでは、仮想空間におけるやりとりにアバターという分身が介在する場合、その関係性のあり方はどうなるのであろうか。

　まず指摘できるのは、アバターの外見という、視覚的手掛かりが得られるということである。しかし、それはプレイヤー自身の外見を再現しているわけではない。例えプレイヤー自身の姿に似ていなくとも、作成されたアバターの姿は、プレイヤー自身の一面が投影されているとも考えられる。しかし、それはその一面にすぎないのであって、本来多面的なその人自身をうつしだすことは難しいだろう。前出の芦崎(2009)の、他のインタビュイーのある中年女性（以下Pさんとする）は、可愛らしい外見のアバターを使っていたために多くの男性から声をかけられ、30代後半当時でも20代、あるいは小学生とも間違われたという。しかしここで注意したいのは、その男性たちも同じ手順によってアバターを作成しており、Pさんのアバターが本来の姿とは異なっている可能性があることを知っているはずなのに、それでも彼女を若い女性と見なして声をかけてくるということである。つまり、彼らはそれが本当の外見ではないことをわかっていながらも、自分の好みの外見を持つアバターに向かって話しかけ、時には好意を寄せるのである。それは、そのアバターを操作するプレイヤーにではなく、むしろ生身のプレイヤーと画面上のアバターを切り離し、後者に対して積極的に働きかけているものと言えよう。

　また、多くのSNSやゲームにおいて、アバターの外見はデフォルメが強く施され、可愛らしいキャラクターが出来上がるようになっている。デフォルメが強いということは、生身の人間の姿からは遠いということであるが、名取(2006)は人形浄瑠璃やアニメと投影の関係について、「鑑賞者の投影を引き出すには、媒

体として適度の具象性と曖昧性を兼ね備えているとよい」(p.106)、「刺激媒体があまりに明瞭であれば、それだけ知覚は『正確』に客観的になり、主観的投影を担う幅は狭くなる」(p.108) と述べている。これを踏まえれば、アバターの外見は、それを見る他のプレイヤーの主観的投影を引き出しやすいと言え、アバターと会話するということは、自分の主観的投影を強く受けた対象との会話となる。そこでは、生身の他者との会話よりも、自分とは異なるものとしての他者と交流しているという感覚が弱められるのではないだろうか。こう考えると、ネット上のコミュニケーションにアバターが介在することによって、コミュニケーションの相手であるはずの他のプレイヤー自身の存在感がさらに希薄になると考えられよう。仮想空間におけるアバターどうしの関係性は、自分と特定の他者との間に分身が介在しているという単純なものではなく、自分と自分の投影を強く受けた他者の間のやりとりであり、その意味で閉鎖性を帯びたものだと言えるのではないだろうか。

　ここまで見てきたような仮想空間上の「自分」どうしの関係性のあり方では、自己と他者が、互いに異なる者として十全に関わり合うということがどうしても難しくなるであろう。「自分」とは、ただ関係しているだけではなく、互いに関わり合っているところに生じるものであり、自分の側からの関わりの主体性が失われている場合には「自分がない」という事態となるということが第3章において示された。そのことを踏まえると、「自分」とは異なるものとしての他者自身の存在感が薄くなると考えられる仮想空間上のやりとりにおいては、他者の側からの関わりが乏しく、自己完結的な関係性になっており、その意味では「自分がない」と言えるのではないだろうか。当人にとっては非常に生き生きと仮想空間の中で他のプレイヤーとやりとりをしていて、そこに「自分」があるように感じていたとしても、それは実は、自分と自分の作りだした対象との関係性の中で生じている、仮初めの「自分」であるかもしれないのである。

5. 仮想空間と現実における人格のギャップ

　次に、仮想空間で会う他者と、現実で会う他者との人格のギャップについて検

討したい。芦崎 (2009) や石川 (2010) のインタビューにおいてしばしば聞かれるのが、ゲーム上ではとても魅力的な人だったのに、リアル (現実) で会ってみると、全く別人のような人だった、というものである。例えば、ゲームの中ではとても頼りになるリーダー的存在だったのに、現実に会ってみれば非常に内気で目を見て話せなかった、という具合である。これは、現実の人格を優位に置いて考えた場合には、現実ではそのように振る舞えないのに、仮想空間ではそのような人格を演じているのだと捉えられるかもしれない。しかし、現実の優位性はそれほど絶対的なものではないということが、いくつかのインタビュー事例から窺える。

5-1. ネット恋愛における仮想空間と現実のギャップ

芦崎 (2009) に登場するある女性 (以下Qさんとする) は、ネットゲーム上である男性と「ネット恋愛」、つまりネット空間上での交際をしていた。その男性は、ゲーム内でとても優しくて頼りがいのあるリーダー的存在で、他のメンバーからも好意的に思われていて、Qさんは彼とのネット恋愛にはまりこんでいた。それでも実際に会おうとまでは思っていなかったが、ある時相手の男性から「どうしても会いたい、会えないのならネット上でも別れる」と言われ、仕方なく会うことにした。待ち合わせ場所に現れた男性の姿があまりかっこよくなかったことに「やっぱりネットとリアルでは違う」という思いを抱きつつも、会ってくれないとネット上でも別れるという彼にその後も嫌々ながらも現実で会うようになる。それを重ねるうちに、彼の嫌なところがどんどん見えてくるのだが、ネット上の彼との関係を続けるために、現実では仕方なく彼の言いなりになっていた。彼女は、「大好きでした。私の中では、ネットの彼は別人なんです」(芦崎, 2009, p.132) と言い、ネット上だと優しくなる彼と離れることができなかった。彼女はネット上での彼との関係について次のように語っている。

> 人って、リアルだと、恥ずかしくて言えないこともあるじゃないですか。リアルだと甘えられない人も、甘えられる。私は、リアルだとみんなを引っぱっていくタイプなんです。でも、ネットの中だとそうじゃなくて、誰かに引っぱってもらえる自分を作れるじゃないですか。それが心地よくて。

> 相手がリードしてくれると、完全に可愛い自分になれる。そういう自分が
> いて、優しい彼がいて、ネットでは理想の恋人同士になれる。(芦崎, 2009,
> p.132)

　ネット上での「理想の恋人同士」という関係性を手放すことのできなかった彼女は、ついには現実の彼にお金を貢ぐようにまでなったという。
　以上のように、ゲームにはまりこんでいた当時のQさんにとって、現実の人格よりもネット上の人格のほうが優位性を持ち、そして互いに現実とは異なる人格を持つものとしての恋愛関係が、現実よりも大切なことになっていたのである。Qさんは当時のことを「本当に、別世界の自分になっていた」と述懐しているが、自分も相手の男性も「別世界の自分」として、「理想の恋人同士」という関係性を生きていたと言える。
　石川 (2010) にも、同様の事例がある。専業主婦のある女性は、ネットゲーム上でゲーム仲間の男性と付き合うようになった。彼はゲームの中では人気者で、女性ゲーマー達の憧れの的だった。そんな彼とゲーム上のコミュニティの中で噂になることは、彼女に優越感をもたらしていたという。そして現実にその彼と会うことになるが、彼は現実には全く魅力的でなく、生理的に嫌悪感があったと言うほどだった。しかし、それにもかかわらず、彼女はその彼と会った当日にセックスをしたと言うのである。どうしてそうなったのかと尋ねるインタビュアーに対して彼女は、ゲームの中での関係が一番になってしまって、ずっとゲームを一緒に続けたい、捨てられたくないという気持ちから、我慢してでもセックスをしたと話す。その後も、彼との関係はゲーム上でも現実でも続くが、そのうちに実際の夫にそのことが知られてしまいそうになり、別れを切り出した。そのときの気持ちを彼女は次のように述べている。

> いくらリアルでダサくても、ゲームでかっこよければヒーローなんです。
> 現実には疲れた中年男でもゲームの中ではプレイボーイなの。おもしろく
> て、優しくて、切れ者のハンカレ[*23]と別れることはつらかった…(石川,
> 2010, p.121)

このように、彼女にとっても、ゲーム上での相手の姿が現実での姿よりも重要になっており、現実の姿には生理的嫌悪感を抱くほどであろうとも、それがゲーム中の彼への気持ちを冷めさせることにはならなかったのである。

5-2. 仮想空間における関係性においてこそ生じる「自分」

ここに挙げた彼女らにとって、現実の相手はむしろ、ゲームの中の理想的な彼をつなぎとめるために我慢して付き合わなければならない別の人物であるかのようである。そこにあるはずの同一性は、彼女らの中では解離されてしまっている。彼女らにとって、ゲーム上の彼とは初めからゲーム上で出会い、ゲームの中で関係性を築き上げてきた相手であり、その仮想空間の中での彼こそが自分の求めている彼であって、目の前にいる人物がその彼とは関係のない人だと認識されても不思議ではないのかもしれない。また、Qさんが語っているように、相手のみならず自分の方も、ネット上でのその人との関係性だからこそ現れてくる「自分」としてやりとりをしてきたのであろう。第Ⅰ部で見てきたように「自分」とは関係性において生じてくるものであり、ゲーム上での恋愛関係を失うことは、理想的な相手を失うことのみならず、その人との関係性における「自分」をも失うことになる。そのために、現実の理想的でない相手の姿と、ゲーム中の理想的な姿との間のつながりに目を向けられなくなっているのではないだろうか。また、その「自分」とは、前節で述べたように仮初めのものでしかないのかもしれない。しかし彼女らにとって、仮想空間上の理想の相手との関係性における「自分」はかけがえのないものに感じられているのである。だからこそ、その「自分」を失うことの心理的苦痛は大きくなってしまうのであろう。

石川 (2010) に登場するまた別の女性も、実際には会ったことのない男性とネット恋愛の関係となり、ゲーム上で「結婚」していた。ゲーム内で優しく接してくれ、存分に甘えさせてくれる関係に夢中になる彼女にインタビュアーは、実像がわからない相手なのに、それでも彼は特別な人だと実感できるのかと尋ねた。すると彼女は、「もちろんゲームはゲームでしかない」と前置きしつつ、次のように語った。

これがネトゲならではの喜びだと思うんですが、ゲームでありながら人と人とがつながっている、感情を交換できる喜びがあるんですね。ほめてくれたり、慰めてくれたり、熱く語り合える仲間がいるのはやっぱり楽しい。逆に、私が現実の世界しか持ってなくて、○○さんの奥さん、○○君のお母さんという立場だけだったら息が詰まっちゃうと思います（石川, 2010, p.39）

　この語りに見られるように彼女らは、相手が「実際に」いい人であるとか、魅力的な人であると感じて夢中になっているというよりも、その相手とのゲーム上での関係性に夢中になっているのであり、またそこでしか現れてこないような「自分」として生きる時間を求めてゲームの世界に没頭しているようである。だからこそ、相手の「実像」がどうであるかということはあまり重視されなくなるのだが、それはゲームの世界と現実とを混同しているのではなく、むしろそこは切り離されて、別々のものとして体験されているのではないかと考えられる。第Ⅰ部、特に2章において見てきたように、「自分」あるいは「自分らしさ」は、場や関係性によって多面的になりうるものであり、彼女らの体験は、決して一部のゲームマニアの人々だけの話ではないと思われる。また、SNSでもそれ独自の関係性とそこにおいて生じる「自分」が現れてくるはずであり、現代の、特に非常に多くの割合でSNSを利用している若者世代にとっては、仮想空間上の「自分」も含めてより多面的な「自分」が存在し、その中で「実像」とはどれなのかということを問うこと自体が、あまり意味を持たなくなるような場合が増えてきているのではないかと推察される。

6. 仮想空間自体の特徴

　次に、ネットゲームの中でアバターが生きている世界の特徴について検討していきたい。第Ⅰ部で見てきたように、「自分」は広い意味での「世界」あるいは「場」との関わりにおいて生じてくるものであることに鑑みれば、仮想空間上の「自分」について考察するに際し、その世界のあり方についても着目すべきであろう。

6-1. 終わりのない世界

　ネットゲーム内の世界の特徴と言っても、それはゲームの設定によって様々で、それぞれが独自の特徴を持っている。しかし、そこに共通しているのは、"終わりがない"ということのように思われる。例えば、家庭用ゲーム機で一人でプレイするゲームでは、多くの場合、物語の始まりと終わりが設定されていて、プレイヤーはエンディングに向かってゲームを進めていくことになる。しかし、MMORPGでは、そのような単一のエンディングは存在せず、例えば仲間とパーティを作ってあるダンジョンに冒険に出かけ、そこで敵を倒すと、ゲーム内のお金やアイテムがもらえる。するとまた元の所に戻ってきて、また違う冒険へと出かける、ということを繰り返す。そして、そのような冒険はゲームの運営会社によって定期的に追加され、プレイヤーをゲームから離させまいとするため、プレイヤーは際限なくゲームをやり込むことができる仕組みになっている。

　このような特徴は、心理療法において非常に重要な「枠」のあり方と対照的であるように思われる。

　ところで、仮想空間上のアバターは多くが人の形をしていて、プレイヤーがそれを動かして遊ぶという意味では、一種の人形だとも言えるだろう。心理療法においては、箱庭療法でも人形が用いられることは多いし、浦川（2001）は主に統合失調症患者の集団作業療法において、患者自作の指人形を用いた即興劇である「心理人形劇」を試みている。そしてこれらがうまく治療的に作用するために重要なのが、「枠」の存在である。箱庭療法においては、砂箱が枠として働くが、箱庭療法を心理療法として確立したKalff, D.M.は、「砂箱の寸法は、その表現されるものに1つの制限を加えているのであり、またその制限の中ではじめて変容（Wandlung）が生じてくるのである」（kalff, 1966/1999, p.20）と述べている。そして「心理人形劇」でも、舞台となる机が用意され、その上で表現がなされることで、舞台空間が「患者の心の未消化物が吐き出され、一時置いておかれるスペース」（浦川, 2001, p.238）となり、それがやがて患者の心に取り入れられて、心的内容を自分の「心の容器」に保持する機能の回復につながるとされている（浦川, 2001）。一方で、ネットゲームの世界には時間的にも空間的にも終わりがなく、全くの無秩序ではないにしろ、「枠」があまり働いていないと言える。もちろん、ネットゲー

ムは心理療法として用いられているのではないが、その世界の「枠」が弱いと、プレイヤーに大きな自由を与える一方で、守りの薄さを呈してしまう可能性がある。既に述べたように、仮想空間でのコミュニケーションでは、容易に本音を曝け出してしまったり、未統制の感情をぶつけてしまったりしやすくなる。そして、制限が弱いために、そうした未統制なやりとりが「ネット恋愛」のような結びつきをすぐに生みやすい一方で、互いに傷つきやすい無防備さにつながるおそれがある。また、「枠」が弱いとそこに内容物を溜めていくことが難しく、そこでの経験がプレイヤーにとってその場限りのものになりやすいのではないかと考えられる。芦崎（2009）のインタビューでも、3年間ゲームに全てを捧げてきたが、自分の行きたいところまで登り詰めたと思うと、これまでゲーム内で培ってきたものが所詮数字にすぎないことに気づき、虚しさを覚えたという人（以下Rさんとする）がいた。ゲーム内で必死に溜めてきたものは、結局その人の「心の容器」には溜まっていなかったのである。

6-2. 境界の飛び越え

　もうひとつ、仮想空間の世界の特徴として挙げられるのが、境界の薄さである。多くのゲームでは、ある場所からある場所への移動が簡単に行え、様々な場所にワープすることができる。つまり、空間的な境界を、いとも簡単に飛び越えることができるのである。他にも例えば、SNSの一種で自分のアバターを作成して操作し、他のアバターとの交流を楽しむ、ゲーム性の強いオンラインサービスである「アメーバピグ」では、無制限にというわけではないがとても簡単に、他のユーザーの「家」に入ることができる。これは空間的な移動という点のみならず、プライベートな空間であるはずの自分の家に簡単に入れてしまうという、心理的な境界の薄さにつながる特徴であると言える。芦崎（2009）のインタビューの中に、ネット上で知り合い交際が始まった遠方に住む男性の家に、1ヵ月間滞在するという話をした18歳の女性がいた。彼女について芦崎（2009）は、「リアルで直接会って、お互いが気に入る。すると、ゲーム画面を『ピューッ！』と移動するキャラクターのように、相手の家に入ってしまう。個人の領域や境界線のようなものがない、そんな感じがしたのだ。お互いに段階をふんで接近してゆくコミュ

ニケーションが希薄なような、そんな感触が残った」(p.61) と述べている。これはまさに、ゲームの世界での境界の薄さが、現実での対人関係における境界の薄さとつながっている事例だと言える。ゲーム内で、境界を簡単に飛び越えてつながった2人が、芦崎の言うような「段階」を経ずに一気に「家」にまで入り込んでいったのであり、そこに至るまで想定されるような様々な葛藤をも飛び越えてしまっているのである。

　このように簡単に境界を越えることができるということは、仮想空間上の関係性の大きな魅力となっているようである。例えば、5節にて挙げたQさんは、現実の世界では人と仲良くなるのに時間がかかるが、ネット上ではすぐに友だちどうしになることができ、「なにか壁を越えて、つながっていけそうな感じを持ったのだという。」(芦崎, 2009, p.126) と述べられている。また、石川 (2010) がインタビューしたある女性は、「今の時代はリアルで人間関係を作るのがむずかしいじゃないですか。…(略)…でもネトゲなら、世間の肩書とか立場とか年齢なんて乗り越えて仲良くなれる」(pp.202-203) と語っている。彼女は、仕事を探して地方都市から都会へ来たのだが、なかなか仕事が見つからない状況の中でネットゲームを始めた。ゲーム内には「酒場」があって、そこに毎晩「常連」が集まるようになり、ゲーム内でのやりとりを重ねていくにつれ、仲間意識が強まっていった。ゲームに熱中しなくなってからも、その仲間とは定期的に直接会っているという。

　ネットゲーム内でのチャットによるコミュニケーションを含め、PCや携帯電話などの端末を介したコミュニケーションはCMC (Computer-Mediated Communication) と呼ばれるが、CMCでは対面でのコミュニケーションよりも伝達される情報が非言語的情報を中心として少なくなることから、相手から受ける緊張感や心理的負担が減少することが示されており、そのことにより立場の平等化という現象が生じることが示唆されている (木村・都築, 1998)。こうしたCMCの特徴から、ネットゲーム上では現実の人間関係よりも簡単に境界を越えて人とつながることのできる感覚が得られるのであろう。前出のOさんは、うつ病になって以来無気力な状態が続いていたが、ネットゲームを始めてからというもの、「もう、それは楽しかった。もう一人の自分がキャラクターになって、相手の顔を見ずに、人と接することができる。新しい自分を見つけたような感覚になりました」(芦崎,

2009, p.74)「最初は、冗談すら言えなかった。でも、みんなと仲良くなるにつれ冗談を言えるようになる。自分でも、こんな冗談が言えるんだ！って、あらためて気づいて。忘れていた感情を思い出すんです」(芦崎, 2009, p.75) というように、ゲーム内で人とつながることにはまりこんでいった。一方で、Oさんは次のようにも語っている。

> ネットで知り合った人のほうが、手軽というか、気軽というのか。インスタントな感じがあって、そこで何かがあっても、パッと縁を切りやすいし別れやすい。つまり、つながりやすくて、切りやすい。もしも本当に嫌いになったら、ブロック機能で完全に拒否することもできますから (芦崎, 2009, p.74)

このような語りには、Oさんの中で人とのつながりを求める気持ちと、つながりすぎて巻き込まれることへの恐怖とのアンビヴァレンスが見て取れる。まさに「つながりやすくて、切りやすい」というゲーム上の人間関係は、現実において人とまともに接することのできないOさんにとって、安全に人とのつながりをもたらしてくれるものであり、そこに「新しい自分」を感じさせてくれるものであった。そうであるからこそ、Oさんはゲームにのめり込んでいったのだろう。

7. 仮想空間における「自分」の身体性

次に、仮想空間上の「自分」について、その身体性に着目して検討していくこととする。身体が自己あるいは他者の成立に密接に結びついているということは、これまで数多く指摘されてきた (市川, 1984；野間, 2006など)。仮想空間上の「自分」は、グラフィックで表された一定の外見を持ってはいるものの、物理的に存在する身体を持つことは不可能であり、この点は根本的な特徴であると言える。しかし、それにもかかわらず仮想空間上の「自分」にある種の身体性を想定することは可能である。市川 (1984) は「われわれが主体的に生きている身体 (主体身体) は、決して皮膚の内側に閉じ込められているわけではありません。皮膚の外まで拡が

り、世界の事物と入り交っています」(p.155)と述べ、物あるいは他者とのかかわりの中で身体が拡大することを指摘している。とすれば、われわれの「主体身体」は、仮想空間の中にまで拡大し、現実の身体と交錯するものとして捉えることができよう。以下では、ネットゲームに没頭していく中で、現実および仮想空間における「自分」の身体性がどのように現れてくるのかについて検討していく。

7-1. 置き去りにされていく現実の身体

　実際のネットゲーム依存経験者たちの語りの中で、その身体性について着目したときにまず目に付くのは、ゲームにのめり込んでいくに従って、現実の身体が置き去りにされていき、むしろゲーム内のアバターと身体まるごと一体化して、仮想空間において身体性が実現しているかのような印象さえ抱かせるという点である。

　石川(2010)がインタビューしたある専業主婦(以下Sさんとする)は、結婚以来10年間、ネットゲームを中心に生活してきたという。彼女はネットショッピングを駆使することで滅多なことでは外出しなくてもよいようにしており、窓のカーテンを閉め切って一日中パジャマのままで過ごし、ゲームに没頭してきた。あるとき、ゲーム内で家を建てようとするが、そのゲームにおいて家を建てるためには相当な労力をかけてゲーム内マネーを貯める必要があった。しかしそれ以外にもうひとつ方法があり、長い間ログインされていない人の家は、一定期間が経つと崩れ落ちて「証書」が落ちてくるので、それを手に入れればその土地を自分のものにできるという。ただし、多くのプレイヤーがそれを狙っていて争奪戦になるため、家が崩れ落ちる瞬間まで四六時中監視する必要がある。その作業に没頭した彼女は、「朝からずっとパジャマのまま、大急ぎでカップラーメンを食べるか、一日中なんにも食べない日だってありました。トイレに入ってる間に家が崩れちゃったら大変だから、用を足すのもギリギリまで我慢して。どうしてもトイレに入らなくちゃならないときには、ドアは開けたままです。」(石川, 2010, p.71)という状態であった。そうしてついに家を手に入れたときには、今まで生きてきた中で一番幸せだと感じて、嬉しさで身体が震えたという。

　このように彼女は、食事や排泄という最も基本的な生理現象すらゲームのため

に犠牲にし、代わりにゲーム内で目標を達成することにより、身体感覚を伴った強い快感を得ているのである。他にも、石川 (2010) での彼女についての記載において明確な記述はないものの、一日に多い時で20時間もゲームに費やしていたということから、睡眠時間も犠牲にされていたものと窺える。睡眠のリズムが壊れてしまうことはネットゲーム依存ではほとんど必発だというが (岡田, 2014)、彼女はゲーム内での達成を通した快感を得るために、動物としての人間が自然に持っている基本的な生理的欲求を無視してゲームに没頭していたのである。さらに、毎日の長時間のプレイによって視力が衰えたが、それだとゲームに支障が出るという理由でレーシック手術を受け、再びゲームの世界に戻って行ったという。もはや、現実の身体はゲーム中のアバターを動かすために必要なひとつのツールに過ぎず、「修理」するような感覚なのではないかと思わせる。その一方でゲーム内では、プレイヤーキラーという他のプレイヤーを殺すことを目的としているキャラクターに執拗に狙われて、全身に冷や汗が出るほどの恐怖感を味わったり、その後仲間の協力を得て逆にその相手を殺す快感を覚えたりと、身体感覚を伴った強い快－不快の感覚を得ているのである。芦崎 (2009) に登場するある男性も、ゲーム中で他のプレイヤーの操作するアバターに襲われたとき、手が震えるほどの恐怖を感じ、「本当に自分の分身としか見られなくて怖かったです」(p.206) と語っている。これらの例に示されているように、ゲームに没頭するうちに、時に身体ごとアバターに乗り移ったかのようになり、ゲーム内での体験が強い情動とともに身体感覚を喚起することがある。このような場合には、ある意味で仮想空間上の「自分」に身体性が成立していると言えるのではないだろうか。

　また、兄弟で芦崎 (2009) のインタビューに参加した2人は、「ゲームの中に、自分の意識が入り込んでいるようで、表としての人格が消えているという感じだよね。自分の意識がない状態」「本当にゲームにのめり込んだ状態だと、仕事に出かけるとかストッパーがないと、ずっと続いている。半永久的にお腹がすいたとかという感覚が麻痺するよね。飲み物さえ飲んでいれば、どうにかなるみたいな感じ」(p.213) と話している。第Ⅰ部では、基本的な心的機能を働かせている主体としての「自分」という側面があることが指摘されたが、その側面から見たとき、彼らは現実においては「自分がない」状態となり、基本的な生理的欲求さえ

麻痺してしまっているが、ゲーム内においては、思考・感覚・感情といった機能を働かせる「自分」が成立していると言えるのである。

　さらに、指摘してきたような基本的な生理的欲求に加えて、自らの外見を整えるということにも関心が向かなくなり、むしろゲーム内のアバターの外見を整えることに注力されるようになることもよく見受けられるようである。芦崎（2009）のインタビューしたある女性は、もともとおしゃれに気を遣っていたのだが、ネットゲームにはまってからはゲーム内の装備品を獲得してアバターの外見を整えることにエネルギーを注ぐようになり、現実での洋服や化粧品を買うことはどうでもよくなったと語った。彼女の語りにも表れているように、ネットゲーム依存者は決して、外見に気を遣うということ自体に興味が湧かなくなるのではなく、ゲーム内のアバターの外見を整えることにエネルギーが移行しているのである。彼らにとっては、ゲーム内でのアバターを通じた関係性において生じている「自分」のほうの比重が大きくなっているため、ゲーム内で他の人々に見せる姿の方により気を遣うようになるのも当然のことなのであろう。

7-2. 現実へ復帰してくるきっかけとしての身体性

　ここまで、ネットゲームへの没頭により現実の身体が置き去りにされていくことについて見てきたが、インタビュー事例のうちのいくつかで、ゲームへの依存が軽減される時期に現実における身体性とのつながりを持つようになっているものが散見された。

　例えば、ネットゲームにはまりこんで不摂生の状態が続いていた人が、あるとき同僚に誘われてスポーツチームに入って週に1回汗を流すようになったことをきっかけに、一大決心をしてそれまで必死に育ててきたキャラクターを手放した事例がある（石川, 2010）。また、前出のSさんは、友人から犬をもらって飼い始めたことが、ゲームへの依存を軽減するきっかけとなった。もらった当初は犬のことはお構いなしにゲームをしていたが、そのうちにかわいそうになってきて世話をするようになったという。「やっぱりリアルの生き物ってゲームとは違いますから。お腹をすかせるし、ウンチもするし」（石川, 2010, p.84）と述べているように、犬のごく自然な生理現象を現実に目の当たりにし、世話することを通じて、共に

その身体性を体験していったのだろう。そしてそのことが、ゲームから距離を置く契機となったのである。さらに前出のRさんは、あるネットゲーム内で自分のやりたいところまで登りつめたと感じると強い虚しさを覚えてゲームに見切りをつけ、その後スポーツジムに通ってダイエットをしたという (芦崎, 2009)。これはスポーツがゲームをやめる直接のきっかけになっているわけではないが、ゲームをやめる転機の時期に、身体性とのつながりを回復している事例として捉えられる。

　ここまで見てきたように、ネットゲームではアバターを通した他のプレイヤーとの関係性が非常に重要な要素であり、「自分」が関係性において生じるものであることを踏まえれば、そこが仮想空間であっても、「自分」が成立していると言うことができる。そして、操作可能性や投影の効果によって、現実ではなかなか体験できないような理想的な関係性が実現されやすいことに鑑みれば、むしろ仮想空間における「自分」のほうに重心が移っていくとしても不思議ではない。そうなると、現実の身体のほうはどんどん置き去りにされていき、自然な生理的欲求すら満たされなくなって、傷ついていってしまう。そして、なんらかの身体的異常をきたすことで初めて現実の身体が意識されるようなこともある。インタビュー事例の中にも、寝食を忘れてゲームに没頭し続けた結果、倒れてしまった経験を持つ人が散見された。それはある意味で、現実に身体が存在するということが、最後の「ストッパー」として働いたとも言えよう。仮想空間上の「自分」は、他者との関係性を持つことはできても、その構造上、動物としての人間が持つような、自然とつながった身体性を持つことは不可能である。その点が、仮想空間における「自分」の大きな特性であると言える。ゲームへの依存状態から抜け出す転機において、身体性とのつながりが回復されていく例が見られるのは、現実の「自分」に重心が戻ってくるということが、仮想空間上の「自分」には存在しない身体性をも含めた存在として生きることであり、必然的にそれまでないがしろにされてきた身体性の部分とのつながりが取り戻されていくからではないだろうか。

7-3. 現代における自然な身体性の希薄さ

　しかし現代においては、自然な身体性そのものが、ネットゲーム依存者でなく

とも希薄になってきていることが指摘されており、身体性とのつながりを取り戻すと言っても、それは一筋縄にはいかないものであると考えられる。鷲田 (1998) は、生と死をほとんど全て病院が管理するような医療制度や、臓器移植や人工授精などの医療技術、あるいは健康や美容を維持し高めることへの強迫観念のような、現代文化に見られる諸現象の内に、身体が非人称的な物質体として捉えられ、個人の所有物として、意のままにデザインし、コントロール可能なものとしたいという願望を見て取っている。ここまでに、ネットゲームにのめり込むことで現実の身体が物のように扱われていくようになることを指摘したが、そのような傾向は現代において既に浸透していることなのである。

　そして、芦崎 (2009) と石川 (2010) の両方に登場するPさん[*24]は、まさにそのような現代的な身体性の感覚を、もともと有していた人物であるように見受けられる。彼女は、一度目の結婚で生まれ育った都会から田舎の農家に嫁いだ。しかしそこでの自然と密着した生活に適応できず、「『なんでこんなところで、土いじりをしているの？』と、泥だらけのリアリティーに立ち尽くしたという」(芦崎, 2009, p.64) そうして精神的負担の募っていた彼女に、夫がゲーム機を購入したことがきっかけとなり、ゲームにのめり込むことになった。その後しばらくして離婚することになるのだが、その主な原因は、出産を拒否していたからだという。その理由についてPさんは、「病院が嫌い。自分で脈をはかるのも嫌なんです。血管を見ているだけで、血圧が二百くらいに上がる。子どもは大好きだけど、子どもを産むのは絶対に無理」(芦崎, 2009, p.64) と話している。離婚後は都会へ戻り就職するが、ゲームを好きにさせてくれるから、という理由である年上の既婚男性と同棲するようになる。彼女にとってはゲームをすることが最優先になっており、芦崎 (2009) は、数多くのゲーム依存の方の話を聞いてきたが、ゲームのために生きているとはっきり公言したのはPさんだけだったと述べている。Pさんは、初めは家庭用ゲーム機でシミュレーションゲームを中心にプレイしていたが、上述の男性と別れて実家に戻ると、ネットゲームをするようになる。そこでは2節で述べたように、多くの男性から声をかけられた。現実に会いたいと言ってくる男性も多かったが、ゲームを純粋に楽しみたいという理由で全て断り、ゲーム仲間と現実に会うこともなかったという。それほどゲームのために生きる

彼女は、ゲーム内のイベントで水着姿の写真コンテストがあり、優勝賞品がゲーム機であるのを見ると、「ゲーム機を手に入れるためなら、水着だろうとヌードだろうとやっちゃえ」(石川, 2010, pp.139-140)と応募して、優勝してしまうのである。一方でPさんは現実に人と接することを求めていないわけではなく、ゲームについてのオンライン掲示板で、自ら"ゲームについてまじめに語り合える人を募集"と書き込み、返信してきた一回り以上年下の男性と交際を始め、その後その男性と結婚した。夫は子どもが欲しいようだが、Pさんとしてはやはり子どもを持つ気はない。そこでPさんは、夫にゲーム内で子育てができるものを勧めたところ、夫もこれに熱中し、子どものことを言わなくなった。Pさんは、「私がリアルで産まなくても、ゲームの中でせっせと子育てできればそれでいいじゃん、って感じです」(石川, 2010, p.132)と、明るく笑って話したという。そして、どうしてそんなにゲームが大事かと尋ねるインタビュアーに対して、少し考えた後、「そういうこと、あんまり深く考えてないです」(石川, 2010, p.145)と答えた。石川(2010)は、「言っていることもやっていることもどこかつかみどころがなく、かわいい天然型の人なのか、真のオタクなのか、それとも単なるダメ主婦なのか、いったいどれが実像なのかわからない」(pp.145-146)と述べ、Pさん自体がバーチャルな存在のような気がしたという。

　農家に嫁いだときのエピソードや、自分の身体や出産についての嫌悪感から、Pさんはもともとゲーム依存に関係なく自然な身体性が乏しい、あるいはそれに対する拒否感を持っていたものと思われる。また水着の写真のエピソードからは、自分の身体をまさに物として捉えていたからこそ、ゲーム機を手に入れるための道具として、簡単に不特定多数に対して晒してしまったものと考えられる。さらに、子どもが欲しいという夫に代わりにゲームを勧めたのは、自らの自然な身体性に触れることへの嫌悪感と同時に、子どもとゲームが彼女の中では同じような位相にあるものとして捉えられていたことを窺わせる。そのようなPさんにとって、現実とゲームの世界の境界はそもそも曖昧で、石川(2010)が述べているように、実像のないバーチャルな存在にすら感じられる。Pさんはゲームのせいで家事もほとんどできておらず、状態としては「依存」と呼べるが、そのことについて全く葛藤がないように見える。他の方の語りにあるように、ゲームに没頭

することで現実の身体が傷ついていったことを振り返るような語りもPさんには見られず、もともとゲームの世界に住んでいるかのようである。そして彼女の場合、ネットゲームで人とのつながりを求めるよりも、シミュレーションゲームで普段は体験できないことを体験したいという気持ちが強いようであり、能動的に他者と関係していく志向性に欠けるという意味では、「自分がない」状態であると言えよう。ゲームの世界の中にただ浮遊して存在していて、そういうあり方が彼女にとっては最も「自然」なのだと考えられる。このような人の場合、現実にあって身体性を持つ「自分」と仮想空間上の身体性のない「自分」があるという風に捉えるよりも、むしろその境を自由に行き来するような新しい主体のあり方を想定しなければならないのではないだろうか。

8. 仮想空間上の「自分」と現実の「自分」との間の葛藤

　Pさんのような、仮想空間と現実の間を自由に行き来しているような人がいる一方で、それら2つの世界の違いをはっきりと意識しており、それゆえに2つの「自分」の間の葛藤にはまりこんでしまう人もいる。『僕の見たネトゲ廃神』(西村, 2010) の著者である西村は、そうした葛藤を自ら描いている。

8-1. 現実からの逃避としてのゲーム

　西村がネットゲームと出会ったのは小学校6年生の時で、両親の離婚と父親の暴力によって家庭が崩壊し、「誰にも甘えることのできないこの家庭は、僕の中で必要のないものとなった」(西村, 2010, p.23) という状況であった。少しずつ学校に行かなくなっていった彼がネットにはまるようになり、MMORPGを始めた背景には、そのような辛い現実からの逃避という側面があった。

　ある時彼は、自分がモニターにめり込んでしまうのではないかというほど近づいてゲームをしていたことに気付いたという。「ため息をつく前の僕は心ここにあらず。どこにあるのかと言えば目の前の画面の中の僕のキャラにあった。仮想空間の僕のキャラは間違いなく現実世界の僕だった」(西村, 2010, p.33) と述べられているように、没頭している間は自分の意識が完全にアバターの方に乗り移っ

ていたように感じていたのである。「僕はこのゲームの中の姿に魅力を感じた。現実世界から消える方法を知ってしまったら、面倒でやっかいな現実世界を捨て、自由な世界へと旅立つことができる」(西村, 2010, p.33)というように、彼は現実世界からの逃避としてネットゲームに熱中し、そのことに彼自身自覚的であった。どんどんゲームの世界にはまっていったことについて彼自身、次のように記している。

> 僕は完全に仮想世界に入っていった。
> 僕の心を支配していたのは、ゲームの中で好かれたいとか金持ちになりたいとか、ちやほやされたいといった、すごく単純な欲求、願望、見栄だけだった。
> でもそれでよかった。
> 今考えてみれば、嫌でしかたのない現実生活をなくすつもりの生活。
> でも、そうやって現実世界を失う僕は、立派なエリンの住民なのだ。(西村, 2010, p.39)

このように西村は、嫌な現実世界を脱したいという気持ちに加えて、仮想世界の中での他の人々との関係性において満たされることを求める気持ちを持っていた。つまり、第Ⅰ部の第2章の研究を参照すれば、彼は自分が受け入れられる関係性を期待できない現実世界を脱して、ゲームの中の関係性において受け入れられることで「自分らしさ」を形成していくことを願ったのである。それゆえに、彼の「自分」は現実からゲームの世界へと重心を大きく移していくこととなった。そして、この記述にも見られるように、彼は現実ー仮想世界という2つの世界があるということに対する意識が非常に強いのである。

8-2. 現実ー仮想世界の区別

西村は芦崎(2009)のインタビューを受けたことをきっかけに出版社の人から誘われて、自分でもインタビューをもとにした本を書くことになるのだが、その取材活動の中で、何人かの学校生活とネットゲームを両立させてきたという人物に

出会った。その話を聞くときに彼は、強い劣等感を覚えていたようである。ある男性へのインタビューでは、冒頭で小学校の先生をしていると聞き、彼は驚きを隠せないでいた。今は仕事が忙しくてゲームをしていないと聞くと、「やっぱりネトゲにはまっているのはだいたい僕のようなクズで、先生とかいう、すごい職業の人がネトゲを毎日やってるのはどうなんだろうなんて、いろいろ頭の中で渦巻いた」(西村, 2010, p.85)という。また、ある大学生の女性は、進学校に通いながらゲームをやり、トップレベルまで登り詰め、大学に進学しながらもそれを維持していた。そのことを聞いたときに彼は、「ゲームと学校の両立という理想の姿。中卒で、長年ヒッキーだった僕とは違う。まさに勝者と敗者、美女と野獣、ウグイスと芋虫、神と乞食。天と地の違いだ」(西村, 2010, p.112)とまで感じている。ここにも、彼の現実－仮想世界という2つの世界における「自分」への意識が強く表れており、一方を重視することでもう一方を損なってしまった自身への劣等感を強く感じさせられていることが窺える。

8-3. 2つの「自分」の間の葛藤

　また西村は、当時無職の中年男性(以下Tさんとする)との取材活動での出会いに強い印象を抱き、その思いを綴っている。Tさんの現実は、西村自身が強い依存状態であったときよりもさらに、ゲームによって損なわれてしまっていた。現実では「人間嫌い」だがゲームの中ではそうではないというTさんに彼は共感する。Tさんには今のような荒れた生活を続けて欲しくはないと思う一方で、自分の思いを重ね合わせながら、「僕は廃人生活を卒業できたけど、いまだにネトゲは続けている。楽しいのもあるけど、仲間との繋がりが切れてしまうのが怖い。今の僕にしても、ネトゲを奪い去られたら虚無感は残る」(西村, 2010, p.145)と述べている。そして著書の最後でも彼は、Tさんのようなネトゲ依存から脱することのできない人を救うにはどうしたらいいのかを考えたと述べるが、そういう考え自体、既に「廃人」を脱した側としての物言いであり、対等ではないということに気付く。

　このように西村は、現実と仮想空間、「廃人」と「リア充」というように、世界を二分法的に捉える面が強い。そして、自身の感覚としては仮想空間での人とのつながりは必須のものであり、それがあるからこそ自身の価値を認めていけるの

であるが、一方でその世界に耽溺することは現実を損なってしまい、それが一般的に見て劣っていることだという意識のために、抜け出すことのできないアンビヴァレンス状態に陥っているのである。彼は、自分は「廃人」から脱したのだという意識がある一方で、Tさんへの思いに見られるように、果たして自分は「そちら側」から彼らのことを見てもいいのかという思いも抱いている。結局彼は、「廃人」から「リア充」へと移行したというような二分法的な意識がある限り、その2つの間での葛藤から脱することはできないのであろう。その意味では、彼が仮想空間上で他者と関係性を築き、そこに「自分」が生じた時から既に、2つの世界の間で葛藤せざるを得ない構造が成立していたものと言えよう。

　そして、そのような葛藤は、西村の中で現実の「自分」と仮想空間上の「自分」とが異なるものとして区別されていたからこそ生じたと言えるのではないだろうか。現実の「自分」が、たとえ自分ではほとんど価値を認められないものであったとしても、そこに確かに存在するがために、仮想空間上の「自分」との「両立」を気にしたり、劣等感を抱いたりするということが生じうると言える。芦崎 (2009) のインタビューで語られたエピソードには、彼が小学生のときに陶芸に興味を持ち、土をこねて焼くことに面白さを感じていたというものがある。そのような面から彼は、前節で取り上げたPさんのようにそもそも現実から遊離しているような人物ではなく、むしろ現実の「自分」がしっかりと存在していることを認識していたからこそ苦しんでいたのではないかと推察される。それに対してPさんの場合は、そもそもの現実の「自分」がはっきりしていないため、西村のように現実の「自分」と仮想空間上の「自分」との間で葛藤するというようなところが感じられないのではないだろうか。

9. 総合考察 ―仮想空間上の「自分」と現代の心理臨床―

9-1. 本章のまとめ

　本章では、ネットゲーム依存の方々の語りを主な資料としながら、仮想空間における「自分」について検討してきた。

　まず指摘されたのは、仮想空間上の関係性においては、アバターを介在した主

にチャットによるコミュニケーションのスタイルのため、相手に対する投影が働きやすく、そのため他者自身の存在感が薄くなり、その関係性は自己完結的なところがあるということであった。

　2つ目に、仮想空間と現実における人格のギャップについて検討された。インタビューからは、いくら現実の姿に魅力がない相手でも、仮想空間上で理想的な関係を築くことができているのであれば、ほとんど別々の人物であるかのように捉えられることが明らかとなった。そこには、ゲーム上のその相手との関係性において生じる「自分」の重要性が増すことで、「実像」を問うことをやめてむしろ現実の姿と仮想空間上の相手とを切り離すということが生じているものと推察された。

　3つ目に、仮想空間自体の特徴についての検討が行われた。そこで挙げられた特徴は、「終わりのなさ」と「境界の薄さ」であった。「終わりのなさ」については、心理療法において非常に重要な「枠」の概念を用いて、仮想空間における「枠」の弱さと、それによる守りの薄さ、そしてそこでの経験がプレイヤー自身の心の中に溜まっていくことの難しさについて指摘された。さらに「境界の薄さ」については、CMCの特徴から相手とのつながりやすさが感じられ、そのために現実においても相手との境界が飛び越えられているような事例も見られた。そのような簡単に境界を乗り越えられるという特徴は、人びとを惹きつける大きな要因となっているようであり、つながりやすく切りやすいという特徴を持つ関係性だからこそ相手とつながることができ、そこに「自分」が生じている場合もあることが示された。

　4つ目に、仮想空間における「自分」の身体性について検討がなされた。仮想空間にのめり込んでいくに従って、多くの例において現実の身体が置き去りにされ、傷ついていく過程が見られた。基本的な生理的欲求さえ忘れられる一方で、ゲーム上の体験によって生じる強い情動に身体感覚が伴うこともしばしばあり、その意味では仮想空間上に身体性が成立しているとも捉えられることが、インタビューの記述から示された。そして、ゲームへの依存から抜け出していく転機において、現実における自然な身体性を回復していく例が見られた。その一方で、もともと自然な身体性が乏しいと思われるような例もあり、その場合には現実と

仮想空間の間の境界は曖昧になっているものと考えられた。

　そして最後に、仮想空間上の「自分」と現実の「自分」との間の葛藤について検討した。仮想空間上の「自分」でいることにより、現実の嫌なことを忘れられるが、仮想空間と現実という2つの世界の区別がはっきりしている場合には、ゲームにはまりこんで現実の「自分」が損なわれていくことにより、劣等感が生じてしまう。ただしそれは、現実と仮想空間との区別があり、自分自身で価値を認められないにしても、現実の「自分」の存在をしっかりと認識していたからこそのことだと推察された。そしてそのような場合には、仮想空間上の「自分」に出会った瞬間から、2つの世界での「自分」の間で葛藤せざるを得ない構造が生じることになると考察された。

9-2. 仮想空間における「自分」が現代の人々にもたらすもの

　本章全体を通じて、仮想空間における「自分」について見てきたが、第Ⅰ部で検討してきた「自分」のあり方と同様、やはり仮想空間においても「自分」の存在には他者との関係性が密接に関わっていることが多くの例に示されていた。他者と言っても、現実に存在する他者そのものの存在感は薄くなり、むしろ切り離されていくのだが、境界を簡単に越えることができたり、本音を曝け出しやすかったりする特徴を持つため、仮想空間において濃密な関係性が成立することもしばしばある。それは、その人にとって理想的な関係性であったり、現実にある関係性の中では表れてこないような「自分」でいることができたりするため、その人の中ではかけがえのないものとなってくる。そうすると、仮想空間における「自分」になっている時間が増えていき、場合によっては現実生活の様々な面が犠牲にされてしまうのである。そのようにして仮想空間における「自分」と現実の「自分」との間にギャップが生じてくると、8節で論じたように、その間で葛藤し続ける構造が成立することになる。

　しかし、関係性によって異なる「自分」が生じることは第Ⅰ部においても確認してきたことであり、特に第2章では、それぞれの「自分」との間で葛藤を起こすことなく、どれも「自分らしい」ものとして感じられることが示されていた。それに対して仮想空間上の「自分」の場合、現実の「自分」と並列して捉えるので

はなく、両者は別の次元にあるものとして捉えられやすいようである。それは、本章で見てきたように仮想空間では他者自身の存在感が希薄であることや、仮想空間の「自分」は生身の身体を持つことができないことなど、両者の間に根本的な相違があることから来ているものと思われるが、そうした捉え方の背景には、現実に根差した「自分」が確かに存在しているということが前提としてあると考えられる。そのような人にとっては、仮想空間上の「自分」は両刃の剣となりうるのである。

一方、Pさんのようにもともと身体性に乏しいような人の場合は、現実の「自分」と仮想空間における「自分」との間に根本的な相違がなく、両者の間での葛藤も生じにくいのではないかと考えられる。このような人の場合は、両者は並列されうるものであり、第2章で見てきたような、場や関係性によって異なる「自分」のうちのひとつとして捉えられているものと推察される。

9-3. 現代の心理臨床との接点

それでは、ここまで考察してきたことを基に、仮想空間における「自分」と現代の心理臨床との接点について考えてみたい。

西村 (2010) が取材をした方の中に、今はゲーム依存に関する電話相談活動をしているという人物がいたが、その人曰く、ゲーム依存に陥っている当の本人から電話がかかってくることはないという。本章ではネットゲーム依存の方々の語りを中心に取り上げてきたが、その人物の言うように、ゲーム依存の真っ最中にいる人が心理臨床家のもとを訪れることはあまりないものと思われる。しかし、深刻な依存状態でなくとも、ゲームあるいはSNSにおいて、仮想空間上の「自分」を作り、それを通じて他者との関係性を築いている人は、特に思春期、青年期において数多く存在することは事実であり、そして心理臨床実践の場において、彼らから仮想空間上の「自分」について語られることも珍しいことではないであろう。

本書全体で何度も述べているように、現代の心理臨床においては、特に若者において、葛藤を抱えることが難しくなってきていると指摘されている。仮想空間上の「自分」を生きることにも、8節に引用した西村の記述に端的に表れていた

ように、現実逃避的な側面があり、その意味では現代の若者の葛藤の抱えられなさと関連していると言えよう。しかし、本章で見てきたように、現実に根差した「自分」がある場合には、それに加えて仮想空間上に「自分」が生じることによって、両者の間に必然的に葛藤が生じるのである。ゲームに没頭し、仮想空間上の「自分」として時間を過ごすことは、現実の「自分」から見たときには葛藤の回避として捉えられるが、現実に根差した「自分」がある限り、葛藤は一時的にどこかへ追いやったとしてもまた回帰してくるのであり、しかも回避すればするほど現実の「自分」は損なわれていくため、その分大きくなって帰ってきてしまうと言えるだろう。つまり、現実の「自分」だけでなく仮想空間上の「自分」もその人の存在の一部として考えるならば、現実と仮想空間という異なる次元の間で葛藤している主体があるとも捉えられるのではないだろうか。

　一方で、ここまで何度も指摘してきたように、現実の「自分」と仮想空間の「自分」が並列して存在していることもあり、それはそもそも現実にしっかりと根差した身体性に乏しい場合であった。その場合には、現実にも仮想空間にも定位せずに浮遊していて、葛藤を抱えられるような主体がないと捉えることができるのではないだろうか。つまり、葛藤を抱えることに着目する場合、ゲームあるいはSNSにおける「自分」の比重が大きかったとしても、それだけで単純に「葛藤回避的」と決めつけられるものではなく、現実と仮想空間の間での葛藤を持っている可能性を踏まえて見立てていく必要があると考えられる。従来のように現実に生きるひとつの主体の中で葛藤を抱えているというあり方ではないが、第Ⅰ部に見えてきた「自分」の特性を踏まえれば、仮想空間上でも他者との関係性のあるところに「自分」は成立しうるのであり、それも含めて見たときには、「自分」と「自分」の間に葛藤が生じる余地があるものと捉えることができる。そうした視点に立って、改めてそこに葛藤があるのかどうかということを見立てていくことが、現代の心理臨床においては有効になるのではないだろうか。

終　章
「自分」と現代の心理臨床

　本書ではここまで、「自分」という日常語をめぐって心理臨床学的探究を進めてきた。最後に、本章ではここまでに明らかとなったことをまとめつつ、心理臨床学的な文脈における「自分」のあり方と、現代の「自分」の心理臨床について論じることとする。

1.「自分」とは何か

　本書の第Ⅰ部では、「自分」とは何か、その独自の特徴はどういうものかということについて、心理臨床学的観点から多角的に検討し、考察してきた。第1章では、西洋起源の心理学的概念と「自分」との比較検討を行い、第2章では「自分らしさ」について、第3章では「自分がない」ということについて調査研究を行った。この第Ⅰ部を通じて見えてきた「自分」の独自の特徴として第一に挙げられるべきことは、他者あるいは周囲の事物との関わりを抜きにしては成立しないということである。しかもそれは、単に個人と個人の関係性が重要であるということではなく、他者あるいは「場」との関係性のほうがむしろ先にあり、そこにこそ「自分」が析出されてくるのである。第1章において明らかとなったように、「自分」はその存在の根拠が各個人の内部ではなく、全体的関係性の中にあり、その意味ではそれぞれの「自分」の外部にあるという点が、非常に根本的な特徴だと言えよう。

　さらに言えば、「自分」だけでなく「自分らしさ」も同様に関係性において現れてくる面があり、そこには多面的な「自分らしさ」が実現する素地がある。第2章の調査研究の結果から、「自分らしさ」とは西洋の "authenticity" や "true self"

とは違い、他者あるいは場との関係性において、その都度現れてくるものに対しても感じられるものであるということが明らかとなった。しかし、西洋の概念のように個人の中にある中心や本質のようなものが発揮されていることとして「自分らしさ」が捉えられている場合もあり、「自分らしさ」の多面的な現れとの間で葛藤しながら、それぞれの「自分らしさ」が見出されていくプロセスがあることが示された。心理臨床実践では、クライエントが「自分」の可能性を十全に発揮し、「自分らしく」生きることを援助するという側面があると言えるが、本書で明らかとなった「自分らしさ」の性質に鑑みると、それは例えばJungの自己が植物の種子になぞらえられるように、自己の内に宿っているものとしてのみ捉えられるのではなく、他者や、それだけでなく様々な対象を含めた「世界」とのそれぞれの関係性に宿っているものとしても見ていく必要があるのではないだろうか。

　一方で、関係性に「自分」が生じると言っても、その関わりのあり方によっては、「自分がない」という事態に陥る。それは、心理臨床の場においてしばしば聞かれる訴えでもあるが、本書の第3章の調査研究により、「自分がない」とはなんらかの水準での関係性における能動性を失っている状態であるということが示唆された。「世界」に対して単に「関わられる」だけでは、そこに「自分」は生じず、双方向的な関わりのあるところにこそ「自分」があると言えるのである。そしてその関わりとは、その都度様々な相手や対象との間に生じるものであるがゆえに、固定的なものではありえない。つまりそこに生じる「自分」も、その都度の双方向的な関わりにおいて生じるものであり、なんらかの静的な自己像を表すものではない。「自分がない」あるいは「自分を見つけたい」などといった声を心理臨床において聞くとき、それを一定の像としての「自分」が手元から失われているというようなイメージで捉えると、実態とずれてしまう可能性があると思われる。それよりも、なんらかの水準での「関われなさ」のために、その都度「自分」を感じることができていないものとして捉える視点を持つことが、そうした訴えをもつクライエントを援助するための一助になるのではないだろうか。つまり、何か固定的な「自分」というものがあるかないかということが問題なのではなく、その都度の場において、関係性を主体的に生きることができているかどうかが重要なのである。さらに言えば、その「関わり」は単に特定の人との関係というこ

とだけでなく、根源的な「世界」との関わりや、社会との関わりなど様々な水準があることが、第3章の調査結果から示された。そうすると、ある水準では「自分がある」と言えるが、別の水準で見れば「自分がない」という状態になっているという見立ても成立するのである。現代の心理臨床においては、「自分」についてそのように細やかに見ていくことが必要なのだと考えられる。そうすることで、ひとつには、セラピスト側が固定的な「自分」を想定することによって生じる可能性のある、クライエントの実態とのずれをなくし、より適切に見立てていくことができるであろう。また、クライエント自身もそのような固定的な「自分」を獲得しようとして苦しんでいるのかもしれず、セラピスト側が、ある水準でのその都度の関わりにおいて生じるものとして「自分」を捉える視点を持っておくことで、クライエント側にも違った見方が開けてくる可能性があるだろう。

ただし、こうした視点についてもまた、固定的なものではないのであり、「自分」が西洋的なあり方で、つまり個人の内に中心を持っているようなあり方で成立している場合もあることが、特に第2章の研究Ⅱにおいて示されてきた。「自分」が関係性において生じるということにとらわれすぎても、それぞれの「自分」に通底しているものとしてクライエントが感じている「自分らしさ」を無視してしまって、見立てがクライエントの実態とずれてしまう危険性がある。

他者との関係でその都度生じるものとしての「自分」と、中心的で一貫性のある部分を持ったものとしての「自分」は、どちらの見方が正しいというものではなく、第2章の面接調査の語りにあったように、それらの間で葛藤しながら、それぞれの「自分」が現れてくるのである。そのような動きも含めて、その都度の「自分」の成立（あるいは不成立）のあり方を捉えていくことが、心理臨床においては重要であると考えられる。

2. 現代の「自分」とその「葛藤」

第Ⅱ部では、現代文学作品やネットゲームといった現代文化を手がかりとして、現代の「自分」についての心理臨床学的考察を行ってきた。

第4章では、小説家の平野啓一郎が自らの作品に取り入れた「分人」という概

念を手掛かりに考察を行った。平野にとって、西洋近代に成立した「本当の自分」を想定するような人間理解のモデルは、その「本当の自分」を純粋な形で得ることの不可能性のために出口のない葛藤に陥ってしまうものであった。そして、それに代わる新しい概念として彼が作品に取り入れたのが分人であった。分人は、他者との関係においてその都度生じるものであるという点において、第Ⅰ部で検討してきた「自分」と重なる部分が大きい。平野は、「本当の自分」モデルを捨てて「分人」モデルに従って生きるべきであると説くが、確かに現代においては、「本当の自分」モデルが通用し難いことが心理臨床学的にも指摘されてきている。そのような時代の中で、分人を単位として採用することで、「自分」について振り返って考える際に、人との関わりごとに生じる「自分」の中の様々な分人のそれぞれを軸にして、他者との間の関係性を見つめていくというアプローチが生まれてくる。これは「自分」の根拠となっているところを確かめていく作業であり、現代の心理臨床にとっても大きな意義を持つと考えられる。

　一方で、平野は分人について意識的にコントロールできるものであり、そうするべきであると主張している。しかし、意識的にネガティブな分人を排除しようとすることは、結局「本当の自分」モデルにつながることであり、ネガティブなものであろうとも、それぞれの分人と丁寧に対話していくことが必要であると考えられる。彼の作品においても、分人主義的な捉え方と従来の個人主義的な捉え方の両者の間での葛藤が描かれており、その動きこそが、物語を進める力となっていた。これは、従来の「本当の自分」モデルの中で成立していた、自己内部で抱えられる葛藤というものとは次元の異なる葛藤のあり方であると捉えられる。

　そして、ネットゲーム依存の方々の語りを基に仮想空間における「自分」について考察した第5章では、関係性において成立する「自分」は、やはり仮想空間上においても他者との間に成立するものであるが、そのあり方は、ネット上の仮想空間という特性を反映したものになっていることが示された。仮想空間では、他者自身の存在感が希薄であることや、境界の薄さが認められること、生身の身体を持てないことといった要因のために、そこにある他者との関係性は、現実におけるものとは異なる様相を呈することになる。それゆえに、そこに生じてくる「自分」も、現実の「自分」とは別の次元にあるものとして捉えられやすいのだが、

そこには現実に根差した「自分」が確かに存在しているということが前提としてあるものと考察した。一方で、もともと現実に根差した身体性に乏しい人の場合はそのような現実の「自分」と仮想空間上の「自分」との区別が曖昧になることも示されたが、現実に根差した「自分」があり、仮想空間上の「自分」との区別が明確にある場合には、仮想空間に入ることは現実逃避的側面を持つと同時に現実の「自分」を損なうことにもなり、その両者の間で葛藤する構造が生じるのである。

以上のように、第Ⅱ部を通じて見えてきたのは、近代西洋に端を発する、「本当の自分」あるいは「中心」「核」といったものを想定する人間理解のモデルにおける、従来の個人の内側での葛藤のあり方とは異なる形で成立している、現代の「葛藤」があるということであった。

何度も述べているように、近年の心理臨床の現場では、従来想定されてきた葛藤があまり見られなくなってきていることが指摘されている。河合 (2010a) が述べているように、そのような葛藤はそれによって症状が生じ、同時にそれによって治癒が可能となるものである。Freud が創始した精神分析に始まる、自己内部で葛藤を抱える主体を想定した心理療法は、現在危機に瀕していると言えよう。田中 (2010b) は、そのような従来の心理療法が通用しないものとして、近年特に取り上げられている発達障害に直面している現代の心理療法について、「心理療法は今や、無反省に従来のやり方やあり方にとどまることをやめ、発達障害という自身が向き合っている新たな対象に変えられることを受け入れねばならない」(田中, 2010b, p.200) と述べている。これは発達障害の心理療法に限らないことであり、本書において見てきたように、現代という時代においては、従来の心理療法が想定していたような主体のあり方、広沢 (2013；2015) の「こころの構造モデル」で言うところの「放射型」は、一般的に劣勢となってきているようである。そして、逆に「格子型」が優勢となってきている時代の中で、われわれはそれに対応した心理臨床実践を行っていく必要がある。その対応のひとつとしては、まずはセラピストが手助けをして、徐々に「葛藤することのできる主体」を育てていくというものであろう。ただ、この考え方では「葛藤できない、悩めない」クライエントを西洋近代的な主体のあり方へ向かって「成長」させるというような、セラピスト側の想定にクライエントを乗せていく、いわば「セラピスト・セン

タード」なやり方になってしまう可能性もあると考えられる。

　それに対して、本書の第Ⅱ部で見えてきたのは、従来の見方からすれば「葛藤できない」と見なされるような状態でも、別の視点で見れば「葛藤」が生じていると捉えられるということであった。従来の、統一的で一貫性のある主体を前提とする立場からすれば、第4章で見てきたような分人を基本単位とするあり方や、第5章での仮想空間上の「自分」を含めた複数の「自分」を生きる姿は、極端に言えばそれ自体が病理的だと見なされかねないものであろう。しかし、心理臨床学に限らず様々な分野で指摘されているように、現代はそのような多元的なあり方が優勢になってきているのであり、そのように生きることが否応なしに要請される面がある。一方で、その都度の場面によってばらばらに生きていけばよいというわけでもなく、一貫性を持つものとしての「自分」への志向性は、われわれのこころの中にも、社会においても、残り続けている。こうした状況の中で、現代を生きる人々は、従来要請されてきた統一的なあり方と、現代に特徴的な「自分」との間の「葛藤」を、それぞれ生きていかねばならないのである。

　その「葛藤」がどのようなものであるかは、それぞれに異なるものであるはずで、心理臨床実践においては、セラピストは何よりもまず、クライエント自身の側から見た「葛藤」がどのようなものかを捉えようとする「クライエント・センタード」な視点が必要であろう。その際、本書の第Ⅱ部で見られたような「葛藤」のあり方は、ひとつの手がかりとなると思われる。ただし、もちろん現代の「自分」の葛藤のあり方を本書で網羅することは不可能であり、あくまで一部について見てきたのみである。心理臨床実践においては、当然のことではあるが、個々のクライエントに合わせてその独自の「葛藤」を捉えていかねばならない。

　そして、もうひとつ重要なことは、その心の葛藤の動き自体がそれぞれの「自分」を生み出していくという面があるということである。心理臨床においては、それを意識的にコントロールして止めようとするのではなく、その動きに添いながら、クライエントが「自分」を生きていく過程を共にしていくことが求められる。

3.「自分」の視点から見た心理臨床

　広沢（2015）は、19世紀末から20世紀の臨床心理学と精神病理学においては、「近代西欧型自己」が前提とされ、それを基準として精神疾患の病理を捉えようとしてきたという。そうすると、そもそも関係性が先にあり、統合性が重視されない「自分」のあり方は、それ自体が病理的なものとして捉えられかねないであろう。しかし、日本における心理臨床では、「自分」という日常語のほうが「自己」などの西洋由来の言葉よりも用いられやすいはずであり、本書の第Ⅰ部で示されてきたような「自分」を基礎に据えれば、西洋近代的な、個として独立した存在も、ひとつのあり方にすぎないものとなる。ただし、それは西洋近代的なあり方自体を否定すべきであるということではない。第2章の調査では、自身の存在の内にある「核」として「自分らしさ」が捉えられている場合もあることが示されており、そうしたあり方も「自分」のひとつの側面なのである。「自分」の成立には関係性が非常に重要ではあるが、中心や統合への志向性を持った「自分」のあり方を想定することもできるのである。そうであるにもかかわらず、どちらかの考え方に固執してしまうことが問題なのだと考えられる。西洋近代的な主体のあり方のみにこだわると、第4章で取り上げた平野の作品に見られたように、いくら求めてもそこにはたどりつけないことから生じる苦しみに絡めとられてしまうであろう。一方で、すべてはその都度の関係性であるとして一貫性を全く放棄することも難しいだろう。平野はそのことに物語を通じて挑戦したが、そこには様々な葛藤が現れていた。また、一貫性を全く放棄するということは、広沢（2013；2015）の「格子型」の純型としての存在となることであると言えるが、広沢はそれを、発達障害を抱える人々のあり方として描いている。彼らは、その一貫性がないために、社会においてそれを要請されたときに困難が生じ、意図的にその都度の自分をコントロールするという意識的努力をしなければ適応できない。しかし、そのやり方が意図的であるがゆえに、周囲との溝ができてしまうのである（広沢, 2015）。つまり、仮に一貫性や中心を持った存在として生きることを全く放棄しようとしても、そうしたものを持って生きることを周囲から求められてしまう場面がどうしても出てきてしまい、結局適応に苦しむことになってしまうのである。

田中 (2016) は、現代における「時代精神の病」が自閉症スペクトラム障害となっていることを指摘し、さらに「現代の日本の普通の人たち、特に若い世代の人たちは、発達障害的なライフスタイルを選択する傾向があるように思える」(pp.140-141) と述べている。また田中 (2016) は、疫学的調査の結果から、近年の発達障害の有病率の上昇と、東アジアの社会的・文化的要因の関連を示唆している。こうした現代的状況について、「自分」の観点から見てみると、第Ⅰ部を通じて示されたように、「自分」という言葉に表れている日本人としてのわれわれの存在のあり方が、もともとは中心や一貫性を持つことを前提としないものであり、明治時代以降の西洋文化の輸入に伴い、一時期は西洋近代的な自己を理想像とするようになったが (その確立をめぐる葛藤により生じるのが、日本文化に特有とされる対人恐怖症である (河合, 2010b))、現代ではそのゆりもどしが来ていると捉えられるかもしれない。

ただ、もともと「自分」が関係性において生じるものであるにしても、われわれは既に西洋近代的主体の影響を受けているのであり、それを無視してばらばらなあり方へと一方的に向かうことはできないのではないだろうか。つまり、現代に生きるわれわれは、日本人にもともと備わっている関係性においてその都度生じる「自分」というあり方と、西洋近代的な中心に「核」を持つものとしての「自分」というあり方の間を、どうしても葛藤せざるを得ないのであり、それは時代の流れとしても、個人内の動きとしても見られると言えるのではないだろうか。何度も述べていることではあるが、心理臨床においてはやはり、そうした動きを尊重し、共にしていくことが必要なのであろう。

4. 心理臨床における「自分」の「動き」

ここまで、「自分」の持つ特徴について、そして現代の「自分」と心理臨床について、様々な角度から考察を進めてきた。しかしそれは、「自分」という特定の概念を作りだし、定義づけることを目指したものではなかった。そのようにして「自分」のあり方を固定化してしまうのではなく、むしろ本書全体を通じて見えてきたのは、「自分」そのものの「動き」であった。「自分」とは、西洋の諸概念とは異なるということや、心理療法において従来前提とされてきた人間理解のモデ

ルには収まらないということが明らかとなる一方で、ただ異なるということだけでなく、両者の間を揺れ動くものとしての「自分」という面があることが示された。その「動き」は、時に「葛藤」としてわれわれを苦しめるものであるが、一方でそれによってこそ「自分」の物語が紡がれていくという面もあり、それ自体もまた、両義的なのである。

　河合（1970）は、カウンセリングには二律背反性が非常に多いことを指摘し、次のように述べている。

　　積極的にいえば、人間というものはこの二律背反性のあるゆえにこそ、面白いといってよいかもしれません。つまり、人間性のなかに必ずこういう二律背反的なダイナミズムがある。そのダイナミズムを通じてこそ、われわれは、それよりも高い次元のものを創り出すことができるのです。（河合, 1970, p.89）

　　二律背反がクライエントの心の中にあるのを、カウンセラーが両方共受けいれていくことによって、それよりも高い次元のものが創りあげられるわけです。（河合, 1970, p.90）

　このように、二律背反的なものの間での動きこそが創造性を持つのであり、心理臨床の場においては、セラピストがクライエントのそうした動きを抱えていくことが大切なのである。そのような場と関係性においてこそ、クライエントのみならずセラピストの「自分」の動きが新たなものを生み出していく原動力になるのであろう。

5. 今後の課題

　最後に、今後の課題について述べたい。
　まず、本書では「自分」について、西洋由来の心理臨床学的理論において前提とされている諸概念との根本的な相違について指摘してきた。しかし、そのよう

な違いがあるにもかかわらず、わが国においても西洋発祥の心理療法はこれまで多くの成果を積み重ねてきている。そこには、西洋の心理療法がそのままの形で輸入されて適用されてきたのではなく、それぞれの学派において、日本的な変容が生じていたことが窺えるが、「自分」というあり方をベースにして心理臨床について検討し直すという作業を進めるには、それらがどのようにして日本的変容を遂げてきたのかという、歴史と文化を共に見ていく複合的な視点が有用になるであろう。そのような視点は、主に現代の「自分」を扱ってきた本書に不足している点であると考えられ、今後の研究における重要な課題のひとつである。

　そして最も重要な課題は、本書で得られた知見を臨床実践に生かしていくということである。本書では、調査研究、文献研究、文学作品の分析というアプローチを用いて「自分」についての考察を進めてきたが、実際の臨床事例を用いた事例研究は含まれていない。今後、「自分」のあり方を踏まえながら臨床実践を積み重ねていくことで、それが実際にどのようなプロセスを辿るのかを検討していく必要がある。ただし、「自分」のあり方を踏まえるということが、クライエントを特定の見方に嵌め込むようなことであってはならない。あくまで「クライエント・センタード」の姿勢を貫きながら、クライエントの「自分」がどのように動き、生きられていくのかを細やかに見守り、その動きに添っていく必要がある。さらに言えば、「自分」が関係性に生じるものであるということに鑑みれば、クライエントと共にセラピストの「自分」がどのように動いていくのかということに対しても、同時に眼差しを向けていかねばならないだろう。心理臨床の場で相対するクライエントとセラピストの互いの「自分」は、「いま、ここ」の面接室という場においてこそ現前しているものであり、当然に重なり合うものと考えられる。こうしたことを念頭に置きながら、個々の臨床実践を積み重ね、「自分」の心理臨床を模索し続けることが、個々のクライエントの役に立つために必要なことなのであろう。

註

* 1 　中身としての「自分」については、主に「本当の自分」のひとつとして論じられている（北山，1993）。
* 2 　『自我とエス』（Freud, 1923/2007）以降の自我は、後者のほうにあてはまる。
* 3 　原著（河合，1995）において、この「意識」に傍点がついているのは、引用箇所の少し前に、Jungの個人的無意識・普遍的無意識も、仏教の考え方に従えば意識のレベルの深まったものとして捉えられるということが指摘されており、空の「意識」と言っても、Jungの言う普遍的無意識の層よりも更に深いところであるためだと思われる。
* 4 　Kohutは共感を非常に重視しており、精神分析について「観察者が人間の内的生活に根気よく共感的－内省的に没入することによって、説明のための資料を収集する複雑な心的状態の心理学である」（Kohut, 1977/1995, p.241）と定義している。
* 5 　この用語は、『自己の治癒』（Kohut, 1984/1995）より前の著作では「自己－対象 self-object」と表記されている。
* 6 　適度な失敗についてはむしろ発達促進的に働くとされるが、このことはWinnicottの「ほどよい母親」の考え方と非常に類似している。
* 7 　この数値化の手続きについて、図2の例を用いて具体的に示す。まず一貫性指標の分母はすべての特性語の数なので5となる。分子は共通部分に記入されている特性語の数であるが、3つの関係に共通する特性語が1つ、2つの関係にのみ共通する特性語が1つである。2つの関係にのみ共通する部分に記入されているものは0.5の重み付けがなされるため、(1+0.5×1=1.5)となる。よって一貫性指標は(1.5/5=0.3)となる。そして「自分らしく」いられる対人関係の数が3なので、多面性指標は(3/0.3=10)と算出される。
* 8 　なお、このt検定はクラスター分析において変数として使用された得点を従属変数としたものなので、クラスター分析で抽出された2群間で有意差が出るのは当然のことであって、実際に2群間に統計的に有意な差が出たかどうかを確認するために行ったものに過ぎない。
* 9 　研究IIでは対人場面で「自分らしく」いられる体験について検討するため、質問紙Q2で2）一人でいるとき、4）自分らしいと思うことはない、を選択した方は面接調査の対象としなかった。

*10 KJ法を用いた分類は、調査後すぐに行われたが、本研究を博士学位論文の一部として収録する際、分類結果を筆者のみで見直し、一部内容に修正を加えていた。また、本書に収録する際にも、若干の語句の修正を行った。

*11 「自分らしさを感じるとき」は分類の第5段階で生成された「極大カテゴリ」であり、「自分らしさの構造」は第4段階で生成された「大カテゴリ」、そして他の4つはいずれも第3段階で生成された「中カテゴリ」であった。

*12 また、Q2で「『自分らしい』と思うことはない」を選んだ回答者には、Q6で「なぜ『自分らしい』と思うことはない」をお選びになったのですか」「また、『自分らしさ』とはどのようなものだとお考えですか」の2点についての自由記述を求めていた。しかし記述数が少ないことに加え、その多くが「『自分らしさ』が分からないから」という趣旨のものであったため、KJ法は行わなかった。そのような記述も臨床的には重要なものと思われるが、面接調査を行っていないためその思いの詳細を把握することはできておらず、「自分らしさ」のあり方について明らかにしようとする本章の目的に鑑み、この質問に対する自由記述の結果および考察は割愛する。

*13 面接調査についてのKJ法と同様、後に分類結果を筆者のみで見直し、一部内容に修正を加えた。

*14 北山(1993)は「自分」や「自分がない」の意味を様々に論じているが、それらの言葉の意味を定義づけて固定化しようとしているのではなく、「『自分がない』という表現についても、その意味は面接の前は決定できない」(p.170)と述べている。『日常臨床語辞典』についても、編者の妙木は「目標とするところは、日常語を使う読者がその語を吟味し、もし自分がその言葉と出会ったときに、それをどのように理解し、どのように使うか、その理解が深まること、その結果、パーフォーマンスが上がってくれることである」(北山監修, 2006, p.459)と述べており、臨床で用いられる言葉の意味を固定化しようとしたものではない。本章においても、「自分がない」とはどういうことかについて探究していくが、それは「自分がない」という言葉の定義づけを目指すものではない。

*15 ここに社会人が含まれているのは、就職活動において進路を探究する中で、「自分」に対する模索的意識も同時に高められる(高村, 1997)ので、就職活動を終えてそれほど間もない社会人青年は、自由記述形式で広くデータを集めることに適していると考えたためである。

*16 笠原は、青年期男子にみられやすい無気力状態を指して、「アパシー・シンドローム」に至るまで、様々な名称を用いてきている。「スチューデント・アパシー」もその一つであり、それらの内実に本質的な違いはない(笠原, 1984)。

* 17 基本的に片口法（片口, 1987）に基づいて検査を施行し、質問段階まで施行した後、自己像イメージカード、好悪イメージカードの選択を求め、選択理由を尋ねた。
* 18 片口法において算出されるC'の値は、FC'、C'F、C'の総計であり、形態規定性の強いものも含まれている。
* 19 「ディヴィジュアル（分人）」の略。
* 20 このことは、明日人が発達障害にあてはまるということを言いたいわけではない。
* 21 この作品では「分人主義」という言葉は登場せず、『ドーン』のように一つのイデオロギーとして成立しているものというよりも、自己理解のための新たな視点の一つとして描かれている。
* 22 複数人でプレイするゲームもあるが、対戦系のものが多く、ネットゲームのようなコミュニケーションは必要とされない。しかもネットゲームでない場合は、プレイヤーとなる人々が実際に集まって同じ場所で同時にプレイする必要があり、ネットゲームとはその構造が根本的に異なっている。
* 23 『ハンゲーム』というゲームの中での彼氏なので、このように呼ばれている。
* 24 各著書では別々の仮名を与えられているが、記載されている経歴などの情報から同一人物であると考えられるため、本書では同一人物と見なして両方の著書から引用してPさんについての記述を構成している。

引用文献

安達知郎 (2009). 自己の多面性，変動性に関する研究の現状と課題―測定方法の観点から―. 東北大学大学院教育学研究科研究年報, 58 (1), 209-226.

American Psychiatric Association (2013). *Diagnostic and statistical manual of mental disorders, 5th ed.: DSM-5*. Washington, DC : American Psychiatric Publishing. 髙橋三郎・大野裕（監訳）(2014). DSM-5 精神疾患の診断・統計マニュアル. 医学書院.

芦崎治 (2009). ネトゲ廃人. リーダーズノート.

Balint, M. (1968). *The basic fault: Therapeutic aspects of regression*. London: Tavistock Publications. 中井久夫（訳）(1978). 治療論からみた退行―基底欠損の精神分析―. 金剛出版.

Bellak, L., Hurvich, M., Gediman, H. K. (1973). *Ego functions in schizophrenics, neurotics, and normals : A systematic study of conceptual, diagnostic, and therapeutic aspects*. New York : Wiley.

Bettelheim, B. (1983). *Freud and man's soul*. New York: Alfred A. Knopf. 藤瀬恭子（訳）(1989). フロイトと人間の魂. 法政大学出版局.

Chapman, A. H. & Chapman, M. C. M. S. (1980). *Harry Stack Sullivan's concepts of personality development and psychiatric illness*. New York: Brunner / Mazel. 山中康裕（監修）(1994). サリヴァン入門―その人格発達理論と疾病論―. 岩崎学術出版社.

土居健郎 (1960). 「自分」と「甘え」の精神病理. 精神神経学雑誌, 62 (1), 149-162.

土居健郎 (2005). 『「自分」と「甘え」の精神病理』再論. 精神神経学雑誌, 107 (4), 301-306.

土居健郎 (2007). 「甘え」の構造 増補普及版. 弘文堂.

Donahue, E. M., Robins, R. W., Roberts, B. W., & John, O. P. (1993). The divided self: Concurrent and longitudinal effects of psychological adjustment and social roles on self-concept differentiation. *Journal of Personality and Social Psychology*, 64, 834-846.

遠藤由美 (1992). 自己認知と自己評価の関係―重みづけをした理想自己と現実自己の差異スコアからの検討―. 教育心理学研究, 40 (2), 157-163.

榎本博明 (2002). 自己概念の場面依存性について. 大阪大学大学院人間科学研究科紀要, 28, 96-115.

Erikson, E. H. (1959). *Identity and the life cycle*. New York : W.W. Norton & Company. 西平

直・中島由恵（訳）（2011）．アイデンティティとライフサイクル．誠信書房．

Exner, Jr., J. E. (1986). *The Rorschach : A comprehensive system volume 1 : Basic foundations (Second edition).* New York : Wiley. 秋谷たつ子・空井健三・小川俊樹（監訳）（1991）．現代ロールシャッハ・テスト体系（下）．金剛出版．

Federn, P. (1953). *Ego psychology and the psychoses.* London: Imago Publishing.

Freud, S. (1923). Das Ich und das Es. In: Freud, A., Bibring, E., Hoffer, W. und Kris, E. (Hg) (1940). *Gesammelte Werke*, XIII. London: Imago Publishing. (Zehnte Auflage, Frankfurt am Main: S. Fischer, 1998, S.237-289) 道籏泰三（訳）（2007）．自我とエス．新宮一成・鷲田清一・道籏泰三・高田珠樹・須藤訓任（編）．フロイト全集18．岩波書店，pp.1-62.

Freud, S. (1933). Neue Folge der Vorlesungen zur Einführung in die Psychoanalyse. In: Freud, A., Bibring, E. und Kris, E. (Hg) (1940). *Gesammelte Werke*, XV. London: Imago Publishing. (Neunte Auflage, Frankfurt am Main: S. Fischer, 1996, S.3-197) 道籏泰三（訳）（2011）．続・精神分析入門講義．新宮一成・鷲田清一・道籏泰三・高田珠樹・須藤訓任（編）．フロイト全集21．岩波書店，pp.1-240.

藤桂・吉田富二雄（2009）．インターネット上での行動内容が社会性・攻撃性に及ぼす影響—ウェブログ・オンラインゲームの検討より—．社会心理学研究，25 (2)，121-132．

藤桂・吉田富二雄（2010）．オンラインゲーム上の対人関係が現実生活の社会性および攻撃性に及ぼす影響．心理学研究，80 (6)，494-503．

Gergen. K. J. (1994). *Realities and relationships : Soundings in social construction.* Cambridge, Mass: Harvard University Press. 永田素彦・深尾誠（訳）（2004）．社会構成主義の理論と実践—関係性が現実をつくる—．ナカニシヤ出版．

濱野清志（1992）．自己（セルフ）．氏原寛・亀口憲治・成田善弘・東山紘久・山中康裕（共編）．心理臨床大事典．培風館，pp.1115-1116．

Harter, S. (2002). Authenticity. In: Snyder, C. R. & Lopez, S. J. (Eds.). *Handbook of positive psychology.* London: Oxford University Press, pp.382-394.

Hartmann, H. (1950). Comments on the psychoanalytic theory of the ego. In: Hartmann, H. (1964). *Essays on ego psychology.* New York: International Universities Press, pp. 113-141.

橋本やよい（1991）．投影法（1）—ロールシャッハ・テスト—．河合隼雄（監修）．臨床心理学 第2巻—アセスメント—．創元社，pp.189-202．

Hillman, J. (1971). Psychology: Monotheistic or polytheistic? *Spring 1971*, 193-208, 230-232. 桑原知子・高石恭子（訳）（1991）．心理学——神論的か多神論的か—．デイヴィッド・L・ミラー（著）桑原知子・高石恭子（訳）（1991）．甦る神々—新しい多神論—．春秋社，

pp.167-216.

Hillman, J. (1983). *Archetypal psychology: A brief account: Together with a complete checklist of works*. Dallas: Spring Publications. 河合俊雄（訳）(1993). 元型的心理学. 青土社.

平井大祐・葛西真記子 (2006). オンラインゲームへの依存傾向が引き起こす心理臨床的課題―潜在的不登校・ひきこもり心性との関連性―. 心理臨床学研究, 24 (4), 430-441.

平野啓一郎 (2004). 最後の変身. 滴り落ちる時計たちの波紋. 文藝春秋, pp.151-266.

平野啓一郎 (2008). 決壊（上）（下）. 新潮社.

平野啓一郎 (2009). ドーン. 講談社.

平野啓一郎 (2012a). 私とは何か―「個人」から「分人」へ―. 講談社.

平野啓一郎 (2012b). 空白を満たしなさい. 講談社.

広沢正孝 (2013). 「こころの構造」からみた精神病理―広汎性発達障害と統合失調症をめぐって―. 岩崎学術出版社.

広沢正孝 (2015). 学生相談室からみた「こころの構造」―〈格子型／放射型人間〉と21世紀の精神病理―. 岩崎学術出版社.

市川浩 (1984). 〈身〉の構造―身体論を超えて―. 青土社.

飯島宗享 (1992). 自己について. 未知谷.

飯野秀子 (2006). ロールシャッハ法の陰影反応における体験様式についての一考察. 京都大学大学院教育学研究科紀要, 52, 160-173.

井之前弥生 (1997). 「自分がない」と繰り返し語る十六歳の女子の一例. 北山修（編集代表）. 日本語臨床2 「自分」と「自分がない」. 星和書店, pp.147-160.

石川結貴 (2010). ネトゲ廃女. リーダーズノート.

伊藤正哉・小玉正博 (2005a). 自分らしくある感覚（本来感）と自尊感情がwell-beingに及ぼす影響の検討. 教育心理学研究, 53 (1), 74-85.

伊藤正哉・小玉正博 (2005b). 自分らしくある感覚（本来感）とストレス反応，およびその対処行動との関係. 健康心理学研究, 18 (1), 24-34.

伊藤正哉・小玉正博 (2006). 自分らしくある感覚（本来感）に関わる日常生活習慣・活動と対人関係性の検討. 健康心理学研究, 19 (2), 36-43.

伊藤正哉・小玉正博 (2007). 自分らしくいる・いない生活状況についての探索的検討. 筑波大学心理学研究, 34, 75-84.

伊藤美奈子 (1995). 個人志向性・社会志向性PN尺度の作成とその検討. 心理臨床学研究, 13 (1), 39-47.

岩宮恵子 (2009). フツーの子の思春期―心理療法の現場から―. 岩波書店.

井筒俊彦 (1989). コスモスとアンチコスモス―東洋哲学のために―. 岩波書店.

Jacoby, M. (1985). *Individuation und Narzissmus : Psychologie des selbst bei C.G.Jung und H.Kohut.* München: Pfeiffer. 山中康裕（監修）高石浩一（訳）（1997）．個性化とナルシシズム―ユングとコフートの自己の心理学―．創元社．

James, W. (1892). *Psychology : Briefer course.* London : Macmillan.

Jung, C. G. (1928). *Die Beziehungen zwischen dem Ich und dem Unbewuβten.* Darmstadt: Reichl. 松代洋一・渡辺学（訳）（1995）．自我と無意識　レグルス文庫220．第三文明社．

Jung, C. G. (1948). Versuch einer psychologischen Deutung des Trinitätsdogmas. In: *Symbolik des Geists.* Zürich: Rascher. 村本詔司（訳）（1989）．三位一体の教義にたいする心理学的解釈の試み．村本詔司（訳）．心理学と宗教　ユング・コレクション3．人文書院，pp.94-182．

Jung, C. G. (1951). *Aion.* Zürich: Rascher. 野田倬（訳）（1990）．アイオーン　ユング・コレクション4．人文書院．

Jung, C. G./ Jaffé, A.(ed) (1963). *Memories, dreams, reflections.* New York: Pantheon Books. 河合隼雄・藤縄昭・出井淑子（訳）（1972）．ユング自伝―思い出・夢・思想1―．みすず書房．

梶田叡一（1988）．自己意識の心理学　第2版．東京大学出版会．

Kalff, D.M. (1966). *Sandspiel: Seine therapeutische Wirkung auf die Psyche.* Racher Verlag Zurich und Stuttgart. 山中康裕（監訳）（1999）．カルフ箱庭療法　新版．誠信書房．

笠原嘉（1984）．アパシー・シンドローム―高学歴社会の青年心理―．岩波書店．

片口安史（1987）．改訂　新・心理診断法―ロールシャッハ・テストの解説と研究―．金子書房．

加藤仁・五十嵐祐（2016）．自己愛傾向と自尊心がゲームへの没入傾向に及ぼす影響．心理学研究，87 (1)，1-11．

加藤隆勝・高木秀明（1980）．青年期における自己概念の特質と発達傾向．心理学研究，51 (5)，279-282．

河合隼雄（1967）．ユング心理学入門．培風館．

河合隼雄（1970）．カウンセリングの実際問題．誠信書房．

河合隼雄（1976）．母性社会日本の病理．中央公論社．

河合隼雄（1994）．能動的想像法について．J. M. シュピーゲルマン・河合隼雄（著）．町沢静夫・森文彦（訳）．能動的想像法―内なる魂との対話―．創元社，pp.3-33．

河合隼雄（1995）．ユング心理学と仏教．岩波書店．

河合俊雄（1993）．ユング／ヒルマンの元型的心理学．ジェイムズ・ヒルマン（著）河合俊雄（訳）．元型的心理学．青土社，pp.155-185．

河合俊雄（2010a）．はじめに―発達障害と心理療法―．河合俊雄（編）．発達障害への心理療法的アプローチ．創元社，pp.5-26.

河合俊雄（2010b）．対人恐怖から発達障害まで―主体確立をめぐって―．河合俊雄（編）．発達障害への心理療法的アプローチ．創元社，pp.133-154.

河合俊雄（2013a）．近代の心理療法とユング心理学的アプローチ．河合俊雄（編著）．ユング派心理療法．ミネルヴァ書房，pp.18-31.

河合俊雄（2013b）．中間対象としてのイメージ．河合俊雄（編著）．ユング派心理療法．ミネルヴァ書房，pp.32-45.

川喜田二郎（1967）．発想法―創造性開発のために―．中央公論社.

Kernis, M. H. (2003). Toward a conceptualization of optimal self-esteem. *Psychological Inquiry*, 14, 1-26.

木村敏（1970）．自覚の精神病理―自分ということ―．紀伊國屋書店.

木村敏（2008）．自分ということ　ちくま学芸文庫．筑摩書房.

木村泰之・都築誉史（1998）．集団意思決定とコミュニケーション・モード―コンピュータ・コミュニケーション条件と対面コミュニケーション条件の差異に関する実験社会心理学的検討―．実験社会心理学研究，38 (2), 183-192.

北山修（1992）．移行期としての思春期―「自分」をかたちづくる年頃―．こころの科学，44, 38-43.

北山修（1993）．自分と居場所　北山修著作集《日本語臨床の深層》3．岩崎学術出版社.

北山修・舛田亮太（2006）．自分がない．北山修（監修）．日常臨床語辞典．誠信書房，pp.222-225.

北山忍（1995）．文化的自己観と心理的プロセス．社会心理学研究，10 (3), 153-167.

Kohut, H. (1971). *The analysis of the self: A systematic approach to the psychoanalytic treatment of narcissistic personality disorders.* New York: International Universities Press. 水野信義・笠原嘉（監訳）（1994）．自己の分析．みすず書房.

Kohut, H. (1977). *The restoration of the self.* Madison, Connecticut: International Universities Press. 本城秀次・笠原嘉（監訳）（1995）．自己の修復．みすず書房.

Kohut, H. (1984). *How does analysis cure?* Chicago and London: The Universities of Chicago Press. 本城秀次・笠原（監訳）（1995）．自己の治癒．みすず書房.

黒木賢一（1998）．「自分らしさ」を見つける心理学―セラピストと行く生き方発見の旅―．PHP研究所.

Markus, H., & Kitayama, S. (1991). Culture and the self: Implications for cognition, emotion, and motivation. *Psychological Review*, 98, 224-253.

Markus, H., & Nurius, P. (1986). Possible selves. *American Psychologist*, 41 (9), 954-969.

増井金典 (2012)．日本語源広辞典　増補版．ミネルヴァ書房．

松村明 (監修) (2012)．大辞泉　第二版．小学館．

McLuhan, M. (1964). *Understanding media: The extensions of man.* New York: McGraw-Hill. 栗原裕・河本仲聖 (訳) (1987)．メディア論―人間の拡張の諸相―．みすず書房．

メディアクリエイト総研 (2012)．オンラインゲーム白書　2012．メディアクリエイト．

三浦麻子 (2008)．ネットコミュニティでの自己表現と他者との交流．電子情報通信学会誌，91 (2)，137-141．

溝上慎一 (1999)．自己の基礎理論―実証的心理学のパラダイム―．金子書房．

森岡正芳 (2012)．心理療法・精神分析における自己論の流れ．梶田叡一・溝上慎一 (編)．自己の心理学を学ぶ人のために．世界思想社．

諸富祥彦 (1997)．カール・ロジャーズ入門―自分が"自分"になるということ―．コスモス・ライブラリー．

Mullahy, P. (1953). A theory of interpersonal relations and the evolution of personality. In: Sullivan, H. S., & Mullahy, P. *Conceptions of modern psychiatry: The first William Alanson white memorial lectures.* New York: Norton. 中井久夫・山口隆 (訳) (1976)．現代精神医学の概念．みすず書房．

妙木浩之 (2006)．日常語臨床のために―あとがきに代えて―．北山修 (監修)．日常臨床語辞典．誠信書房，pp.459-468．

永岡杜人 (2010)．内なる他者の言葉―磯崎憲一郎と平野啓一郎の交叉―．群像，65 (2)，138-159．

中島義明・安藤清志・子安増生・坂野雄二・繁桝算男・立花政夫・箱田裕司 (編) (1999)．心理学辞典．有斐閣．

成田善弘 (2003)．セラピストのための面接技法―精神療法の基本と応用―．金剛出版．

名取琢自 (2006)．人形浄瑠璃とロボットアニメ―身体性と投影の視点から―．人間学研究，7, 103-114.

日本国語大辞典第二版編集委員会 (2001)．日本国語大辞典　第二版　第六巻．小学館．

西平直喜 (1973)．青年心理学　現代心理学叢書　第7巻．共立出版．

西村本気 (2010)．僕の見たネトゲ廃神．リーダーズノート．

野間俊一 (2006)．身体の哲学―精神医学からのアプローチ―．講談社．

野間俊一 (2012a)．解離する生命．みすず書房．

野間俊一 (2012b)．身体の時間―〈今〉を生きるための精神病理学―．筑摩書房．

岡田尊司 (2014)．インターネット・ゲーム依存症―ネトゲからスマホまで―．文藝春秋．

小此木啓吾 (1985). 現代精神分析の基礎理論. 弘文堂.

大澤真幸 (1995). 電子メディア論―身体のメディア的変容―. 新曜社.

Poster, M. (1990). *The mode of information: Poststructuralism and social context.* Cambridge: Polity Press. 室井尚・吉岡洋 (訳)(1991). 情報様式論―ポスト構造主義の社会理論―. 岩波書店.

Putnam, F .W. (1997). *Dissociation in children and adolescents：A developmental perspective.* New York: Guilford Press. 中井久夫 (訳)(2001). 解離―若年期における病理と治療―. みすず書房.

Samuels, A. (1985). *Jung and the post-Jungians.* London, Boston, Melbourne and Henley: Routledge & Kegan Paul. 村本詔司・村本邦子 (訳)(1990). ユングとポスト・ユンギアン. 創元社.

Schachtel, E. G. (1966). *Experiential foundations of Rorschach's test.* New York: Basic Books. 空井健三・上芝功博 (訳)(1975). ロールシャッハ・テストの体験的基礎. みすず書房.

柴山雅俊 (2010). 解離の構造―私の変容と〈むすび〉の治療論―. 岩崎学術出版社.

柴山雅俊 (2012). 現代社会と解離の病態. 柴山雅俊(編). 解離の病理―自己・世界・時代―. 岩崎学術出版社, pp.163-192.

下山晴彦 (1995). スチューデント・アパシーの構造の研究―モデル構成現場心理学の試みとして―. 心理臨床学研究, 13 (3), 252-265.

新潮社 (編)(2007). 新潮日本語漢字辞典. 新潮社.

Sullivan, H. S. (1953a). Basic conceptions. In: Sullivan, H. S., & Mullahy, P. *Conceptions of modern psychiatry: The first William Alanson white memorial lectures.* New York: Norton. 中井久夫・山口隆 (訳)(1976). 現代精神医学の概念. みすず書房.

Sullivan, H. S. (1953b). *The interpersonal theory of psychiatry.* New York: Norton. 中井久夫・宮崎隆吉・高木敬三・鑪幹八郎 (訳)(1990). 精神医学は対人関係論である. みすず書房.

Sullivan, H. S. (1956). *Clinical studies in psychiatry.* New York: Norton. 中井久夫・山口直彦・松川周二 (訳)(1983). 精神医学の臨床研究. みすず書房.

高田利武・大本美千恵・清家美紀 (1996). 相互独立的‐相互協調的自己観尺度 (改訂版) の作成. 奈良大学紀要, 24, 157-173.

高田利武 (1992). 独立的・相互依存的自己と自尊感情および社会的比較. 日本グループダイナミックス学会第40回大会発表論文集, 109-110.

高石恭子 (2009). 現代学生のこころの育ちと高等教育に求められるこれからの学生支援. 京都大学高等教育研究, 15, 79-88.

高村和代 (1997). 進路探求とアイデンティティ探求の相互関連プロセスについて―新しい

アイデンティティプロセスモデルの提案―. 名古屋大學教育學部紀要. 心理学, 44, 177-189.

高瀬由嗣 (2012). ロールシャッハ・テストにおける動物・無生物運動反応の解釈仮説の再検討. 明治大学心理社会学研究, 7, 17-34.

武田将明 (2013). 分人主義と小説の未来―平野啓一郎論―. 新潮, 110 (9), 199-212.

田辺肇 (1994). 解離性体験と心的外傷体験との関連―日本版 DES (Dissociative Experience Scale) の構成概念妥当性の検討―. 催眠学研究, 39 (2), 58-67.

田中康裕 (2009). 成人の発達障害の心理療法. 伊藤良子・角野善宏・大山泰宏 (編). 京大心理臨床シリーズ7 「発達障害」と心理臨床. 創元社, pp.184-200.

田中康裕 (2010a). 大人の発達障害への心理療法的アプローチ―発達障害は張り子の羊の夢を見るか?―. 河合俊雄 (編). 発達障害への心理療法的アプローチ. 創元社, pp.80-104.

田中康裕 (2010b). 発達障害と現代の心理療法―「自己の無効化」による「治療でない治療」としての自己展開―. 河合俊雄 (編). 発達障害への心理療法的アプローチ. 創元社, pp.180-203.

田中康裕 (2016). 発達障害の広がりとその心理療法―「グレイゾーン」の細やかな識別と「発達の非定型化」という視点―. 河合俊雄・田中康裕 (編). 発達の非定型化と心理療法. 創元社, pp.122-143.

樽味伸・神庭重信 (2005). うつ病の社会文化的試論―特に「ディスチミア親和型うつ病」について―. 日本社会精神医学会雑誌, 13 (3), 129-136.

鑪幹八郎 (1990). アイデンティティの心理学. 講談社.

徳田完二 (1992). アパシー. 氏原寛・亀口憲治・成田善弘・東山紘久・山中康裕 (共編). 心理臨床大事典. 培風館, pp.878.

土川隆史・加藤淑子・長瀬治之・森田美弥子 (2011). ロールシャッハ法解説―名古屋大学式技法― 2011年改訂版. 名古屋ロールシャッハ研究会.

Turkle, S. (1995). *Life on the screen: Identity in the age of the internet.* New York: Simon & Schuster. 日暮雅通 (訳) (1998). 接続された心―インターネット時代のアイデンティティ―. 早川書房.

Turner, R. H., & Billings, V. (1991). The social contexts of self-feeling. In: Howard, J. A. & Callero, P. L. (Eds.). *The self-society dynamic: Cognition, emotion, and action.* Cambridge, England: Cambridge University Press, pp.103-122.

浦川聡 (2001). 精神科臨床における「心理人形劇」の試み―「垂れ流し」から「心の垣根の無い」ことの自覚へ―. 作業療法, 20 (3), 232-240.

von Frantz, M.-L. (1964). The process of indivuation. In: Jung, C. G., von Franz, M.-L. (Eds.). *Man and his symbols*. London: Aldus Books Limited. 河合隼雄（訳）．個性化の過程．河合隼雄（監訳）(1975). 人間と象徴―無意識の世界（下巻）―．河出書房新社．pp.5-128.

和田秀樹 (2002). 壊れた心をどう治すか―コフート心理学入門Ⅱ―．PHP研究所．

鷲田清一 (1998). 悲鳴をあげる身体．PHP研究所．

渡邉敏郎・Skrzypczak, E. R.,& Snowden, P.（編）(2003). 新和英大辞典　第五版．研究社．

Winnicott, D. W. (1955). Metapsychological and clinical aspects of regression within the psychoanalytical set-up. *The International Journal of Psychoanalysis*, 36, 16-26.

Winnicott, D. W. (1965). *The maturational processes and the facilitating environment: Studies in the theory of emotional development*. London: The Hogarth Press. 牛島定信（訳）(1977). 情緒発達の精神分析理論―自我の芽生えと母なるもの―．岩崎学術出版社．

索 引

[あ行]

アイデンティティ　21, 42-45, 48, 81, 108
　——拡散　44, 108
　——混乱　44
アパシー　102, 108, 116
　——・シンドローム　104, 108, 204
　——的心性　104, 108-109, 111, 115-117, 120-121
　スチューデント・——　108, 204
アバター　169-170, 174-176, 179-182, 185
甘え　4, 7, 96
一貫性　9-10, 14, 43, 54, 64, 67, 127-129, 133, 159, 163, 195, 198-200
　——指標　64, 203
一神論的心理学　132
居場所　4-5, 7, 98
因子分析　61-64, 67, 100, 102, 109, 111, 123
インターネットゲーム障害　164
Winnicott, D. W.　8, 51-52, 127, 203
エス　26-28, 46
SNS　14, 162-163, 169, 174, 176, 191-192
MMORPG　164, 175, 185
MUD　164
Erikson, E. H.　21, 42-45, 48, 81, 108
縁起　39
authenticity　12, 50-51, 54-55, 69, 72-73, 75-76, 83, 91, 93, 193

[か行]

外部性　35-36
解離　106-107, 128
解離性同一性障害　107, 155
顔　149-150, 160
抱えること　52
仮想空間における「自分」　14, 162-166, 170, 174, 178, 180, 182, 185, 187, 189-192, 197-198
北山修　4-5, 7-8, 30, 95-96, 98, 105, 107, 123-124
木村敏　3, 6-7, 24, 35-36, 42, 96-97, 107
客我　23
境界例　98, 106, 109, 128
近代西欧型自己　133-134, 199
空　35-36, 40
『空白を満たしなさい』　140, 150, 158, 160
クライエント・センタード　198, 202
KJ法　70-71, 87, 101, 204
華厳哲学　35-36, 39, 42, 85
『決壊』　135, 137, 139, 153, 155, 159
元型　21, 32, 34, 47, 132
　——的心理学　132
格子型　14, 133-135, 150, 160, 163, 197, 199
個人主義　13, 134, 144, 147, 154, 157-159, 161, 196
Kohut, H.　21, 37-41, 47, 203

[さ行]

『最後の変身』　135-136, 138, 159
Sullivan, H. S.　21, 40-42, 47, 132
CMC　177, 189
自我　1, 20-24, 26-30, 32-34, 36, 41, 43,

45-46
　――機能　28-29
　――障害　29, 96, 203
　――心理学　8, 21, 29, 37, 46
視覚的手掛かり　167, 169
自己　20-24, 27-42, 46-47, 76, 93, 132, 194
　偽りの――　51-52
　可能――　76
　――心理学　21, 37-39
　――対象　38-39, 47
　――との疎隔　102, 106-108, 111, 114-115, 120-121
　――の象徴　31-32
　本当の――　51-52, 54, 73, 75, 84, 89-91, 94
　中核――　38
自性　35-36, 39
自分
　――意識　148-149, 160
　――がある　4, 6
　――がない　2, 4-6, 10, 12-13, 29-30, 42, 46, 95-100, 104, 106-112, 114, 118-123, 170, 180, 185, 193-195, 204
　――の三重構造　5
　――らしさ　2, 12, 50-52, 54-58, 60-62, 64, 67-73, 75-77, 79-87, 89-94, 121-123, 131, 139, 159, 174, 186, 193-195, 199, 204
　本当の――　13, 130-132, 135-138, 152, 154, 156, 158-161, 196-197, 203
社会構成主義　132
主客未分　3, 24-25, 35, 46, 48
主体性　34, 96-97, 104-107, 110, 115, 120, 123, 128, 170

自律性　32, 155-156
人格残余部　41
身体性　178-185, 189, 191-192, 197
心理・社会的モラトリアム　43, 108
心理療法　9-10, 20, 32, 49, 128-129, 134, 148-149, 159-160, 175-176, 189, 197, 200, 202
　従来の――　9-11, 13-15, 127, 131, 134-135, 159-160, 163, 197
成熟した自我意識　4, 7
精神分析　8-9, 20-21, 26-30, 37-38, 44, 46-48, 127-128, 164, 197
世界との能動的・実践的なかかわり　97
セラピスト・センタード　197
選択的非注意　41
相互協調的自己観　19, 24, 53, 55, 60, 68, 92, 104, 132
相互独立的自己観　19, 24, 53, 55, 60, 67-68, 92, 104, 132
相互独立的－相互協調的自己観尺度　55-56, 60-61, 63-64, 67, 71, 92

［た行］
多義性　2, 7
他者への追従　102, 104-106, 109, 111, 113-114, 117, 119-122
多重人格　96, 107
多神論的心理学　133
奪格　25
脱中心化　163
多面性　54-57, 62, 67-69, 80, 92-93, 159, 161
　――指標　64, 66-67, 71-72, 80, 82, 203

超自我　26-27, 46
電子メディア　163
土居健郎　4, 6-8, 21, 29, 42, 44, 96, 105-106
同一化　43
統合失調症　4, 29, 40, 96, 102, 106, 109
統合性　9-10, 14, 107, 127-129, 163, 199
true self　50-52, 84, 93, 193
『ドーン』　135, 140, 147, 154, 157, 160, 205
とらわれ　96

[な行]
内部性　6, 24, 35, 36, 47
日常語　1, 8, 15, 20-21, 23, 28-29, 33, 95, 98, 123-124, 204
二律背反　201
ネットゲーム　14, 162-167, 169, 172, 174-175, 177, 179, 181-183, 185, 195, 205
　　――依存　14, 165-166, 179-182, 187, 191, 196
ネット恋愛　167, 171, 176
ネトゲ廃神　165, 185
ネトゲ廃人　165-166
能動性　3, 104-105, 122-123, 194
能動的想像法　155

[は行]
箱庭療法　175
発達障害　10, 97, 106, 128, 134, 197, 199-200, 205
表面的取り入れ　104-106, 109, 111, 116-118, 120-121
平野啓一郎　13, 129-132, 134-135, 138-139, 154-161, 195-196, 199

Freud, S.　1, 20, 26-30, 32, 41-42, 46, 127-128, 197
分人　13, 127, 129-131, 133, 135, 143, 145-148, 150, 152-161, 195-196, 198, 205
　　――主義　13, 14, 130-135, 139-147, 149, 154-161, 196, 205
分析心理学　21, 30
放射型　14, 133-134, 150, 197
ほどよい母親　51-52, 203

[ま行]
マンダラ　33-34
未来志向の「自分らしさ」　76
無意識との対決　33-34, 47
メディア　162

[や行]
Jung, C. G.　21, 30-39, 41, 47, 76-77, 132, 155, 194, 203

[ら行]
理　35-36
離人症　6, 96-97, 107
ロールシャッハ・テスト　110-112, 120

[わ行]
枠　168, 175-176, 189
われわれの内なる神　31, 35

あとがき

　本書は、平成29年に京都大学大学院教育学研究科に提出した博士学位論文「心理臨床における『自分』に関する研究」に加筆修正を行ったものです。そしてこの研究は、筆者が京都大学教育学部の4回生の頃から少しずつ行ってきた、「自分」に関する研究をまとめたものとなっています。この「自分」という言葉を研究テーマとしたのは、筆者自身が大学生になってから、大学の授業やサークル活動、アルバイトなど、同時に様々な場で人と関わるようになったことで、それぞれの場における「自分」のあり方がひとつひとつ異なっていると感じたことがきっかけでした。そして、その複数の「自分」のうちのいずれかが「本当の自分」で、それ以外は「偽の自分」だということではなく、そのどれもが「自分」なのではないか、というような感覚を抱き、そのことについてもっと掘り下げて探究してみたいと考えたのです。

　ただ、はじめは「自分」という言葉を中心に据えていたわけではなく、どちらかというと自己の多面性に興味を持っていたのですが、研究を進めるうちに「自分らしさ」や「自分がない」という言葉がキーワードになり、気づけば「自分」という日常的な日本語それ自体に焦点を当てるようになっていました。しかし、「自分」というテーマはとても曖昧で範囲が広く、ひとたびそれに取り組もうとすると、どこからどう手をつけていけばよいのか、途方に暮れるばかりでした。それでも、筆者自身がこれまで関心を持って取り組んできたテーマと格闘するうちに、自分なりに「あ、そうか」と思える瞬間があり、それを精いっぱい積み重ねることで、何とかひとつの論文としてまとめることができました。

　しかし、心理学のみならず哲学や、他のあらゆる分野にも関連すると思われる「自己」あるいは「他者」の問題と密接に関連したこのテーマに対して、本書がなすことのできる貢献は僅かなものでしかなく、本書の研究を通じて改めて、「自分」というテーマの広大さと奥深さを思い知ることとなりました。今後も、このテーマには引き続き取り組んでいきたいと考えておりますので、お読みいただい

た方々には、是非とも忌憚ないご意見をいただけましたら幸いです。

　拙い論文ではありますが、曲がりなりにも形にすることができたのは、これまで数多くの方々に様々な形で支えていただいたおかげです。この場を借りて、お世話になった皆様に、感謝の気持ちを申し上げます。

　京都大学大学院教育学研究科教授の桑原知子先生には、私が学部4回生の頃から長い間ご指導いただきました。大学院に進学して以降は、研究のみならず臨床のことや、その他の様々な面でもお世話になりました。未熟な私をここまでお支えいただきましたこと、言葉では言い尽くせないほど感謝いたしております。また、京都大学大学院教育学研究科准教授の田中康裕先生にも、学部4回生の頃からご指導いただき、心より感謝しております。いつも鋭いご指摘をいただくので、尻込みしてしまって中々積極的にご指導をお願いしてこなかったことが悔やまれます。本論文についていただいた貴重なご意見を胸に、今後も自分の臨床および研究に取り組んでいきたいと思っています。そして、京都大学大学院教育学研究科教授の岡野憲一郎先生、放送大学教養学部教授の大山泰宏先生にも、本研究に対して数々の貴重なご助言を賜りましたこと、深く御礼申し上げます。

　本書の第2章と第3章における調査研究では、多くの方々に調査へのご協力をいただきました。調査協力者の皆様に、厚く御礼申し上げます。また、第5章ではネットゲーム依存に関する著作を資料として使わせていただきましたが、出版社の株式会社リーダーズノートのご担当者様と、著者の西村本気様には、著作の引用について、突然の依頼にもかかわらずご快諾いただきました。ここに心より感謝の意を表します。そして、これまで心理臨床実践の場でお会いしてきたクライエントの方々にも深く感謝申し上げます。本論文に事例研究は含まれていませんが、常に自分の心理臨床実践を意識して執筆してまいりました。皆様とお会いする中で感じ、考えてきたことが、本書全体の底流をなしていると思います。

　本書は、京都大学総長裁量経費・若手研究者出版助成事業の助成を受けて出版することができました。関係者の皆様に、厚く御礼申し上げます。そして本書の刊行にあたっては、創元社の渡辺明美様、宮﨑友見子様に大変お世話になりました。スケジュールが非常に厳しく、多大なるご負担をおかけしてしまったと思いますが、それでもいつも丁寧にご対応くださったことに、深く感謝いたしており

ます。

　最後に、これまで自分のやりたいことをやってきた私を、何も言わず温かく見守ってきてくれた両親に、ここに心から感謝の気持ちを表します。

2018年3月

時岡良太

◆著者紹介

時岡良太 <small>(ときおか・りょうた)</small>

1986年生まれ。京都大学大学院教育学研究科臨床教育学専攻博士後期課程研究指導認定退学。博士（教育学）。臨床心理士。京都大学大学院教育学研究科附属臨床教育実践研究センター特定助教を経て、現在、学生相談室や総合病院にて臨床心理士として勤務している。専門は臨床心理学、心理療法。論文に「仮想空間における「分身」についての心理臨床学的考察」（京都大学大学院教育学研究科紀要，60，2014年）、「「自分がない」という日常語の意味についての心理臨床学的考察」（心理臨床学研究，第33巻第6号，2016年）など。

「自分」とは何か
日常語による心理臨床学的探究の試み

2018年3月30日　第1版第1刷発行

著　者	時岡良太
発行者	矢部敬一
発行所	株式会社 創元社

〈本　社〉
〒541-0047　大阪市中央区淡路町4-3-6
TEL.06-6231-9010（代）　FAX.06-6233-3111（代）
〈東京支社〉
〒101-0051　東京都千代田区神田神保町1-2　田辺ビル
TEL.03-6811-0662（代）
http://www.sogensha.co.jp/

印刷所	株式会社 太洋社

©2018Printed in Japan　ISBN978-4-422-11646-4 C3311
〈検印廃止〉
落丁・乱丁のときはお取り替えいたします。

装丁・本文デザイン　長井究衡

JCOPY 〈出版者著作権管理機構 委託出版物〉
本書の無断複写は著作権法上での例外を除き禁じられています。複写される場合は、そのつど事前に、出版者著作権管理機構（電話 03-3513-6969、FAX 03-3513-6979、e-mail: info@jcopy.or.jp）の許諾を得てください。